Dallera/Brandmair – Tödliche Schlagzeilen

W0299380

Ovidio Dallera / Ilsemarie Brandmair

Tödliche Schlagzeilen

Fritz Michael Gerlich, Journalist und Widerstandskämpfer

Mit einem Vorwort
von Franz Herre

Verlag Sankt Michaelsbund

Die italienische Originalausgabe erschien 2008 unter dem Titel „Un giornalista contro Hitler. Fritz Michael Gerlich (1883-1934)“ im Verlag Ugo Mursia, Mailand.

Die Übersetzung aus dem Italienischen wurde angefertigt von Beate Lindemann (Kapitel 1-9), Vanessa Haas (Kapitel 10), Elsbeth Gut (Kapitel 11-14) und Anna Giordano (Kapitel 15-16).

Der Verlag Sankt Michaelsbund im Internet:
www.st-michaelsbund.de

ISBN 978-3-939905-44-8

Deutsche Erstausgabe
Lizenzausgabe 2009 by Verlag Sankt Michaelsbund, München

© 2008 by Ugo Mursia Editore S.p.A., Milano, Italia

Printed in Germany. Alle Rechte vorbehalten

Lektorat: Rudolf Kiendl und Georg Walser

Umschlaggestaltung, Layout und Satz: Rudolf Kiendl, München

Den Titel des Buches haben wir mit freundlicher Genehmigung des Bayerischen Presseclubs einer gleichnamigen Veranstaltung zum Gedenken an Fritz Gerlich entnommen.

Herstellung: MDV Maristen Druck & Verlag GmbH, 84095 Furth

Inhalt

Vorwort

In Deutschland setzte der Widerstand gegen den Nationalsozialismus nicht erst seit der Machtergreifung Hitlers und der Einführung seines totalitären Systems ein. Bereits vor 1933 gab es Publizisten und Politiker, die sich der braunen Flut entgegenstellten und eindringlich davor warnten, dass – wenn diese freie Bahn bekäme – die Demokratie der Weimarer Republik und der Frieden in Europa zerstört würden.

Zu diesen Warnern gehörte in erster Linie der Publizist Fritz Michael Gerlich, ein engagierter Katholik und ein gemäßigter Konservativer. Er ist ein Beispiel dafür, dass zu den Gegnern des Nationalsozialismus keineswegs nur Sozialisten und Kommunisten zählten. Bekannt geworden, auch im Ausland, sind Kardinal Graf von Galen, der Bischof von Münster, und die Jesuitenpatres Rupert Mayer und Alfred Delp. Weniger ist Fritz Michael Gerlich gewürdigt worden, nicht nur, weil auf der Linken ein Monopol für den Widerstand beansprucht wird, sondern auch, weil bisher noch zu wenig über ihn geschrieben worden ist.

Daher ist es zu begrüßen, dass Ovidio Dallera und Ilsemarie Brandmair zunächst im Mailänder Verlag Mursia und nun auch im Münchner Verlag des Sankt Michaelsbundes eine Biographie vorlegen, die den deutschen wie italienischen Lesern eine bemerkenswerte und beeindruckende Persönlichkeit des deutschen Widerstandes nahebringt.

Gerlichs Kampf gegen Hitler und den Nationalsozialismus wurde in erster Linie in dem von ihm seit 1932 herausgegebenen Organ geführt: „Der gerade Weg. Deutsche Zeitung für Wahrheit und Recht“. Sein Motto lautete: „Publizist sein, heißt, der erkannten Wahrheit zum Siege zu verhelfen“. Alpha und Omega waren für ihn die Zehn Gebote, die er nicht nur im privaten, sondern auch im politischen Leben befolgt wissen wollte. Der Geschichte entnahm der Historiker die Erkenntnis, dass der Nationalismus ein Unsegen für Deutschland gewesen war und dass er, in Verbindung mit der nationalsozialistischen Ideologie, nicht nur dem eigenen Land, sondern ganz Europa Unheil bringen würde. Als Verteidiger des Naturrechts und Gegner des positiven Staatsrechts erklärte er das erste als existenznotwendig für die freiheitliche Demokratie und das zweite als existenzgefährdend für das parlamentarische System.

Zum Sieg verhelfen vermochte Gerlich der von ihm erkannten Wahrheit nicht. Am 30. Januar 1933 marschierten die braunen Kolonnen durch das Berliner Brandenburger Tor aus einer nationalistischen Vergangenheit in die nationalsozialistische Gegenwart, in der, wie sie sangen, die alte Welt in Scherben fallen würde. Noch 1933 wurde „Der gerade Weg“ verboten und 1934 sein Herausgeber und Leitartikler im Konzentrationslager Dachau ermordet.

Aber sein Vermächtnis bleibt für Deutschland und Europa wegweisend. Dessen Einigung zu einem Hort der Freiheit und des Friedens schwebte Gerlich vor.

Franz Herre

Prolog und Epilog

1. Juli 1934, kurz nach Mitternacht: vierundzwanzig Stunden sind vergangen seit dem Beginn des schrecklichen Blutbades, das als die „Nacht der langen Messer“ in die Geschichte eingehen sollte. Hunderte von Hitlers Gegnern wurden bei dem sogenannten „Röhm-Putsch“ ermordet. Der Gefangene Fritz Michael Gerlich, einst Chefredakteur der wichtigsten Münchner Tageszeitung, wird in das Konzentrationslager Dachau gebracht, in eine Zelle gestoßen und erschossen. Auf diese tragische Weise endet das menschliche Schicksal Gerlichs.

Er war einer der ersten und mutigsten Gegner Hitlers und des Nationalsozialismus.

Die Lehrjahre

Fritz Gerlich, der älteste von vier Söhnen des Kaufmanns Paul Gerlich und seiner Ehefrau Therese, geb. Scholwin, wurde am 15. Februar 1883 in Stettin in Pommern geboren. Die Familie war wohlhabend, doch glücklose Spekulationen des Vaters hatten den Familienbesitz beträchtlich geschmälert. Als Paul Gerlich jung verstirbt, lässt er seine Familie in einer wirtschaftlich wenig vorteilhaften Situation zurück. Nun liegt es an der Mutter, diese schwierige Lage zu meistern. Die energische, charakterfeste und fromme Frau, calvinistischen Glaubens wie die meisten Einwohner der Region, schmiedet ehrgeizige Pläne für ihre Söhne. Trotz der beschränkten finanziellen Situation legt sie großen Wert darauf, dass diese die besten Schulen und auch ein Universitätsstudium absolvieren. Ihr Wunsch sollte sich in der Tat erfüllen, denn alle drei Nachkommen (einer der Söhne war bereits kurz nach der Geburt gestorben) werden einen akademischen Titel erwerben.

Fritz, dessen zweiter Name Michael erst später hinzukommt, wird auf das renommierte Marienstiftsgymnasium in Stettin geschickt, eine erstklassige Bildungsstätte antiker humanistischer Tradition, die ihren Schülern viel Fleiß abverlangt. Fritz ist wissbegierig, sein Eifer beachtlich. Besonders interessieren ihn Geschichte und die Naturwissenschaften. Vor allem aber liest er leidenschaftlich gerne, auch Bücher, die nicht zu seinem Studienprogramm gehören: Essays, Romane und Unterhaltungsliteratur. Fritz gehört der internen Studentenschaft des Gymnasiums an und auch dem Leseverein. Sein intellektueller Impetus lässt ihn schnell zur treibenden Kraft werden. Der junge Schüler vertieft sich mit Hingabe in seine Studien. In den Ferien aber widmet er sich mit seinen Freunden ebenso passioniert dem Segeln, dem einzigen Sport, dem er zeitlebens treu bleiben sollte: in jenen Tagen auf der Ostsee, nahe Stettin, und nach seiner Übersiedlung nach Bayern auf dem Starnberger See, südlich von München.

Im Jahre 1901 besteht Fritz das Abitur mit guten Noten. Nun muss er sich für einen Studienort und für eine Fachrichtung entscheiden. Die bescheidenen finanziellen Möglichkeiten der Familie schränken seine Wahl ein. Er soll für das Lehramt studieren, um eine zu lange Studienzeit zu vermeiden. Die Wahl des Studienortes muss Fritz mit seiner Mutter abstimmen. Als ein Schulfreund beschließt, Rechtswissenschaften in München zu studieren, lässt sich Fritz überzeugen, es ihm gleichzutun. Seine Mutter jedoch ist dagegen. Sie möchte, dass ihr Sohn an einer nähergelegenen und ebenfalls renommierten Universität, wie zum Beispiel Leipzig, studiert. München ist nicht nur weit entfernt und wegen der damit verbundenen Reisen kostspieliger. In den Augen einer frommen und puritanischen Dame wie Therese Gerlich ist in der katholischen, dem Vergnügen zugewandten bayerischen Landeshauptstadt vor allem zu befürchten, dass ihr unerfahrener Sprössling auf die schiefe Bahn geraten könnte. Es ist der Hartnäckigkeit des Sohnes und seines Freundes zu verdanken, dass sich die willensstarke, aber auch weichherzige Mutter am Ende nachgiebig zeigt.

In München belegt Fritz naturwissenschaftliche Kollegien und besucht zwei Semester lang die Vorlesungen. Er fühlt sich wohl in Bayern. Ganz besonders genießt er die Osterzeit im Jahre 1902, als er sich mit seinen Freunden ein paar Urlaubstage in Florenz gönnt. Der Süden mit seiner sonnendurchfluteten Atmosphäre und seinen Kunstschätzen fasziniert den jungen Studenten aus dem kühlen Norden sehr. Im Herbst des gleichen Jahres möchte er dem Wunsch der Mutter entsprechen und das dritte Semester in Leipzig verbringen. Doch die Stadt enttäuscht ihn. Die Sehnsucht nach München lässt ihn nach wenigen Wochen wieder in die „leuchtende" Hauptstadt des Königreichs Bayern zurückkehren. Diese Stadt mit ihren rauchigen Bierlokalen, ihrem fröhlichen Fasching, dem grandiosen Oktoberfest, den bunten Festzügen, die unzählige Vergnügungen bietet und gleichzeitig reich ist an sozialen und kulturellen Impulsen (was dem Interesse Gerlichs besonders entspricht), sollte zu seiner zweiten Heimat werden. Unter dem Himmel von München wollte er leben, wo nach den Worten seines engen Vertrauten und ersten Biographen Erwein von Aretin „noch ein Stück Italien über die Alpen weht."[1]

Die Rückkehr nach München bringt zwei einschneidende Veränderungen mit sich: Die erste wirkt sich für ihn sehr unangenehm aus. Seine Mutter – sei es aus einem tatsächlichen finanziellen Engpass heraus, sei es um die Sturheit ihres Sohnes zu bestrafen – kürzt sein bereits mageres monatliches Budget. Von nun an muss Fritz sich praktisch allein durchschlagen. Die zweite bedeutet eine wichtige Wende im Leben von Gerlich: er wechselt seine Studienrichtung. Bereits am Gymnasium schwankten seine Neigungen zwischen Naturwissenschaften und Geschichte. Nun ist ihm klar geworden, dass sein wahres Interesse nicht dem Studium der Natur, sondern den Geisteswissenschaften gehört, also der Geschichte, der Philosophie und der Literatur. Folglich setzt er sein Studium an der Philosophischen Fakultät fort.

In München existieren wie in allen anderen deutschen Universitätsstädten Studentenverbindungen – damals elitäre Vereinigungen, die im ständigen Wettbewerb miteinander stehen und die auf ihre Farben, Uniformen und Riten, zu denen mitunter das Duell gehört, großen Wert legen. Zugang haben Studenten aus gutem Hause, Adelige und andere Mitglieder der begüterten gesellschaftlichen Oberschicht. Sowohl die Aufnahmegebühr als auch der jährlich an die Vereinskasse zu entrichtende Betrag sind erheblich. Gerlich hat zu diesen Kreisen keinen Zugang: er muss jeden Pfennig umdrehen, wenn er weiter in München studieren will. Um sein mageres Einkommen aufzubessern, nimmt er bei den „Kathreiners Malzkaffee-Fabriken" eine Arbeit an. Mehrere Stunden täglich verfasst er als „Literat" Texte für Prospekte und Werbebroschüren. Alles in allem ist dies eine positive Erfahrung für den in seine abstrakten Studien vertieften Hochschulstudenten. Er lernt auf diese Weise die konkreten Mechanismen der Arbeitswelt kennen.

Fritz Gerlich sucht auch einen Weg, bei den Studentenschaften aktiv mitzuwirken. Von den kostspieligen Verbindungen bleibt er freilich ausgeschlossen, aber es besteht die Möglichkeit, in die „Freie Studentenschaft" (MFSt) einzutreten, die allein in München 3000 Mitglieder zählt. Finanziell sind diese Studentenschaften weniger gut gestellt, zeichnen sich dafür aber durch intellektuelle Qualitäten aus. Auf einen Mitgliedsbeitrag wird verzichtet. Dafür stützen sie sich auf die Mitwirkung von Freiwilligen und sind bestens organisiert. Die einzelnen kulturellen Sektionen befassen sich mit der Gesamtheit des Wissens (Literatur, Philosophie, Kunst, Geschichte, Politik, Recht) und werden von jeweils einem Vorsitzenden betreut. Daneben gibt es einen Zentralausschuss, der sich aus den Vorsitzenden der Sektionen zusammensetzt. Fritz beteiligt sich aktiv an den Debatten über geschichtliche und politische Themen. Er verfügt über einen scharfen Intellekt, ist hoch gebildet und rhetorisch äußerst gewandt. Innerhalb weniger Monate erkennen und schätzen seine Kommilitonen Gerlichs starke Persönlichkeit und wählen ihn zum Ersten Vorsitzenden der Studentenschaft.

Sein Engagement hindert ihn nicht an Arbeit und intensivem Studium, das er 1905 mit einer Dissertation über *Das Testament Heinrichs VI.* mit „magna cum laude" abschließt.

Als er anschließend nach einer ihm entsprechenden Arbeitsstelle sucht, bietet sich bald eine günstige Gelegenheit. Das Bayerische Staatsministerium hat die Stelle eines Archivassessors im

Kgl. Allgemeinen Reichsarchiv, eine gehobene Beamtenposition, ausgeschrieben, deren Vergabe über eine Eignungsprüfung entschieden wird. Nach einem Praktikum bewirbt sich der junge Akademiker und absolviert die Prüfung als bester Kandidat. Seine Noten sind so hervorragend, dass er den Neid und die Missgunst der unterlegenen Mitbewerber entfacht. Einer von ihnen verbreitet das Gerücht, Fritz habe die Themen bereits vor der Prüfung gekannt. Die Reaktion Gerlichs ist typisch: Es werden Zweifel an seiner Vorbereitung gehegt? Gut, dann sei er bereit, sein Können in einer zweiten Prüfung unter Beweis zu stellen. Seiner Herausforderung wird stattgegeben, und diesmal erzielt er ein noch besseres Ergebnis als beim ersten Mal: er ist der Jahrgangsbeste.

Nun kann das Arbeitsleben des jungen Archivars beginnen. Seine Tätigkeit ist zwar interessant und wichtig, lässt sich aber nicht unbedingt als kreativ bezeichnen. Gerlich arbeitet mit Fleiß und Sorgfalt. Er gehört zu denen, die ihr Bestes geben wollen. Sein Interessenhorizont jedoch ist breiter. Ihn interessieren besonders Geschichte, Soziologie, Wirtschaft und Politik. Und so widmet er sich in seiner Freizeit dem Studium und dem Schreiben.

Die Früchte dieser Studien fasst er in seinem Essay *Geschichte und Theorie des Kapitalismus* zusammen, der 1913 in München erscheint. In diesem ambitiösen Werk präsentiert er eine unkonventionelle Vision des „Phänomens Kapitalismus“. Diesem Ansatz entsprechend liegen die Ursprünge des Kapitalismus nicht in der Moderne, sondern sind Teil eines im Ganzen linearen, wenn auch nicht immer konstanten Evolutionsprozesses, dessen Wurzeln in die klassische Antike zurückreichen und sich schrittweise vom Hochmittelalter zu den Stadtgemeinden bis hin zur Gegenwart entwickelten. Seine Theorie untermauert der Autor durch eine beträchtliche Menge an Daten und Materialien. In der Tat ist die von ihm aufgestellte Hypothese gewagt, wenn man bedenkt, dass der berühmte Max Weber in seiner Publikation *Die protes-*

tantische Ethik und der Geist des Kapitalismus von 1904/1905 die gegenteilige Meinung vertrat, nämlich dass der Kapitalismus in der Moderne mit dem Aufkommen des Calvinismus und seiner Erfolgsethik einhergehe.

Die These von Gerlich ist anfechtbar (wie im Übrigen heute auch der Ansatz von Weber angefochten wird), aber an ihr lässt sich die Leidenschaft zum Forschen und das eigenständige Urteilsvermögen des jungen Akademikers erkennen. Besonders letzteres sollte sich als eine der hervorstechenden Eigenschaften seiner geistigen Haltung herauskristallisieren: niemals die dominierende Meinung bedingungslos zu übernehmen, sondern sich immer kritisch damit auseinanderzusetzen.

Im gleichen Jahr 1913 erscheint der erste Zeitungsartikel von Gerlich. Während seiner Mitgliedschaft in der Freien Studentenschaft sympathisierte er wie seine Kommilitonen mit den sozialistischen Idealen. Nun aber orientiert er sich an der National-Liberalen Partei, die von den Gemäßigten unterstützt wird. In der Zeitung dieser Partei „Das neue Jahrhundert" entwickelt Gerlich unter Bezugnahme auf den von Papst Pius X. eingeführten „Modernisteneid" die These der juristischen Hoheit des Staates über die Ansprüche der Kirchen. Diese Hypothese ist kohärent mit den inneren Grundsätzen des jungen Gerlich, der durch seine Herkunft calvinistisch geprägt und aus persönlicher Überzeugung Atheist ist.

In Europa vollzieht sich in dieser Zeit die Tragödie des Großen Krieges. Fritz Gerlich wird aufgrund seiner schwachen Gesundheit vom Militärdienst befreit. Aber auch er greift auf seine Weise zu den Waffen. Er durchlebt eine Wendung um 180 Grad und geht von einer gemäßigten zu einer kämpferischen Position über: Wenn schon Krieg, dann richtig. Auch wenn es besser gewesen wäre, ihn zu verhindern, müsse er jetzt, da er ausgebrochen ist, um jeden Preis gewonnen werden. In Übereinstimmung mit der

Bewegung des Pangermanismus übt Gerlich Kritik sowohl am Reichskanzler Bethmann Hollweg als auch an dessen Ministern, die durch ihre Schwäche, Unentschlossenheit und Feigheit den Sieg der tapferen Reichswehr, die in Frankreich kämpft und bereits weite Gebiete Osteuropas fest im Griff hat, verzögern und vereiteln. In diesem Ton schreibt er für verschiedene Zeitschriften. Von seiner Kehrtwendung sollte man sich jedoch nicht täuschen lassen, denn es handelt sich hierbei eher um einen verzweifelten Patriotismus als um eine Hinwendung zur nationalistischen Rechten. Ein Großteil des liberalen Bürgertums und selbst der Sozialdemokraten teilt diese Haltung; auch in Italien gab es zu dieser Zeit zahlreiche demokratische und auch sozialistische Fraktionen, die sich für den Krieg aussprachen.

Gerlich, der inzwischen als Kreisarchivassessor verbeamtet worden ist, sieht Anfang 1916 dank glücklicher Umstände die Möglichkeit, seinen Traum zu verwirklichen: Er will sich ausschließlich und nicht nur sporadisch dem Journalismus widmen. Während seiner Studienzeit hatte sich eine enge Freundschaft zu seinem Kommilitonen Emil Liecke entwickelt. Liecke war als Kaufmann ausgesprochen erfolgreich und erbte im Jahre 1915 obendrein noch eine große Geldsumme. Gemeinsam entscheiden sie, einen Teil davon in eine politische Wochenzeitung zu investieren, um sie als Sprachrohr für ihre Überlegungen zu brennenden Problemen der Zeit zu nutzen.

Die Wochenzeitung erscheint unter dem Titel „Die Wirklichkeit“ und trägt den vielsagenden Untertitel „Deutsche Zeitung für Ordnung und Recht“. Da es dem Staatsbeamten Gerlich nicht möglich ist, offiziell als Chefredakteur in Erscheinung zu treten, ernennt er pro forma Karl Graf von Bothmer, einen professionellen Journalisten, zum Verantwortlichen; de facto obliegt die Leitung jedoch ihm. Die erste Nummer erscheint am 3. März 1916 und hat sofort Erfolg. Die Zeitung spiegelt die Stimmungslage der

Bevölkerung wider, die sich unzufrieden und besorgt über den Verlauf des Krieges zeigt. Das Blatt ist informativ, gut formuliert und interessant, aber seine Enthüllungen erregen mehr als einmal den Unmut der zivilen und militärischen Machthaber. Während der Kriegszeit unterliegt die Presse der Zensur, die Textauszüge, komplette Seiten und Artikel streicht und schließlich ganze Ausgaben der Wochenzeitung beschlagnahmt. Im Herbst 1917 sieht man sich gezwungen, die Herausgabe der „Wirklichkeit" einzustellen. Für den Journalisten Gerlich war diese Erfahrung trotz allem wertvoll, denn er konnte sein Geschick als Journalist und Manager auch außerhalb seiner engsten Umgebung unter Beweis stellen.

Ein Jahr später ist der Krieg zu Ende. Deutschland liegt am Boden. Weite Teile der Bevölkerung halten nicht die Verluste an der Front im Ausland (bei Unterzeichnung des Waffenstillstands befinden sich die deutschen Truppen noch auf französischem Boden) für die Niederlage verantwortlich, sondern den mangelnden inneren Rückhalt. Der Feigheit der Politiker wird die Schuld an der Niederlage zugeschoben. Deutschland versinkt im Chaos. Die Monarchie wird hinweggefegt. Es folgt die Weimarer Republik, deren Namen auf die Stadt zurückgeht, in der die Reichsverfassung ausgearbeitet wurde. Nach Ansicht der obersten Generäle liege die Regierung in den Händen der defätistischen Sozialisten, die das Land „von hinten erdolcht" und die Soldaten an der Front betrogen hätten. Die Wogen der Revolution breiten sich aus: in Kiel, Hamburg, Berlin und selbst im ruhigen München werden von extremistischen linken Splittergruppen mehr oder weniger legale Arbeiter- und Soldatenräte gebildet, die in Anlehnung an die Sowjetrussen die städtischen Verwaltungen übernehmen.

Als Ende Juni 1919 der Versailler Friedensvertrag den Verlierern die harten Bedingungen der Sieger auferlegt, ist die allgemeine Entrüstung im Land groß. Als ungerecht erscheinen die territorialen Verstümmelungen, die hohen Reparationszahlungen, die nahezu völlige Auflösung der Streitkräfte. Besonders demütigend für die Bevölkerung ist das Gefühl, dass es sich um ein Diktat, um unilaterale Auflagen handelt, die vor allem von Frankreich zur Erniedrigung der deutschen Nation gewollt sind.[2] Wer die deutsche Geschichte der kommenden zehn Jahre verstehen will, muss all dies in Betracht ziehen. Groll und Wut nehmen überhand und bieten rechtsradikalen Strömungen einen fruchtbaren Boden für Handstreiche. Es existieren zahlreiche Gruppierungen unterschiedlichen Ursprungs mit diversen Namen (Freikorps, Kampfbund, Frontbann, Stahlhelm, Reichsflagge, Schwarze Reichswehr), denen der Hass auf die demokratische Republik gemeinsam ist. Innerhalb weniger Monate werden die Regierungen nach sowjetischem bzw. spartakistischem Modell entmachtet – in Berlin in einem schrecklichen Blutbad.

In der allgemeinen Orientierungslosigkeit zerstören die Reparationspflichten das wenige, was noch von der Wirtschaft übrig geblieben ist. Das Finanzsystem gerät völlig außer Kontrolle. Zwischen 1922 und 1923 ist die Inflation nicht mehr zu bremsen: die Preise für Verbrauchsgüter steigen innerhalb weniger Wochen um das Zehn-, Hundert- und Tausendfache. So kosten im Sommer 1923 eine Briefmarke oder eine Schachtel Streichhölzer mehrere Millionen Mark. Wer etwas zu verkaufen hat, nimmt kein Bargeld mehr als Zahlungsmittel an, sondern nur Naturalien: die Wirtschaft kehrt zum Tauschhandel zurück. Gehälter und Löhne sind wertlos geworden. Die ein Leben lang zur Seite gelegten Ersparnisse lösen sich in Nichts auf. Verloren geht auch das Vertrauen der Bevölkerung in einen Staat, der nicht in der Lage ist, seine Aufgaben zu erfüllen – ein weiterer schwerer Schlag für das Ansehen der demokratischen Republik.[3]

Auch in Bayern, wo Gerlich lebt und arbeitet, sieht es in den ersten Nachkriegsjahren nicht besser aus als im Rest des Landes.

Die in München proklamierte Räterepublik währte weniger als drei Monate und offenbarte sich als das, was sie wirklich war: eine schwache, von ihren Ideen her revolutionäre, aber in Wahrheit folkloristische Bewegung zwischen Marxismus und Anarchismus, die von einer Schar fanatischer Spartakisten angeführt wurde, die davon träumten, „die Welt in eine Blumenwiese zu verwandeln". Wenige Schüsse der Freikorps am 1. Mai 1919 genügen in München, damit alles wie ein Kartenhaus in sich zusammenfällt.[4]

Auch wenn nun eine sozialdemokratische Regierung folgt, liegt die Macht in den Händen von paramilitärischen Verbänden und der Reichswehr, die diese finanziell unterstützt. Zwischen ihnen besteht ein enger Zusammenhalt. Die Kampfverbände bestehen nämlich überwiegend aus entlassenen Soldaten: es sind Frontkämpfer, oft Berufssoldaten, die aufgrund der im Friedensvertrag vorgesehenen Beschränkung des Heeres auf 100.000 Mann vom Dienst suspendiert wurden. Für diese sozial entwurzelten Soldaten, die in irgendeiner Form ihre Existenz fristen müssen, erscheint es alles in allem eine gute Lösung, erneut zu den Waffen zu greifen und ihrer Frustration über den aus ihrer Sicht ungerechterweise verlorenen Krieg sowie ihrer Wut über die feigen und verräterischen Linken freien Lauf zu lassen.

In diesem Umfeld hat Adolf Hitler, ein österreichischer Gefreiter, der ebenfalls demobilisiert wurde, leichtes Spiel. 1889 in Wien geboren, hatte er sich dort mit dem Malen von Postkarten über Wasser gehalten und wollte sich ursprünglich der Kunst, der Malerei widmen; nur fehlte ihm das Talent dazu.[5] Nun aber, da er sich der Politik verschrieben hat, fehlt ihm das Talent nicht. Mit Ideenreichtum glänzt er nicht, aber er hat klare Vorstellungen: Er teilt die Ansichten der nationalistischen Rechtsradikalen, die sich auf ein Konglomerat aus pangermanischen, rassistischen, antisemitistischen und antikommunistischen Ideen stützen. Das ganze Ideenkonstrukt ist durchsetzt mit Demagogie und oberflächlichem Sozialpopulismus. Dem gescheiterten Künstler gelingt es, seine Zuhörer durch sein angeborenes rhetorisches Talent zu blenden und mitzureißen. Er ist fanatisch und intolerant, verfügt aber über ein feines politisches Gespür und reagiert in kritischen Situationen realistisch. In den Jahren 1918 und 1919 ist er als Informant der Streitkräfte tätig und kann auf diese Weise seine ersten politischen Erfahrungen sammeln.[6]

Zum gleichen Zeitpunkt nimmt Gerlich, nachdem die Wochenschrift „Die Wirklichkeit" eingestellt worden war, seine politische Arbeit wieder auf, die nun in eine neue Richtung geht.

Die „Münchner Neuesten Nachrichten"

In der unmittelbaren Nachkriegszeit fällt München in die Hände der Spartakisten. Gerlich zieht nach Bamberg, um sich dort gemeinsam mit den Gemäßigten für die Rückkehr einer akzeptablen Regierung in Bayern einzusetzen. An die Stelle seiner bisherigen pangermanischen Sympathien tritt nun eine nüchterne und ausgewogene Sichtweise der politischen Umstände, die sich in seiner Arbeit als Journalist und Geschichtsforscher widerspiegelt. Die Marxisten sind an der Macht. Aber welchen Sinn hat der Marxismus? Sein 1920 veröffentlichtes Werk *Der Kommunismus als Lehre vom Tausendjährigen Reich* gründet sich auf die Frage nach den Implikationen der marxistischen Machtübernahme und ihren theoretischen philosophischen und sozialwirtschaftlichen Grundlagen. In Anlehnung an die von ihm vertretenen idealen Kategorien des klassischen Liberalismus erarbeitet der Wissenschaftler eine scharfe Kritik an den marxistischen Theorien über die Produktionsverhältnisse, über die Begriffe Kapital und Kapitalismus, Mehrwert, Proletariat, Kampf der Klassen und deren Aufhebung sowie an dem restlichen marxistisch-leninistischen ideologischen Rüstzeug.

Bei genauer Betrachtung dieser Theorien offenbaren sich deren Schwachpunkte. Die proklamierte „wissenschaftliche" Methodik der marxistischen Ideologie hat in Gerlichs Augen gar nichts Wissenschaftliches, sondern ist ganz im Gegensatz dazu als eine Art Jahrtausendutopie – daher der Titel seines Werkes – zu betrachten. Seiner Meinung nach ist der Marxismus in die Reihe der religiösen Bewegungen einzuordnen, dafür arbeitet er die folgenden Parallelen heraus: Der Begriff der Sünde und des Bösen schlechthin entspricht dem Kapital, der messianische Glaube an einen Erlöser dem Endsieg des Proletariats, die Gewissheit einer strahlenden, paradiesischen Zukunft der verwirklichten kommunistischen klassenlosen Gesellschaft. Die Jahrtausendutopie hat den moralischen Elan einer Erlöser-Mission, die den Tod neuer Märtyrer rechtfertigt.

Gerlich verurteilt also den Marxismus in radikaler Weise, seine Sichtweise ist jedoch weit entfernt von der schroffen Haltung der nationalistischen Rechten, die im Kommunismus die subversiven Wunschvorstellungen der verelendeten Massen sieht, sich die Besitztümer der Herren anzueignen, und sie distanziert sich von denen, die wie Hitler den Marxismus und das Judentum als untrennbare Einheit identifizieren, die ihrer Auffassung nach ein internationales, von den Sowjets angeführtes Komplott gegen die rechtmäßigen Interessen der deutschen Nation schmiedet.

Mit der Veröffentlichung seines Buches über den Kommunismus macht Gerlich nicht mehr nur als guter Journalist und fähiger Manager – dieser Ruf geht ihm schon seit dem Erscheinen der „Wirklichkeit" voraus – von sich reden, er etabliert sich nun auch als kompetenter Geschichtsforscher und, was im Moment vielleicht noch mehr zählt, als überzeugter Gegner des Kommunismus: Diese Faktoren sollten den zweiten Wendepunkt im Leben des Archivars, Historikers und Journalisten maßgeblich herbeiführen.

Die Gelegenheit dazu bietet ihm 1920 Professor Paul Nikolaus Cossmann, ein jüdischer Intellektueller edler Gesinnung, Herausgeber der „Süddeutschen Monatshefte", an denen Gerlich in der Vergangenheit mitgearbeitet hatte. Cossmann befasst sich mit dem Schicksal der größten Zeitung Süddeutschlands, den „Münchner Neuesten Nachrichten", mit einer täglichen Auflage von 150.000 Exemplaren. Verlag und Zeitung befinden sich aufgrund schlechter Verwaltung in großen finanziellen Schwierigkeiten. Ein Konsortium von einflussreichen Persönlichkeiten der rheinischen Schwerindustrie ist bereit, die Zeitung und ihren Verlag zu übernehmen und finanziell zu sanieren.

Cossmann fungiert als deren Ratgeber und Vertrauensmann. Er beabsichtigt alsbald, die Leitung des heruntergewirtschafteten Blattes dem von ihm geschätzten Gerlich anzutragen und sichert sich bei dessen Vorgesetztem ab. Der Generaldirektor der Staatlichen Archive wird um sein Urteil gebeten und schildert Gerlich als äußerst gewissenhaften Beamten, der jederzeit seinen Pflichten nachkommt. Seine antibolschewistische Einstellung bewirkt die uneingeschränkte Zustimmung von Seiten der neuen Herausgeber. Die Zeitung soll weiterhin den Grundsätzen des wirtschaftlichen Liberalismus und des konservativen und gemäßigten Nationalismus treu bleiben. Gerlich stimmt vollkommen mit diesen Richtlinien überein und tritt unter Wahrung des Rechtes auf Rückkehr aus dem staatlichen bayerischen Archivdienst aus, um die prestigeträchtige Aufgabe des Chefredakteurs des größten bayerischen Presseorgans anzutreten – eine besondere Ehre für ihn als Zugereisten in München!

Eine große Zeitung zu leiten ist in jedem Fall ein schwieriges Unternehmen, umso komplexer gestaltet sich dies aber in einer politisch chaotischen Lage wie der in Bayern im Jahre 1920. Dazu kommt, dass der neue Chefredakteur weder in Bayern geboren ist noch den bayerischen Dialekt auch nur ansatzweise beherrscht – und dies wohl auch nicht beabsichtigt – und dass er, der protestantisch geprägt ist, sich einem geschlossenen katholischen Milieu gegenübersieht. Gerlich verfügt jedoch über alle Fähigkeiten, um diese Situation zu meistern, und erfüllt sein neues Amt mit außerordentlicher Professionalität. Sein starkes Temperament kann mitunter auch autoritär erscheinen – in der Erinnerung Aretins kannte er keine Halbheiten und kein Phlegma – und in seinen Artikeln ist er scharf und unerbittlich; seine Mitarbeiter behandelt er jedoch gewöhnlich mit großer Menschlichkeit. Innerhalb kürzester Zeit beherrscht er die Mechanismen der Redaktion und, was noch wichtiger ist, er gewinnt das Vertrauen seiner Kollegen und Mitarbeiter. Es gelingt ihm, ein gutes Team zu formen, das einen kohärenten und ausgeglichenen Standpunkt des Blattes vertritt. Die Zeitung gewinnt an Renommee und kann ihre Auflage steigern.

Das politische Umfeld ändert sich währenddessen auf rapide Weise. Die nach der Niederschlagung der Münchner Räterepublik im Mai 1919 neu gebildete Regierung aus Bayerischer Volkspartei (BVP), Sozialdemokraten (MSPD) und der Deutschen Demokratischen Partei (DDP) wird nach weniger als einem Jahr, im März 1920, gewaltsam von einem rechten Regime unter der Leitung eines hohen Staatsbeamten, Gustav von Kahr[1], aus den Angeln gehoben.

Aber auch der österreichische Gefreite hat die Hände nicht in den Schoß gelegt. Er schließt sich der Deutschen Arbeiterpartei an, einer der zahlreichen rechtsextremen Gruppierungen. Als er im Sommer 1921 zum Vorsitzenden der Partei ernannt wird, benennt er diese in Nationalsozialistische Deutsche Arbeiterpartei um, bekannt als NSDAP. In einer Massenversammlung im Münchner Hofbräuhaus gelingt es ihm, das radikale und demagogische Parteiprogramm durchzusetzen. Seine entflammende Rhetorik und die ihm eigene unermüdliche Propagandatätigkeit stoßen auf eine zunehmend breitere Zustimmung, und das nicht nur in rechtsextremen Kreisen, sondern auch beim Bürgertum, bei Geschäftsleuten und Industriellen, der Landbevölkerung und dem städtischen Proletariat. Mit großem organisatorischem Geschick schafft er es, zur Unterstützung seiner Partei einen beachtlichen Militärapparat, die Sturmabteilungen (SA, die so genannten Braunhemden), aufzubauen. Diese Sturmabteilungen sind offiziell mit dem Schutz der Partei betraut, werden aber in Wirklichkeit dazu eingesetzt, politische Gegner zum Schweigen zu bringen.[2]

Das Emblem, das bei Parteiveranstaltungen als Fahne gehisst wird, entwirft der verhinderte Maler selbst: das Hakenkreuz. Und sogar ein eigenes Presseorgan, der „Völkische Beobachter"[3], steht der Partei zur Verfügung. Mit der Übernahme dieser Zeitung gelingt Hitler 1920 ein Glanzstück dank seiner freundschaftlichen Verbindungen zu Dietrich Eckart und Anton Drexler, Mitbegründer der Deutschen Arbeiterpartei. Diese überreden begüterte Sympathisanten der Münchner Oberschicht, Geld zur Verfügung zu stellen. Die Leitung der Zeitung übernimmt Eckart. In diesem Zusammenhang kommt es zum ersten Zusammenstoß, bei dem Gerlich mit Hitlers Leuten konfrontiert wird. Es ist anzunehmen, dass Eckart, ein etwas sonderbarer Charakter, um einiges älter und wohlhabender als Hitler, sich dessen Sache enthusiastisch angeschlossen hat, da auch er als Künstler wenig Erfolg hatte: als Poet und Dramaturg musste er sich damit begnügen, nur gelegentlich kleine Stücke in Zeitschriften zu veröffentlichen. Gerlich selbst hatte vor Jahren, ohne ihn zu kennen, etwas von ihm in der „Wirklichkeit" abgedruckt. Eckart zeigt sich ihm jedoch keinesfalls dankbar, sondern behauptet unter anderem sogar, dass der wirkliche Name des Chefredakteurs der „Münchner Neuesten Nachrichten" Gerson Ehrlich sei, eindeutig ein Name jüdischen Ursprungs. Gerlich sei demnach Jude und ein Beschützer des jüdischen Volkes.

Diese nicht den Tatsachen entsprechende Behauptung empfindet Gerlich als ungehörig. Er selbst ist absolut frei von antisemitischen Gefühlen und die Haltung seiner Zeitung in Bezug auf die jüdische Frage ist neutral. Dessen ungeachtet bedeutet es in seiner Stellung und in einem politischen Umfeld, in dem der „jüdische Klüngel" von vielen Schichten der öffentlichen Meinung als verantwortlich für alle innerdeutschen Übel betrachtet wird, ein Risiko, das Gerlich nicht eingehen darf. Er verklagt deshalb Eckart wegen Diffamierung, der seine Behauptung daraufhin zurückzieht. Die Verleumdungskampagne von Seiten des „Völkischen Beobachters" setzt sich allerdings bis 1923 fort, bis der seit Jahren alkoholabhängige Eckart stirbt.

Im Frühjahr des gleichen Jahres findet die erste – und, soweit bekannt ist, einzige – Begegnung zwischen Gerlich und Hitler in der Wohnung des Schriftleiters in der Richard-Wagner-Straße statt. Gerlich selbst berichtet einige Jahre später über die Einzelheiten des Treffens.[4] Hitler hatte um eine private Unterredung gebeten, da ein Besuch in der Redaktion der „Münchner Neuesten Nachrichten", mitten im Zentrum in der Sendlinger Straße, unerwünschte Aufmerksamkeit erregt hätte und seine Anhänger dies hätten missverstehen können. Nach Gerlichs Bericht ist der Zweck des Besuches nicht klar. Wahrscheinlich wollte Hitler den Chefredakteur der Zeitung unter Druck setzen und ihn dazu bringen, seine harte Linie gegenüber dem „Völkischen Beobachter" und dem Nationalsozialismus aufzugeben. Wenn dies seine Absicht gewesen sein sollte, erreicht er das genaue Gegenteil: Gerlichs Eindruck ist in jeder Hinsicht negativ. Es kommt im Grunde nicht zu einem wirklichen Dialog, denn der Führer der Nationalsozialisten ergießt sich in einem unaufhaltsamen Monolog. Gerlich gelingt es lediglich, den Wortschwall kurzzeitig aufzuhalten, indem er hier und da ein paar Anmerkungen und Zweifel anbringt. Ohne diese Einwürfe weiter zu beachten, setzt Hitler seinen Diskurs genau an dem Punkt fort, an dem er unterbrochen wurde. Gerlich kann nur den Schluss ziehen, dass Hitler ein wahnwitziger Fanatiker ist.

Im Jahre 1924 wird der Leiter der „Münchner Neuesten Nachrichten" mit einem journalistischen Eklat konfrontiert, in den Professor Cossmann, sein Mentor, involviert ist. Die „Süddeutschen Monatshefte", deren Verleger und Direktor Cossmann ist, hat der sogenannten „Dolchstoßlegende" eine komplette Nummer gewidmet. Die darin angesprochene unheilvolle Beschuldigung, der deutsche Endsieg sei durch sozialistisch-kommunistische Machenschaften verhindert worden, entflammt die Gemüter aller Bevölkerungsschichten und führt zu einer Verschärfung der politischen Gegensätze. Die nationalistische Rechte behauptet, das deutsche Heer sei bei Abschluss des Waffenstillstandes am 11. November 1918 im Felde unbesiegt gewesen, aber durch einen Dolchstoß aus der Heimat erledigt worden. Es wird ein angebliches Komplott zitiert, durch das der Sieg verhindert, die Produktion sabotiert, die Magazine geplündert, die Kampfmoral der Frontsoldaten in der Presse in Verruf gebracht und defätistische Propaganda in der Bevölkerung verbreitet worden seien. Dieses Komplott habe das Heer und die ganze deutsche Nation „im Rücken erdolcht".

Wer ist dafür verantwortlich? Hier gibt es zwei Antworten: Verantwortlich sind nach Meinung der rechtsextremen und militärischen Kreise alle linksorientierten Gruppierungen, egal ob demokratisch oder liberal, sowie der verhasste „jüdische Klüngel", dem vaterlandslose Gesinnung und skrupellose Habgier unterstellt werden, die selbst vor dem Blut der Kämpfer an der Front nicht Halt machten. Sie alle – und ganz besonders die Politiker, die am 9. November 1918 die Republik ausgerufen hatten – werden als „Novemberverräter" tituliert. Die gemäßigteren unter den Nationalisten sehen die Dinge etwas differenzierter, denn sie erinnern sich, dass die Sozialdemokraten zu Beginn des Konfliktes 1914 die Regierung durch ihre Stimme für die Kriegskredite unterstützt hatten. Für sie sind daher nur die linksextremen Flügel, also die Kommunisten, Spartakisten und Anarchisten, für den „Dolchstoß" verantwortlich zu machen.[5]

Der erwähnte Vorfall, in den auch Gerlich und seine Zeitung indirekt verwickelt sind, gründet sich auf die irritierte Reaktion des Leiters der sozialdemokratischen „Münchener Post" auf die Darstellungsweise der „Dolchstoßlegende" in der Sonderausgabe der „Süddeutschen Monatshefte".

Die „Münchner Post“ spricht von feigen Lügen und attackiert Cossmann, der sich diffamiert fühlt und den Leiter des sozialdemokratischen Blattes wegen Beleidigung verklagt. Auch wenn die „Münchner Neuesten Nachrichten“ nichts mit dieser Auseinandersetzung zu tun haben, darf Gerlich nicht vergessen, dass es Cossmann war, der ihn als Chefredakteur berufen hat, und dass dieser auch als Bevollmächtigter der Eigentümer des Verlages fungiert.

So übernimmt es die Zeitung Gerlichs, Cossmann auf politischer Ebene zu verteidigen – die juristische Seite hat das Gericht zu klären. Vor Gericht bemüht sich Cossmann klarzustellen, dass seine Vorwürfe in der Sondernummer der „Monatshefte“ in keiner Weise pauschal gegen die deutschen Sozialdemokraten gerichtet seien – deren einwandfreie Haltung im Weltkrieg er ausdrücklich betone –, sondern nur gegen den linksextremen Flügel der Partei, die so genannten „Unabhängigen Sozialdemokraten“, aus denen sich die Kommunisten und Spartakisten formiert hätten. Die Untersuchung ist damit abgeschlossen, der Prozess endet mit der Verurteilung des angeklagten Chefredakteurs der „Münchner Post“ zu einer geringen Geldstrafe, der Kläger gibt sich zufrieden.

Es stellt sich nun die Frage, ob und wie dieser Prozess politisch zu bewerten ist. Gerlich nimmt in seiner Zeitung Stellung für Cossmann und betont, dass dieser die besten Absichten hatte. Was aber die „Dolchstoßlegende“ betrifft, so ist er zu scharfsinnig und erfahren in geschichtlichen Fragen, um die geläufigen Gemeinplätze unkritisch zu übernehmen. Er weist auf die Tatsache hin, dass es in linksextremen Kreisen vaterlandsfeindliche Initiativen gegeben habe, vor allem nach der russischen Oktoberrevolution von 1917, die auch das Handeln der deutschen Marxisten entscheidend beeinflusste. Aus diesem Grund trage dieser linke Flügel eine große Verantwortung. Gerlich unterstreicht aber dennoch, dass die vernichtende Niederlage des Reiches in keinem Fall auf innenpolitische Schwächen zurückzuführen, sondern eindeutig von erheblich gewichtigeren Faktoren bestimmt gewesen sei. Der endgültige Zusammenbruch sei die Folge der erdrückenden wirtschaftlichen und militärischen Übermacht der Siegermächte über ein durch vier Kriegsjahre völlig entkräftetes Land gewesen. Diese Tatsache und nicht imaginäre Komplotte und heimtückischer Verrat hätten Deutschland in die Knie gezwungen.[6] An dieser durchdachten und kritischen Analyse wird deutlich, dass Gerlich inzwischen seine nationalistischen und imperialistischen Vorurteile, die er noch fünf oder sechs Jahre zuvor als Direktor der „Wirklichkeit" hegte, überwunden hat.

Die mit der Dolchstoßlegende in Zusammenhang stehende Angelegenheit geht auf das Jahr 1924 zurück. Aber schon ein Jahr zuvor hat ein aufsehenerregendes Ereignis, das 24 Stunden lang das Leben der bayerischen Hauptstadt erschüttern und im ganzen Land von sich reden machen sollte, Gerlich und seine Zeitung auf den Plan gerufen.

Der Bürgerbräu-Putsch

Drei Jahre sind seit der Parteigründung der NSDAP verstrichen. Hitler ist sehr aktiv, als unumstrittener „Führer" der Nationalsozialisten werden ihm längst diktatorische Vollmachten zugestanden. Die deutliche Zunahme der Mitgliedszahlen der Partei übersteigt selbst die kühnsten Hoffnungen ihrer Gründer. Zu den Anhängern der NSDAP gehören nicht nur gewöhnliche Bürger, sondern auch einflussreiche Persönlichkeiten. Viele von ihnen sind ehemalige Offiziere der Reichswehr, wie der Hauptmann Ernst Röhm, der Fliegerhauptmann Hermann Göring und General Erich Ludendorff, dem als Erstem Generalquartiermeister und Leiter der deutschen Kriegsführung im Osten ein legendärer Ruf vorausgeht, aber auch die aus dem sozialrevolutionären Flügel stammenden Brüder Gregor und Otto Strasser und Intellektuelle wie der bereits erwähnte Dietrich Eckart, Joseph Paul Goebbels, Rudolf Hess, Julius Streicher oder Alfred Rosenberg.[1] Sie alle sollen in der nationalsozialistischen Partei eine tragende Rolle spielen und die Zukunft des Landes prägen. Zu den Sympathisanten des Führers zählen jedoch auch zahlreiche vermögende Vertreter der Finanzwelt und Industrie, nicht nur aus Bayern. Diese sorgen dafür, dass die sich in einem finanziellen Engpass befindenden Parteikassen füllen.

In München hat von Kahr die Zügel der Regierung fest in der Hand, er entledigt sich der Sozialdemokraten und lässt sich zum Generalstaatskommissar mit allen exekutiven Befugnissen ernennen. Seine Einstellung ist rechtskonservativ und monarchistisch, seine Regierung ist im Großen und Ganzen gemäßigt und frei von diktatorischen Intentionen. Als Abkömmling des alten königlich-bayerischen Beamtentums ist es sein vorrangiges Ziel, die Autonomie des Freistaates Bayern innerhalb des Deutschen Reiches aufrecht zu erhalten und gegen die von Berlin ausgehenden zentralistischen Ansprüche zu schützen, ein Bestreben, das von der Mehrheit der bayerischen Bevölkerung unterstützt wird – nicht aber von Hitler, der vielleicht nicht zu Unrecht fürchtet, dass die dem Generalstaatskommissar nahestehenden Monarchisten nichts unversucht lassen würden, den Thronansprüchen der Wittelsbacher zu entsprechen.

Es ist bekannt, dass von Kahr selbst überzeugter Anhänger der Monarchie ist. Auch wenn Bayern für Hitler – aus völlig anderen Gründen – eine zentrale Rolle spielt, wäre aus seiner Sicht die Restauration der Wittelsbacher ein großes Unglück gewesen. Sein strategischer Scharfsinn sagt ihm, dass seine Partei keine Zukunft hat, wenn ihr Wirkungskreis wie zum gegenwärtigen Zeitpunkt auf den Süden Deutschlands beschränkt bleibt. Bayern dient ihm daher nur als Sprungbrett, um den Rest des Landes zu erobern. Zu diesem Zweck nutzt Hitler die bestehenden Differenzen zwischen Bayern und der Reichsregierung in Berlin. Beide stehen im Herbst 1923 kurz vor einem endgültigen Bruch. Mit der Behauptung, Berlin beabsichtige die bayerische Autonomie mit Gewalt zu ersticken, versucht er, von Kahr von der Notwendigkeit zu überzeugen, sich nicht von Berlin überrumpeln zu lassen. Von Kahr und die bayerische Regierung sollten sich mit ihm zusammenschließen, um gemeinsam nach Berlin zu marschieren, selbstverständlich unter der Eskorte der Bayerischen Reichswehr und der Sturmabteilungen, die zum gegenwärtigen Zeitpunkt etwa zehntausend Kampfwillige zählen (zehn Jahre später sollten es drei Millionen sein). Nur auf den ersten Blick erscheint diese Idee absurd, ein Jahr zuvor jedoch ist etwas sehr Ähnliches in Italien geschehen: Mussolini unternahm den „Marsch auf Rom“ und hatte damit Erfolg. Hitler bekennt sich als ergebener Anhänger des italienischen Duce und will es immer und überall seinem Idol gleichtun – allerdings unter besseren Bedingungen, da er davon ausgeht, dass ihm im Gegensatz zu Mussolini[2] ein reguläres Heer zur Verfügung steht.

Von Kahr lehnt dieses Vorhaben zwar grundsätzlich, aber dennoch halbherzig ab. Er ist feindseligen Initiativen gegen die verhassten „Preußen" nicht abgeneigt, zweifelt aber dennoch an der Realisierbarkeit einer derartigen umstürzlerischen Aktion. Er lässt daher Hitler mitteilen, dass er sich jedenfalls eine diesbezügliche Entscheidung vorbehält. Hitler sieht sofort ein, dass er keine freiwillige Zusage von Kahrs und seiner Regierungskollegen erwarten kann; so wird er sie mit Gewalt erzwingen. Am Abend des 8. November[3] bietet sich ihm nun die passende Gelegenheit. An diesem Datum ist eine große politische Versammlung im Bürgerbräukeller geplant, einer bekannten Großgaststätte mit einem Fassungsvermögen von 3.000 Menschen im Südosten Münchens. Unter den Anwesenden befinden sich politische Führungskräfte, Vertreter der Finanzwelt wie auch Persönlichkeiten aus den Bereichen der Kultur und den Medien. Von Kahr und zwei Regierungsmitglieder, General Otto von Lossow, der Kommandeur der Bayerischen Reichswehrdivision, und Oberst Hans Ritter von Seißer, Chef der bayerischen Landespolizei, also eine Art von Triumvirat, beabsichtigen, dem Publikum ihr politisches Programm zu präsentieren.

Es ist der 8. November, abends, die Versammlung hat vor einer halben Stunde begonnen; von Kahr ist mitten in seiner programmatischen Rede, als kurz vor 21 Uhr Hitler in Begleitung von Hess und Göring und einer Schar bewaffneter Braunhemden in die Gaststätte stürmt. Er drängt sich zwischen die Tische, an denen die Gäste sitzen und Bier trinken. Um sich Gehör zu verschaffen, lässt er einen Bierkrug geräuschvoll am Boden zerschellen und gibt unmittelbar danach, während er zum Podium marschiert, einen Pistolenschuss gegen die Decke ab. Der sprachlose von Kahr muss seine Rede beenden. Das Wort ergreift nun Hitler, der unter Aufbietung seiner ganzen Rhetorik eine schamlose Lüge nach der anderen auftischt. Er proklamiert den Beginn der „nationalen Revolution“, erklärt die bayerische Regierung und die Reichsregierung für abgesetzt und kündigt die Bildung einer provisorischen Regierung an, deren Streitkräfte und Polizeiapparat ihm bereits unterstünden; von Kahr und seine Kollegen würden mit ihm die Verteilung der Posten in der neuen Regierung absprechen. Das Lokal sei von 600 schwer bewaffneten Männern umstellt, also solle sich niemand vom Platz bewegen.

Das alles ist reiner Bluff, was im Saal jedoch niemand wissen kann. Hitler allerdings ist bewaffnet und auch seine Männer. Die „Triumviren“ werden von Hitler brutal in einen Nebenraum geschoben. Der aufs Äußerste angespannte Hitler legt seine Hand an den Abzug der Pistole und diktiert seine Bedingungen. Er erwarte von ihnen, dass sie sich ihm anschließen, um die Revolution zu proklamieren und mit ihm die neue Reichsregierung zu bilden, in der sie die Schlüsselpositionen besetzten. Das Amt des Regierungschefs liege selbstverständlich bei ihm selbst, von Seißer werde zum Polizeiminister, von Lossow zum Reichswehrminister, von Kahr zum bayerischen Ministerpräsidenten ernannt. General Ludendorff, der in Wirklichkeit von all dem keine Ahnung hat, übernehme das Kommando der Reichswehr.

Als sich das Triumvirat entschieden weigert – von Lossow sieht sich nicht einmal veranlasst, ihm zu antworten – verweist der zunehmend gereizte Führer auf die ihm noch verbleibenden vier Kugeln: eine für jeden der drei Beteiligten für den Fall, dass sie ihn verlassen, und die letzte für sich selbst. Mit theatralischer Geste hält er sich die Pistole an die Schläfe und erklärt: „Wenn ich nicht morgen nachmittag Sieger bin, bin ich ein toter Mann“. Die drei Herren aber lassen sich nicht beeindrucken. Der Handstreich wird wohl scheitern. Hitler zögert einen Augenblick, plötzlich fasst er sich wieder, ohne ein Wort zu sagen, lässt er die drei alleine und kehrt in den Hauptsaal zurück. Er steigt auf das Podium und erklärt den 3.000 Anwesenden ohne mit der Wimper zu zucken, mit den drei Männern des Triumvirates sei eine Übereinkunft zur Bildung einer neuen Regierung getroffen worden. Er, Hitler, stehe an der Spitze dieser sofort zu bildenden provisorischen Regierung, gleichzeitig werde eine deutsche nationale Armee gebildet, die der Leitung von Ludendorff unterstellt werden soll. Ihre vordringlichste Aufgabe sei es, „den Vormarsch anzutreten in das Sündenbabel Berlin, das deutsche Volk zu retten".

Ganz offenkundig handelt es sich um eine Reihe unhaltbarer Lügen, die aber ihre Wirkung auf das Publikum nicht verfehlen. Unglaublich – aber das anfängliche Pfeifen und irritierte Flüstern verwandelt sich erst in ein unterdrücktes Gemurmel und geht dann in einen dröhnenden Applaus über. Der Beifallssturm dringt zu den drei Herren, die in den Nebenraum eingesperrt sind: sie sind fassungslos. Wenn 3.000 bedeutende Persönlichkeiten sich so von Hitler überzeugen lassen, dass sie ihm tosenden Beifall zollen, wie sollen sie selbst dann ihren Widerstand aufrechterhalten?

Als hätten ihn die Worte Hitlers herbeigezaubert, erscheint nun Ludendorff, den man in Wirklichkeit eilig gerufen hatte. Da er in keiner Weise über die Ereignisse informiert ist, zeigt er sich anfangs über das Ganze ungehalten. Aber seine Anwesenheit allein ist für Hitler ein Zeichen des Himmels. Er begleitet den hohen Offizier in den Raum, in dem das widerstrebende Triumvirat ausharrt, und fordert die Anwesenden ohne weitere Kommentare auf, sich als Zeichen der Einigung die Hände zu reichen. Als legendäre Persönlichkeit mit einer ruhmreichen Vergangenheit ist General von Ludendorff für Militärpersonen ein Idol. Von Lossow und von Seißer, für die als Männer der alten Ordnung Disziplin und Respekt vor der Autorität selbstverständlich sind, kommt es daher nicht im Entferntesten in den Sinn, die Anweisungen eines Höhergestellten in Frage zu stellen. Kurzen Widerspruch erlaubt sich nur von Kahr, der nicht von militärischer Disziplin geprägt ist. Aber auch er verspricht dann eine Zusammenarbeit – um sein Gesicht zu wahren – als Statthalter der Monarchie. Die Anwesenden erleben nun den Höhepunkt des Abends: Das Triumvirat marschiert zusammen mit Hitler und Ludendorff in den Saal ein, vom Publikum enthusiastisch bejubelt. Es wird sogar berichtet, dass die Zuhörer „aus Begeisterung [...] im Saal auf Tische und Stühle sprangen" und der neuen politischen Ordnung mit überschwänglichen Worten ihre Treue bezeugen. Hitler ist außer sich vor Freude, denn der Ausgang der ganzen Angelegenheit übertrifft seine kühnsten Erwartungen.

Es stellt sich nun die berechtigte Frage, was all das mit Gerlich und seiner Zeitung zu tun hat. Die Antwort ist klar: Sowohl der Chefredakteur der „Münchner Neuesten Nachrichten" als auch die Redaktion selbst sind in nicht unerheblichem Maße in die Geschehnisse des Abends involviert. Gerlich selbst hatte an der stürmischen Versammlung im Bürgerbräukeller teilgenommen. Er wollte sich in seiner Eigenschaft als Journalist den Vortrag des Generalstaatskommissars anhören und Stimmung und Reaktionen des Publikums beobachten. Fest steht, dass er nicht zu denen gehörte, die dem Führer frenetischen Applaus spendeten und auf die Tische sprangen. Im Gegenteil, er empfindet Enttäuschung und Verbitterung über die einlenkende Haltung von Kahrs, den er schätzt und achtet. Aber nur Gerlich und wenige andere wissen, dass die Rede des Generalstaatskommissars, die nur zur Hälfte im Bürgerbräukeller vorgetragen werden konnte, am Tag zuvor in den Räumen der Zeitungsredaktion von ihm, Gerlich, und seinem Freund Adolf Schiedt[4], Journalist und Sprecher des Generalstaatskommissariats, geschrieben worden war. Auch wenn von Kahr anschließend ein paar Änderungen vorgenommen hat, stammt der Text im Wesentlichen aus der Feder der beiden Publizisten. Dies lässt die Annahme zu, dass das Verhältnis zwischen dem Leiter der „Münchner Neuesten Nachrichten" und dem bayerischen Regierungschef eng und freundschaftlich war. Es ist sogar anzunehmen, dass Gerlich nach Beendigung der turbulenten Versammlung im Bürgerbräukeller zu denen gehörte, die von Kahr begleiteten, um ihn vor Übergriffen seitens der Leibwächter des Führers zu schützen.

Mitternacht ist vorbei. Als der Chefredakteur die Räume seiner Zeitung betritt, erwartet ihn eine unangenehme Überraschung. Wenige Stunden zuvor ist ein Kommando der SA in die Büros eingedrungen und hat die Mitarbeiter gezwungen, einen manipulierten Artikel über den Abend im Bürgerbräukeller zu verfassen, in dem in enthusiastischem Ton berichtet wird über die Einigung zwischen dem Führer und der bayerischen Regierung und die dadurch besiegelte glorreiche Zukunft Deutschlands. Gerlich ist außer sich vor Wut, kann aber das Geschehene nicht mehr rückgängig machen: die Zeitung ist bereits gedruckt, die Verteilung ist schon im Gange. Er unterlässt es, die Verfasser des Berichtes zu rügen, da er an ihrer Stelle wahrscheinlich genauso gehandelt hätte. Seinem Zorn lässt er in einem schonungslosen Artikel freien Lauf, der in der Nummer des nächsten Tages erscheinen soll. Nach einer zusammenfassenden Darstellung über den chronologischen Ablauf des Abends und einer Meldung des Übergriffs auf die Zeitung offenbart Gerlich seine ganze Bestürzung darüber, wie sich 3.000 respektable und urteilsfähige Personen von ein paar einstudierten Sätzen eines Demagogen – in der Tat zeigte sich Hitler an diesem Abend ungewöhnlich sachlich – zu rasendem Beifall verleiten lassen konnten. Er interpretiert dies als ein unheilvolles Zeichen seiner Zeit und definiert Hitler als gefährlichen Volksverführer, der es versteht, seinen Anhängern alles glauben zu machen und sie in jegliches Abenteuer hineinzuziehen; Hitler vertrete keinen Nationalismus, das heißt Patriotismus, sondern einen fanatischen Pseudonationalismus, der das Land in den Bürgerkrieg führe. Gerlich schließt mit der Bemerkung, der Verrat im Bürgerbräukeller sei einer der größten in der deutschen Geschichte. So ist dieser Artikel Gerlichs einer offenen Kriegserklärung an Hitler gleichzusetzen.

Was aber passiert, während der Leiter der „Münchner Neuesten Nachrichten" seinen Artikel verfasst? Nach Ende der Versammlung in Bürgerbräuhaus eilt Hitler in die Stadt, um die dort ausgebrochenen bewaffneten Auseinandersetzungen zwischen einer seiner Banden und den regulären Einheiten der Reichswehr zu schlichten. Vor allem jetzt, da er auf die Unterstützung der Regierenden zählt – oder glaubt, darauf zählen zu können – will er die von ihm geplante Revolution gemeinsam *mit* der Reichsarmee und nicht *gegen* diese führen. Nach getaner Arbeit kehrt er in die Gaststätte zurück, wo er die ganze Nacht verbringt, um mit seinen Freunden weiter zu diskutieren. Allerdings hat das Triumvirat seine Abwesenheit schon genutzt, um sich in aller Stille aus dem Staub zu machen. Kaum haben sich von Lossow und von Seißer von ihrem Schrecken erholt, verlieren sie keine Zeit, um Reichswehr beziehungsweise Polizei zu informieren. Innerhalb weniger Stunden sind alle strategischen Punkte der Stadt von bewaffneten Männern besetzt. Von Kahr unterschreibt gleichzeitig eine Anklage gegen Hitler wegen Verrats, erklärt alle mit Gewalt erzwungenen Vereinbarungen für nichtig und die nationalsozialistische Partei und ihre bewaffneten Einheiten als illegal. Am Morgen des 9. November ist ganz München mit den Plakaten der Anordnungen des Generalstaatskommissars tapeziert.

Hitler ist konsterniert, denn sein großartiges Ideengebilde der vorangehenden Nacht hat sich in Luft aufgelöst. Im Morgengrauen, während eisiger Schneeregen auf die Stadt niederfällt, versucht er mit einem der Triumviren in Kontakt zu treten – was ihm nicht gelingt, so dass ihm klar wird, dass er hinters Licht geführt wurde. Zwischen Depression und Hysterie schwankend, sucht er irgendeine Lösung. Er sendet ein SA-Kommando zur Polizei, um eine Vereinbarung auszuhandeln. Aber die Braunhemden bekommen keine Antwort, sondern werden verhaftet. Hitler will sogar Kronprinz Rupprecht, den Erbprinzen der Wittelsbacher, um Hilfe bitten, denn ein Wort von ihm könnte genügen, um von Kahr – der ihn sehr verehrt – zu einem Kompromiss zu bewegen. Aber der eilig in das Berchtesgadener Königsschloss gesandte Unterhändler verirrt sich unterwegs und kommt nicht dort an. Hitler schlägt Ludendorff, der an seiner Seite geblieben ist und laut den Vereinbarungen im Bürgerbräuhaus der Armee vorstehen sollte, eine Art strategischen Rückzug vor: Man solle sich in den Süden von München begeben, wo Hitler auf zahlreiche Freunde zählen könne; dort würde man tausende von Männern rekrutieren und mit ihnen nach München marschieren. Ludendorff verwirft diesen Vorschlag und präsentiert einen seiner Auffassung nach sicheren und unblutigen Aktionsplan: vom Bürgerbräukeller ausgehend, sollen Hitler und die anderen Mitglieder der Parteiführung (etwa zehn, unter ihnen Göring, Rosenberg und Drexler) an der Spitze der Kolonne ihrer Anhänger in Richtung Stadtzentrum marschieren, unter Absingen bekannter Militärhymnen. Ludendorff ist überzeugt, dass die Marschkolonne ohne Hindernisse ihr Ziel erreichen würde. Wer sollte es schon wagen, ihn, den berühmten Kriegshelden, aufzuhalten, geschweige denn ihm etwas anzutun? Für das Militär ist er ein Mythos. Man würde die Marschierenden nicht nur ungehindert ziehen lassen, sondern sich ihnen sogar anschließen, um gemeinsam das Herz der Stadt und der Macht zu erobern.

Auch wenn der Führer Zweifel an dem Erfolg einer derartigen Aktion hegt, bietet sich keine bessere Lösung, als an der Spitze der Kolonne mitzumarschieren. Sie setzt sich aus 3.000 bewaffneten

Männern zusammen, größtenteils Braunhemden – unter ihnen aber auch eine Vertreterin des „schönen Geschlechts", Eleonore Baur, ein fanatisches Weib, das zehn Jahr später unter anderem Namen erneut auftauchen wird. Das erste Hindernis zeigt sich an der Isarbrücke. Die Drohungen Görings verschrecken allerdings den dort stationierten Polizeikommandanten so sehr, dass er lieber darauf verzichtet, sich den Putschisten entgegenzustellen. Dies ändert sich jedoch schlagartig, als die bewaffneten Kolonne in der Münchner Innenstadt eine zweite Blockade durchbrechen will, die den Zugang zum Odeonsplatz vor der Loggia der Feldherrnhalle, dem Monument zu Ehren der bayerischen Armee, versperrt. Die aus hundert bewaffneten Polizisten gebildete Kette gibt den Befehl anzuhalten. Ein Pistolenschuss fällt – es ist nicht klar, wer ihn abgegeben hat –, die Folge ist eine wilde Schießerei von beiden Seiten. Göring ist verletzt, fällt zu Boden. Auch Hitler, unverletzt, wird von einem tödlich getroffenen Kameraden zu Boden gerissen: er verrenkt sich dabei nur die Schulter. Nach weniger als einer Minute ist alles zu Ende. Zurück bleiben fünfzehn Tote: drei Polizisten und zwölf Anhänger Hitlers, es gibt zahlreiche Verletzte. Der Zug der Putschisten löst sich auf, alle flüchten in völligem Durcheinander – auch Hitler nimmt Reißaus. Nur Ludendorff marschiert in aufrechter Haltung unbeirrt weiter: außer sich vor Zorn überwindet er die Polizeikette, und bleibt erst am Odeonsplatz stehen. [5]

Auf diese unrühmliche Weise endet Hitlers erster Versuch, an die Macht zu gelangen. Einige Tage später wird er gefasst und in Landsberg am Lech inhaftiert. Hier wird es ihm nicht an Zeit fehlen, um seinem studierten Mithäftling, Rudolf Hess, der eine gewandtere Feder führt als er, seine Memoiren zu diktieren. Das unter diesen Umständen entstehende Werk *Mein Kampf* sollte das Evangelium des Nationalsozialismus werden.[6]

Der Kampf beginnt

Die dramatischen Ereignisse am 8. und 9. November 1923, die als „Hitlerputsch" oder „Bürgerbräu-Putsch" in die Geschichte eingehen sollten, bestätigen Gerlich in seiner Einschätzung, dass von Hitler und seiner extremistischen Bewegung große Gefahr ausgehe. Der Chefredakteur und seine Mitarbeiter stehen dem Nationalsozialismus nicht nahe, sind aber doch keine entschiedenen Gegner. Die von der Zeitung vertretene politische Meinung entspricht den Interessen ihrer Geldgeber und den Grundsätzen Gerlichs: entschiedene Missbilligung aller Linken, bis hin zur Ächtung der Kommunisten und Anarchisten, ausgewogener und traditionsbewusster Konservatismus auch in religiösen Belangen und wirtschaftlicher Liberalismus, gepaart mit gemäßigtem Nationalismus. Diese Haltung deckt sich genau mit der politischen Richtung, die von Kahr in seiner Regierung vertritt. Dazu setzt sich der gebürtige Bayer von Kahr mit Überzeugung für die Eigenständigkeit seines Landes ein. Der aus Norddeutschland stammende Gerlich hingegen interessiert sich für diese Frage kaum. Ebenso lässt ihn die Sehnsucht des Generalstaatskommissars nach einer Restauration der Wittelsbacher eher kalt.

Andererseits war schon deutlich geworden, dass vor dem Bürgerbräu-Putsch von Kahr und seine Regierungskollegen gewissen Beziehungen zu Hitler nicht abgeneigt waren. Von Kahr und sein politisches Umfeld hegten Illusionen über den Faschismus. Ein ähnliches Phänomen war seinerzeit auch bei den Liberalen und Konservativen in Italien zu beobachten. Die Strategie bestand darin, die Rechtsextremisten zu tolerieren, um sie zur Entmachtung der Linken zu nutzen – und sich ihrer nach erfolgreicher Mission zu entledigen. Ein gefährliches Spiel, das weder in Italien noch in Bayern Erfolg hatte. Doch befinden sich die bayerischen Regierenden in der glücklichen Lage, dass die Nationalsozialisten noch zu schwach sind, um das politische Gleichgewicht aus den Angeln zu heben. Dies wird ihnen erst zehn Jahre später gelingen, wenn sie unter ganz anderen Umständen auf die Unterstützung der Massen bauen können. Indessen haben die Geschehnisse um den Putsch allen die Augen geöffnet: einen Pakt mit dem Teufel will niemand schließen. Von nun an haben die „Münchner Neuesten Nachrichten" ihre zögerliche Haltung über Bord geworfen und setzen sich zum Ziel, den Nationalsozialismus genauso wie den Kommunismus zu bekämpfen.

1924 demissioniert der gealterte und ermüdete von Kahr und wird Präsident des Bayerischen Verwaltungsgerichtshofes. Sein Nachfolger Heinrich Held bleibt den Standpunkten seines Vorgängers treu. Auch Gerlichs formal überparteiliche Tageszeitung unterstützt weiterhin die bayerische Regierung. Ein renommiertes Presseorgan mit einer Auflage wie die der „Münchner Neuesten Nachrichten" beschränkt sich selbstverständlich nicht auf landesinterne bayerische Belange. Bedeutende Themen politischer, ökonomischer und sozialer Natur werden auf nationaler Ebene erörtert. Deutschlandweit wirkt die Zeitung aus München meinungsbildend. Als der Sozialdemokrat und erste Reichspräsident Friedrich Ebert am 28. Februar 1925 stirbt, stellt sich das Problem seiner Nachfolge. Dem Amt des Präsidenten der Republik kommt eine herausragende Bedeutung zu, da bei ihm nach den Bestimmungen der Weimarer Verfassung auch die Exekutivgewalt liegt.

Für den ersten Wahlgang der Volkswahl des Reichspräsidenten im März 1925 kandidieren zahlreiche Bewerber. Beim zweiten Wahlgang einen Monat später setzen sich nur drei durch: der legendäre Kriegsheld, der 77jährige Generalfeldmarschall Paul von Hindenburg, der das breite Spektrum der rechts stehenden Wähler hinter sich vereint; Wilhelm Marx, der Kandidat der Gemäßigten und, wenn auch ohne viel Enthusiasmus, der Sozialdemokraten sowie der Kommunist Ernst Thälmann.

Marx ist katholisch und Präsident der Zentrumspartei, die von den Katholiken unterstützt wird (sie ist Vorläuferin der heutigen CDU). Er war von 1923 bis 1924 ein angesehener Reichskanzler. Ihm werden gute Chancen eingeräumt, unter der Bedingung, dass Bayern mit seiner mehrheitlich katholischen Bevölkerung ihn unterstützt. In Wirklichkeit war die Lage jedoch komplexer. Auch wenn die Zentrumspartei, die bereits 1870 gegründet wurde, die Ziele des politischen Katholizismus verfolgt, kann nicht von einem einheitlichen Organismus gesprochen werden. Die Partei besteht vielmehr aus zahlreichen lokalen Einzelformationen, die zwar in religiösen und moralischen Fragen übereinstimmen, sich aber bei politischen und sozialen Themen in unterschiedliche Fraktionen aufspalten. Außerdem ist die katholische Bevölkerung im Deutschen Reich in der Minderheit und Bayern, wie allgemein bekannt, distanziert sich eher vom Rest des Landes. Politisch gesehen verstehen sich die katholischen Bayern zuerst als bayerische Landesbürger und dann als Katholiken. Sie sind auch unmittelbar nach dem Krieg aus der Partei des Zentrums ausgetreten mit dem Ziel, eine eigene politische Vereinigung zu organisieren: die Bayerische Volkspartei, aus der sich nach dem Zweiten Weltkrieg die heutige CSU entwickeln wird. Eine Abspaltung geht natürlich nicht ohne Streitigkeiten über die Bühne. Als Folge davon unterstützt die katholische, gemäßigte und pazifistische Bayerische Volkspartei entgegen allen Erwartungen den Protestanten Hindenburg, den Kandidaten der nationalistischen Rechten, Chauvinisten und Kriegshetzer.

Georg Heim, der Gründer und bis 1925 unumstrittene Führer der Bayerischen Volkspartei, setzt sich für die Kandidatur Hindenburgs ein und begründet dies – milde formuliert – auf arglistige Weise.[1] Die Hauptargumente sind folgende: innenpolitisch wie außenpolitisch ist die Situation in Deutschland sehr schwierig. Ein mögliches Scheitern des katholischen Präsidenten Marx würde nicht nur ihm selbst, sondern auch den von ihm vertretenen religiösen Werten Schaden zufügen. Der bessere Kandidat sei daher Hindenburg mit seiner großen Autorität und seinem Einfluss auf die Streitkräfte. Die Folge dieser Kampagne: Hindenburg entscheidet den zweiten Wahlgang mit 48 Prozent der Stimmen knapp für sich, Marx erzielt 45 Prozent und der Kommunist Thälmann 7 Prozent. Mit den Stimmen der Bayern hätte Marx deutlich gewinnen können.

Die „Münchner Neuesten Nachrichten“ haben während des Wahlkampfes die von Heim vertretenen Thesen aufgegriffen. Der Chefredakteur präsentiert diese jedoch mit einer differenzierteren Sichtweise. Gerlich hatte nämlich einer Massenversammlung der Nationalsozialisten zur Mobilisierung für Hindenburg in Hannover beigewohnt und zeigte sich empört über den impertinenten Fanatismus und blinden Chauvinismus seiner Anhänger. Als Reaktion darauf bleibt Gerlich zwar den Positionen der Bayerischen Volkspartei treu und unterstützt, wenn auch widerwillig, Hindenburg, versucht aber gleichzeitig, nicht nur mit seinen Zeitungsartikeln den Generalfeldmarschall zu einem öffentlichen Bekenntnis seiner gemäßigten Haltung zu bewegen, sondern auch durch seine einflussreichen Freunde in dieser Richtung Druck auszuüben.

Wie die Geschichte verlaufen wäre, wenn der Kandidat des Zentrums und der gemäßigten Linken gewonnen hätte, wissen wir nicht. Fest steht jedoch, dass die Rechten und mit ihr die extremistischen, ultranationalistischen und revanchistischen Splittergruppen, die noch zahlreich vorhanden sind, sich nun gestärkt fühlen; sie fühlen sich gewisserweise autorisiert, ihre Strategie fortzusetzen, da in Berlin ein Präsident sitzt, der ihnen seine Wahl verdankt.

Besonders aber profitiert Hitler von dieser Situation. Schon nach einem Jahr Haft – er hat nur ein Fünftel der Strafe abgesessen – ist er vorzeitig entlassen worden. Ein ihm wohlgesonnener Richter, Georg Neithardt, hatte ihn zu fünf Jahren Gefängnisstrafe verurteilt und dabei „vergessen", ihn als Ausländer, wie vom Gesetz vorgesehen, auszuweisen. Und nun beginnt Hitler von neuem, sein dichtes Netz zu spinnen.

Die Unterstützung für Hindenburg hielten die „Münchner Neuesten Nachrichten" für geradezu unumgänglich, da dies die Haltung der Bayerischen Volkspartei war und auch der Chefredakteur der Zeitung die Linken nicht ertragen konnte. Doch diese politische Haltung war sicher keine sehr weitsichtige Entscheidung. Anders verhält sich die Zeitung anlässlich der Polemik über die „Fürstenenteignung", die Anfang 1926 ganz Deutschland aufwühlt. Gerlich führt hier eine stichhaltige Kampagne.[2] Dieser Vorgang verdient etwas mehr Beachtung, denn er ist heute auch in Deutschland nur wenig bekannt. Der Anstoß dazu geht von den Kommunisten, Sozialdemokraten und zahlreichen weiteren Fraktionen der Linken aus. (Nach dem Krieg waren eine Unzahl von größeren und kleineren Parteien wie Pilze aus dem Erdboden geschossen, linke, gemäßigte und rechte, die in ständigem Streit miteinander lagen.) Mit ihrer Initiative propagierte die Linke die entschädigungslose Enteignung des Vermögens der Fürstenhäuser. Der Privatbesitz dieser Familien war immens: Allein die ostelbischen Junker und die adeligen preußischen Großgrundbesitzer verfügten über Latifundien so gross wie ganze Provinzen, zu denen noch Paläste mit unermesslichen Kunstschätzen hinzukamen. Betrachtet man nur die Wittelsbacher in Bayern, so gehörten ihnen etwa fünfzig herrliche Schlösser.

Einer der ersten Gesetzentwürfe der provisorischen Regierung der Weimarer Republik befasste sich 1918 mit der Beschlagnahmung des Fürstenvermögens. In den Folgejahren lag es an den einzelnen Ländern (gemäß der Weimarer Verfassung wurde das Reich in 18 Länder unterteilt) zu entscheiden, was mit den Besitztümern tatsächlich geschehen sollte. Im Wesentlichen handelte es sich um einige Dutzend Fälle. Die ehemaligen Herrscher, die dank ihrer Regierungsfunktionen zu Reichtum gelangt waren, sollten enteignet werden. Mit dem Argument, dass die von ihnen bislang erfüllten Aufgaben nun dem Staat übertragen werden, begründen die Juristen der Linksparteien ihre Forderung, dass dementsprechend auch ihr Besitz dem Staat zugesprochen werden müsse. Ohne Entschädigung, denn Entschädigungen seien unmoralisch und würden die Familien, die durch die vergangene große Inflation an den Bettelstab gebracht worden waren, wie auch die arbeitslose Masse in Entrüstung versetzen. Vor dem Hintergrund dieses politischen Klimas sieht der Gesetzesentwurf folgende populistische Maßnahmen vor: Der Gegenwert der entschädigungslos konfiszierten Güter wird zu Gunsten von Arbeitslosen, inflationsgeschädigten Familien, Rentnern mit niedrigem Einkommen, Kriegsgeschädigten, Tagelöhnern und benachteiligten Landwirten verwendet. Die Schlösser und Paläste sollen dem Wohle der Allgemeinheit zu kulturellen Zwecken und zur Erholung zugutekommen. Die Verfechter dieses Erlasses sind sich sehr wohl bewusst, dass dieser keine Chance hat, im Reichstag verabschiedet zu werden. Allerdings beziehen die Kommunisten und Sozialisten eine Ablehnung im Reichstag in ihre Pläne ein und setzen ihre Hoffnung auf ein Volksbegehren. Und genauso ist es auch gekommen: Der Gesetzentwurf wurde abgelehnt, die Bevölkerung zum Volksentscheid aufgerufen.

Vor diesem Hintergrund sehen sich die „Münchner Neuesten Nachrichten“ veranlasst, eindeutig gegen die Vorschläge des Referendums Stellung zu beziehen. Da die Initiative von den Linken ausgeht mit der Absicht, die mit den Rechten eng verbundenen Kreise zu schädigen, liegt diese Position auf der Hand. Das Presseorgan lehnt aber einen Volksentscheid als Mittel zur Entscheidung über das Recht auf Eigentum ab. Denn was sollte durch das Referendum eigentlich entschieden werden? Kurz gefasst geht es darum, ob ein Recht auf Eigentum existiert oder nicht. Eine solche Fragestellung wiederum ist widersinnig, da das Besitzrecht niemals ein gönnerhaftes Zugeständnis des Staates und noch weniger einer politischen Mehrheit sein kann und darf, sondern vielmehr ein grundlegendes und unantastbares Menschenrecht ist, auf das sich ein Rechtsstaat gründet. Allenfalls obliegt es dem Staat, dieses Recht zu schützen, nicht aber, es zur Diskussion zu stellen. Die Möglichkeit eines Volksbegehrens an sich bedeutet einen Affront gegen die moralischen Grundwerte und den gesunden Menschenverstand (diese Kritik richtet sich gegen Hindenburg, der dafür verantwortlich gemacht wird). Denn so überlasse man es der Willkür einer Mehrheit, über Recht und Unrecht und Gut und Böse zu entscheiden. Die Fundamente eines Rechtsstaates würden untergraben, wenn die Mehrheit über das Eigentum bestimme und das, was in Wirklichkeit Diebstahl ist, als Enteignung definiere. Und was würde dann daran hindern, auf die gleiche Weise mit grundsätzlichen Themen wie Gesundheit, Freiheit und Leben der Bürger zu verfahren? Das Ganze löse einen irreversiblen Prozess aus, dessen Ausgang nicht absehbar sei. Es führe zu einer falsch verstandenen Demokratie, die sich auf reine Willkür gründe.

Diese und andere ähnliche Argumentationen zeugen von Gerlichs gewandter Feder und seinen dialektischen Fähigkeiten. Sein Beharren auf Prinzipien, ethischen Werten, rechtlichen Grundlagen im Zusammenhang mit der hier aufgeworfenen Fragestellung lassen die intellektuelle Aufrichtigkeit und den geistigen Scharfsinn dieses Mannes erkennen, der den Kern der Dinge erfasst. Wenn er in dieser Situation die Unantastbarkeit des Eigentums verteidigt, so sollte er in naher Zukunft für ein noch grundlegenderes Menschenrecht kämpfen, nämlich für die Freiheit.

Das strittige Referendum wird am 20. Juni 1926 abgehalten. 14,5 Millionen Bürger von etwa 40 Millionen Wahlberechtigten stimmen für die Fürstenenteignung. Das erforderliche Quorum von 50 Prozent der Wahlberechtigten wird somit nicht erreicht. Das Referendum scheitert. Die Handhabung dieser heiklen Angelegenheit legt man wieder in die Kompetenz der einzelnen Länder. Diese lösen die Frage auf salomonische Weise: Die Besitztümer der Fürsten bleiben in öffentlicher Hand und werden unterschiedlich verwendet. Den ehemaligen Eigentümern wird eine eher symbolische Entschädigung zugestanden, die in den seltensten Fällen auch nur in etwa dem eigentlichen Wert entspricht.

Die moralische Festigkeit, mit der der Chefredakteur der „Münchner Neuesten Nachrichten" die Enteignungsfrage angeht, spiegelt zweifelsohne Gerlichs calvinistische Erziehung wider. In Wirklichkeit steht jedoch Gerlich der Religion bisher eher gleichgültig gegenüber. Dennoch wächst in ihm eine gewisse Aufmerksamkeit für das katholische Milieu, von dem er umgeben ist. So setzt er sich 1925 in seiner Zeitung für das vor dem Abschluss stehende Bayerische Konkordat mit dem Vatikan ein. Zwei Jahre später liefert seine Zeitung den Anlass für eine religiöse Wende, die sein Leben grundlegend verändern sollte.

Die Geheimnisse von Konnersreuth

Im Hochsommer des Jahres 1927 sitzen drei Personen gemeinsam am Mittagstisch im „Walterspiel", einem der vornehmsten Restaurants von München: Cossmann, Gerlich und dessen enger Mitarbeiter, Erwein von Aretin. Im Mittelpunkt des Zusammentreffens auf Einladung des Chefredakteurs der „Münchner Neuesten Nachrichten" stehen allerdings nicht die Gaumenfreuden, sondern vielmehr eine Angelegenheit, die Aretin flüchtig bei der Rückkehr von einer Reise erwähnt hatte und über die er nun genauer berichten soll. Da es sich um religiöse Dinge handelt, hat Gerlich auch Professor Cossmann hinzugezogen. So kann das Problem aus zwei, vielleicht auch drei unterschiedlichen Perspektiven beurteilt werden, denn Aretin ist Katholik, Gerlich Protestant und Cossmann, nunmehr Katholik, ist im jüdischen Glauben aufgewachsen. Aretin war nämlich im Auftrag der Zeitung vor wenigen Tagen in Konnersreuth in der Oberpfalz, um dort eine junge Frau namens Therese Neumann aufzusuchen, die aufgrund ihrer seltsamen Lebensumstände und gewisser unerklärlicher Phänomene von sich reden macht. Gerlich und Cossmann wollen nun von Aretin wissen, wie die Dinge wirklich liegen. Das ganze Mittagessen entwickelt sich zu einer Art Verhör, in dem der arme Aretin zwei skeptischen und misstrauischen „Inquisitoren" Rede und Antwort stehen muss. Trotz aller Einwände schildert er unbeirrt, was er gehört und gesehen hat.

Therese Neumann ist neunundzwanzig Jahre alt; sie ist die älteste von elf Geschwistern, die Familie lebt unter ärmlichen Umständen in einer wirtschaftlich eher benachteiligten Gegend Nordbayerns. In der Volksschule war Therese tüchtig, sie hatte auch noch gerne weiter in die Schule gehen wollen. Ihr Wunschtraum war es, als Missionsschwester tätig zu werden, aber die Familie ist auf ihre Mithilfe angewiesen. Da sie gesund und kräftig ist, wird sie im Alter von vierzehn Jahren zur Arbeit auf einen Bauernhof geschickt. Ihr Vater selbst findet nur sporadisch sein Auskommen als Schneidermeister. Als er nach Kriegsausbruch zum Wehrdienst einberufen wird, ist Therese gezwungen, für einen Großteil des Lebensunterhalts der Familie zu sorgen. Sie scheut keine körperlichen Anstrengungen, aber die übermäßigen Strapazen führen zu Problemen an der Wirbelsäule. Anfangs scheint es sich nur um einen banalen Hexenschuss zu handeln, doch mit der Zeit verschlimmern sich die Beschwerden. Sie leidet unter äußerst schmerzhaften Krämpfen und kann ihre Beine nur noch mit größter Anstrengung bewegen. Die unsachgemäßen Kuren des Dorfarztes besorgen den Rest. 1919 – Therese ist 21 Jahre alt – ist sie völlig gelähmt, ihr linker Fuß wird steif, außerdem stürzt sie und erblindet infolge dieses Unfalls.

Das alles ist nicht ungewöhnlich, solche Unglücksfälle können jedem passieren. Die ungewöhnlichen Dinge geschehen in der Zeit danach. Die arme Bauerstochter erfährt eine Reihe von völlig unerklärlichen Heilungen, die auf mysteriöse Weise mit einer französischen Karmelitin, der „Dienerin Gottes" Therese von Lisieux in Zusammenhang stehen. Therese verehrt ihre Namensschwester, die den Ordensnamen „Theresia vom Kinde Jesu" trägt, ganz besonders. Am 29. April 1923, dem Tag der Seligsprechung der Karmelitin, kann Therese Neumann auf einmal wieder sehen. Für sie selbst, ihre Familie, die Bekannten und das ganze Dorf, aber auch für den Pfarrer von Konnersreuth, Josef Naber, ist diese Heilung ein wahrhaftes Wunder. Damit aber nicht genug: Zwei Jahre später, am 17. Mai 1925, dem Tag, an dem die französische Ordensschwester heiliggesprochen wird, kann Therese plötzlich wieder ihre Beine bewegen und mit Hilfe eines Stockes aufstehen und laufen. Einige Monate später, am 30. September, dem Todestag der Schutzheiligen, ist die Heilung vollständig, Therese braucht keinen Stock mehr und kann ohne Hilfe gehen. Ihren Erzählungen nach hat Therese in allen drei Fällen einen hellen Lichtstrahl gesehen, begleitet von einer mysteriösen lieblichen Stimme, die ihr Zuspruch spendete.

In den Folgejahren gibt es weitere seltsame Phänomene. 1926 beginnen ihre ersten Ekstasen und die Visionen der Leidensgeschichte Jesu Christi, die mit einem unsagbaren Leidensgefühl einhergehen und blutige Wundmale auf dem Brustkorb, den Händen, Füßen und dem Haupt der Seherin zurücklassen. Der Arzt will sie mit seinen Salben und Binden heilen, macht die Sache aber nur noch schlimmer. Hände und Füße entzünden sich, schwellen an und schmerzen heftig; sie werden erst besser, als er von seinen Behandlungsversuchen ablässt. Mit der Zeit „normalisieren" sich die Stigmata: Die Wunden bluten nur noch während der Visionen und vernarben anschließend wieder. Das Jahr 1926 bringt eine noch rätselhaftere Entwicklung. Therese hat nie besonders viel zu sich genommen, aber seit Weihnachten verzichtet sie vollkommen auf Nahrungsmittel. Ihr einziges Mahl ist die Heilige Eucharistie, die sie jeden Vormittag zusammen mit etwas Wasser empfängt.

So lautet in etwa die Darstellung der Geschehnisse, über die Aretin seinen Tischgenossen berichtet. Sicher hat er die skeptische Reaktion seiner Zuhörer, die seine Schilderungen mit ironischem Lächeln und vielsagenden Blicken kommentieren, erwartet. Dennoch ist Aretin nun etwas verärgert. Nachdem er das Kreuzfeuer von Einwänden und Zweifeln geduldig ertragen hat, platzt er heraus: „Ja, meine Herren, gehen Sie doch selbst hin und schauen Sie sich die Sache an!"[1] Die Erzählung hat sowohl den Calvinisten Gerlich als auch den Juden Cossmann beeindruckt, denn beide erklären sich damit einverstanden, Aretin eine ganze Nummer der Beilage ihrer Zeitung für seinen Erfahrungsbericht zur Verfügung zu stellen.

Das Beiheft erscheint am 3. August und hat unglaublichen Erfolg: In wenigen Tagen muss es viermal nachgedruckt werden und wird in nicht weniger als 32 Sprachen übersetzt (sogar in die Sprache der Irokesen, der nordamerikanischen Indianerstämme, wie Aretin geschmeichelt berichtet). Der unerwartete Erfolg des Artikels lässt Gerlich keine Ruhe. Ihn plagt die Sorge, dass seine Zeitung von etwas berichtet hat, was sich über kurz oder lang als ein riesiger Schwindel herausstellen müsse. Er befürchtet, dass der Katholik Aretin in seinem Enthusiasmus für die wundersame Heilung der Therese Neumann einer Täuschung zum Opfer gefallen ist: je größer der Erfolg des Beiheftes, desto negativer die Folgen für die ganze Zeitung. Es lohnt sich demnach, die Sache persönlich in Augenschein zu nehmen, wie ihm Aretin empfohlen hatte.

Er macht sich also am Abend des 14. September 1927 auf den Weg nach Konnersreuth. Zunächst aber fährt er noch kurz im Büro der Zeitung vorbei und verabschiedet sich von seinem Freund mit den Worten: „Ich garantiere Ihnen: Dem Schwindel komme ich schon auf die Spur!" Aretin zögert einen Augenblick, dann eilt er dem Chefredakteur auf den Vorplatz nach, wo er ihm unter vier Augen zuspricht: „Gehen Sie ruhig in der Annahme hin, dass alles ein Schwindel sei! Aber ich warne Sie: Sie kommen keinesfalls als der zurück, als der Sie hinfahren." Genau fünf Tage später, am Abend des 19. September 1927, betritt Gerlich, unmittelbar nach seiner Rückkehr von Konnersreuth, wieder das Zimmer seines Freundes und fragt ihn: „Wollen Sie mitkommen?" Aretin folgt seiner Einladung wortlos. In dieser Nacht schreiten die beiden bis in die frühen Morgenstunden bei leichtem herbstlichen Regen die Ludwigsstraße auf und ab. Die Prophezeiung von Aretin hat sich bewahrheitet: Gerlich ist nicht mehr derselbe.

Die Erfahrung in Konnersreuth hat sein innerstes Wesen erschüttert. Er war vier Tage dort. Auf seinen ausdrücklichen

Wunsch hin war auch ein renommierter Fachmann in religiösen Angelegenheiten, Professor Franz Xaver Wutz von der Philosophisch-Theologischen Hochschule Eichstätt, anwesend. Wutz hatte bereits Aretin begleitet. Gerlich hat lange mit der Stigmatisierten gesprochen und auch ihre Wundmale gesehen. Er hat Therese mehrmals auf die Probe gestellt, beispielsweise indem er sie aufforderte, geweihtes Wasser von ungeweihtem zu unterscheiden. Am Freitag hat er einer Ekstase beigewohnt, während der Therese ihren unsichtbaren Gesprächspartnern auf Griechisch – eine Sprache, die Gerlich bekannt ist – oder auf Aramäisch – wofür Professor Wutz Fachmann ist – antwortete. Schwindel und Betrug, aber auch Hysterie, wie einige honorable Professoren der Psychiatrie behaupten, sind daher nach seiner Überzeugung auszuschließen. In dem langen und vertrauensvollen Gespräch mit Aretin versucht Gerlich die Erfahrungen von Konnersreuth zu analysieren und zu diskutieren und wirft alle Bedenken über Bord: Die Geschehnisse sind verstandesmäßig nicht erklärbar, sondern allein dem übernatürlichen Erfahrungsbereich zuzuordnen.[2]

Im September und Oktober kehrt Gerlich noch mehrmals in das kleine Dorf in der Oberpfalz zurück. In seinem Artikel vom 6. November berichtet er erstmalig in der Beilage der „Münchner Neuesten Nachrichten“ über die „Erlebnisse in Konnersreuth“. Es folgt am 30. des gleichen Monats ein zweiter Aufsatz mit dem aufschlussreichen Titel „Konnersreuth als historisches Problem. Eine quellenkritische Untersuchung“. Von diesem Moment an häufen sich sowohl seine Besuche bei Therese Neumann als auch die Publikationen von Artikeln und Aufsätzen über die damit verbundenen Erkenntnisse. Den Höhepunkt dieser Forschungen bildet 1929 die Veröffentlichung einer umfangreichen zweibändigen Biographie der Seherin mit dem Titel *Die stigmatisierte Therese Neumann von Konnersreuth*[3]. Gerlichs intellektuelle Haltung als Historiker tritt in diesem Werk deutlich zu Tage: Das Buch hat nichts Hagiographisches, sondern unterliegt vielmehr streng wissenschaftlichen Kriterien und resümiert die Ergebnisse seiner eigenen Untersuchungen und der von hinzugezogenen Experten. Zu ihnen gehört der bekannte Professor für semitische Philologie Johannes Bauer, den Gerlich Anfang Dezember 1927 nach Konnersreuth gebeten hat.

Die Wahl eines Fachmannes für das Aramäische, der gleichzeitig protestantischer Herkunft ist, scheint ihm dabei aufgrund seiner Unvoreingenommenheit besonders wünschenswert – und diese Entscheidung erweist sich als richtig: In einem Artikel in den „Münchner Neuesten Nachrichten" vom 14. Dezember bestätigt Professor Bauer, dass Therese während ihrer Visionen die aramäische Sprache ganz wie zu Zeiten Christi spricht. Gerlich ist befriedigt. Weniger befriedigt ist er darüber, dass er den Professor in eine peinliche Lage gebracht hat. Therese begrüßt den zu Beginn der Ekstase ins Zimmer tretenden Bauer als „katholischen Priester, der zum Protestantismus übergetreten ist". Dies entspricht tatsächlich der Wahrheit, nur wusste Gerlich davon nicht das Geringste. Und Bauer selbst hätte nie gedacht, dass eine unbekannte Bäuerin so gut über seine Vergangenheit Bescheid wüsste.[4]

Gerlich nimmt sich vor, anhand eigener und anderer präziser Forschungen unzweifelhaft zu beweisen, dass es sich bei den Phänomenen von Konnersreuth um reale Tatsachen handelt. Dass also die plötzlichen Heilungen, die Stigmata, die völlige Nahrungslosigkeit von Therese, ihre hellseherischen Fähigkeiten bezüglich zukünftiger und ihr entfernt liegender Dinge, der Gebrauch antiker Sprachen während der Ekstasen und die spontanen späteren Heilungen sichere und nachweisbare Fakten sind. Es bleibe jedem selbst überlassen, eine Erklärung dafür zu finden. Wichtig ist für Gerlich nur nachzuweisen, dass es sich weder um psychotische Phänomene und schon gar nicht um Täuschung oder Betrug handelt. Wie auch andere Spezialisten vertritt der

Psychiater Gottfried Ewald die Meinung, dass alle diese Phänomene in die Kategorie der Hysterie einzuordnen seien;[5] er schlägt daher vor, Therese in eine Klinik einzuliefern, um festzustellen, ob sie wirklich ohne jegliche Nahrungszufuhr leben kann.

Gerlich gelingt es, die These des Psychiaters Stück für Stück zu widerlegen. Dabei kommt ihm eine kirchliche Initiative zugute: Im Juli 1927 wird Therese Neumann laut Beschluss des bischöflichen Ordinariats von Regensburg, dem die Pfarrei Konnersreuth untersteht, einer eingehenden Beobachtung unterzogen. Eine ärztliche Kommission und vier Schwestern bewachen die Seherin vierzehn Tage lang rund um die Uhr. Die Schwestern beaufsichtigen sie beim Waschen, messen die Menge des Mundwassers und kontrollieren ihre Ausscheidungen. Es wird festgestellt, dass Therese während ihrer Ekstasen etwa drei Kilo Gewicht verliert. Im Laufe der Woche gewinnt sie jedoch ihr Normalgewicht von 55 Kilogramm wieder zurück. Die Schwestern bezeugen unter Eid, dass die Frau während der beiden Wochen nichts anderes als die wenige Gramm wiegenden Hostien zu sich genommen hat.

Gerlich stellt sich eine Reihe von Fragen: Wie kann ein Mensch aufgrund von hysterischen Syndromen vierzehn Tage lang ohne Nahrung überleben? Wozu soll die Überwachung in einer Klinik gut sein, wenn doch in einem kleinen Dorf jeder alles von seinen Nachbarn weiß? Niemand könnte dort jahrelang einen solchen Schwindel verbergen (Therese hat bis zu ihrem Tod im Jahre 1962 weitere fünfunddreißig Jahre lang ohne Nahrungsaufnahme gelebt). Und wie steht es mit der Behauptung von Professor Ewald, die aramäische Sprache der Stigmatisierten sei mit der Suggestion zu erklären, die Professor Bauer mit seiner Anwesenheit auf Therese ausübte? Gerlich widerlegt auch diese Theorie. Er bittet Johannes Steiner, einen Journalisten der „Münchner Neuesten Nachrichten", einer Vision Thereses beizuwohnen. Steiner, der von antiken Sprachen nicht die geringste Ahnung hat, schreibt einige der ausgesprochenen Wörter auf. Eine Überprüfung dieser aramäischen Wörter durch Professor Bauer ergibt, dass es sich um die Grußworte des Engels an Maria handelt („Gegrüßet seist Du, Maria, voll der Gnade"). Wie aber sieht es mit den Stigmata aus? Während der Passionsvisionen am Freitag treten starke Blutungen auf, die im Anschluss daran wieder zum Stillstand kommen, die Wunden aber bleiben. Unter normalen Umständen müssten sich diese offenen Wunden infizieren, denn Therese bedeckt ihre Hände nur, wenn sie das Haus verlässt. Die zu erwartenden Entzündungen treten jedoch nicht auf. Unzählige Spezialisten haben die Stigmata untersucht, aber ohne Ergebnis.

Im März 1928 begibt sich eine hochgestellte Persönlichkeit, Pater Agostino Gemelli, als Kommissar des Papstes Pius XI. nach Konnersreuth. Gemelli, Gründer und Rektor der Mailänder Katholischen Universität, ist Arzt und Psychologe. Er ist mit Deutschland und der deutschen Sprache vertraut, da er in Bonn bei Professor Nussbaum studiert hat, später in Frankfurt und dann in München, wo er Assistent in der von Professor Kräpelin geleiteten Nervenklinik war. Um dort die Patienten behandeln zu können, blieb es ihm nicht erspart, auch Bairisch zu lernen. Während seiner Jugend war er Anhänger des Positivismus, und auch jetzt als Franziskaner hat er keinen Sinn für Sentimentalitäten. Seine Urteile sind rational, rigoros und unbeeinflussbar. In der Vergangenheit hatte er bereits andere Stigmata, nämlich die von Pater Pio von Pietrelcina, untersucht und eine im Wesentlichen negative Beurteilung gegeben. Nachdem er jedoch Therese in Konnersreuth mehrere Tage lang auf das sorgfältigste examiniert hat, fällt sein Urteilsspruch diesmal anders aus. In seinem Bericht an den Papst bestätigt er, dass keinerlei Anzeichen für Hysterie vorliegen und die Stigmata sowie auch die anderen Phänomene wissenschaftlich nicht erklärbar sind. Der Heilige Vater erteilt daraufhin ihm und Therese seinen päpstlichen Segen.[6]

Für Gerlich bedeutet diese Stellungnahme Pater Gemellis sehr viel: Gemelli, anerkannte Autorität auf diesem Gebiet, hat jede Form von Hysterie ausgeschlossen. Sein Urteil ist entscheidend. Gerlich schreibt dem Geistlichen, um ihm zu danken. Er will aber noch mehr. Der unermüdliche Forschergeist, aber auch die ihm eigene Beharrlichkeit lassen ihm keine Ruhe. Das Gutachten des gelehrten Franziskaners bezieht sich nur auf den momentanen Zustand der Stigmatisierten; Gerlich aber will nun auch die Vergangenheit der Seherin genau unter die Lupe nehmen und beweisen, dass auch hier jede Form von hysterischer Autosuggestion auszuschließen ist. Hierzu schlägt er zwei unterschiedliche und dennoch konvergierende Wege ein. Zum einen kehrt er zu seiner alten Leidenschaft für wissenschaftliche Studien zurück (in seiner Jugend hatte er zwei Semester Naturwissenschaften studiert) und vertieft seine Kenntnisse in Psychologie, Psychiatrie, Philosophie, Neurologie, Pharmakologie, alles Fächer, die ihn seinem Ziel näher bringen sollen. Zum anderen versucht er, den Lebensweg Thereses von ihrer Lähmung bis hin zur Erblindung mit der Akribie eines Historikers und der Genauigkeit eines Archivars zu rekonstruieren. Für diese minuziöse Forschungsarbeit stützt er sich auf die Aussagen von Beteiligten und zieht Dokumente zu Rate.

Eine wichtige Quelle ist natürlich Therese selbst, zu der er mittlerweile ein freundschaftliches Verhältnis aufgebaut hat. Der Forscher will alles über sie und ihre Vergangenheit wissen; er will eine komplette Krankengeschichte mit allen Daten und Ereignissen, bis ins kleinste Detail und in der genauen zeitlichen Abfolge. Die Seherin unterzieht sich geduldig seinen Fragen. Sie hat ein gutes Gedächtnis. Gerlich ist es auf diese Weise möglich, die einzelnen Etappen ihrer Kindheit, Jugend, Schulzeit, Arbeit, Unfälle und Krankheiten in allen Einzelheiten zurückzuverfolgen. Manchmal zeigt sich die humorvolle Therese absichtlich etwas irritiert von so viel Hartnäckigkeit ihres Gesprächspartners, denn sie ist von Natur aus freundlich, gut gelaunt und zu Späßen aufgelegt. Auch die Familienangehörigen entkommen der Wissbegierde Gerlichs nicht und liefern wertvolle Informationen. Nicht anders geht es den Freunden, den ehemaligen Arbeitgebern und dem Dorfpfarrer Josef Naber, aus dessen Händen Therese die Hostie, ihr einziges tägliches Brot, empfängt. Dieser gebildete und besonnene Geistliche zeigt sich sehr zurückhaltend in seinem Urteil über die mysteriösen Ereignisse, gibt aber ganz ehrlich zu, dass es keine verstandesmäßigen Erklärungen gibt; die Erinnerungen dieses Augenzeugen stellen eine unersetzliche historische Quelle dar.

Es wäre für den unermüdlichen Forscher von Bedeutung gewesen, auch den Dorfarzt Dr. Wilhelm Burkhardt zu befragen, der Therese seinerzeit behandelt hatte. Doch schon zur Zeit der Unfälle von Therese war er nicht mehr der Jüngste und ist inzwischen gestorben. Gerlich hat jedoch das Glück, wenigstens die Unterlagen des Arztes einsehen zu können. Der Mediziner war zwar kein Genie, übte aber seinen Beruf mit Fleiß und Sorgfalt aus. Auf einem Notizblock hatte er Tag für Tag alle Krankheitsfälle mitsamt Diagnosen, Therapien und verschriebenen Medikamenten notiert, auch die Arztbesuche nach Thereses erstem Unfall, bei dem sie sich die Wirbelsäule verletzt hatte, und die Besuche nach allen folgenden Unglücksfällen, bis hin zu dem Sturz auf den Hinterkopf, der zur Erblindung führte.

Die sorgfältige Analyse dieser medizinischen Aufzeichnungen aus dem Nachlass des Arztes und die gleichzeitige Auswertung der Zeugenaussagen geben Gerlich die endgültige Bestätigung, dass seine Interpretation des Sachverhalts korrekt ist. Sowohl die Lähmung der unteren Gliedmaßen als auch die Blindheit der Bauerstochter sind Unfällen, Traumatisierungen aufgrund übermäßiger körperlicher Anstrengung und schwerer Stürze zuzuschreiben, aber auch der mangelnden Kompetenz des behandelnden Arztes. Damit ist alles gesagt: Neurologische und/oder psychosomatische Störungen und Autosuggestion, in einem Wort also Hysterie, haben mit all dem nichts zu tun. Sie entspringen nur einer bei Psychiatern und Psychologen herrschenden Mode, welche sich die Theorien Freuds in verkehrter Weise zu eigen gemacht haben (man darf nicht vergessen, dass Freud bei seinen Forschungen ursprünglich von der Behandlung der Hysterie ausgegangen war).

Soweit in wenigen Zügen die Darstellung des Inhalts der 720 Seiten umfassenden Biographie von Therese Neumann, die Gerlich zwischen 1928 bis 1929 abfasst. Auch an Pater Gemelli sendet der Autor ein Exemplar, mit untertäniger Widmung.[7] Vermutlich existierte ein Briefwechsel zwischen den beiden Persönlichkeiten. Hinweise darauf sind in den Katalogen des Archivs der Mailänder Universität enthalten. Leider verbrannte dieser Schriftverkehr jedoch bei den Bombardierungen des Zweiten Weltkrieges.

Die Ergebnisse von Gerlichs Forschungen betreffen in erster Linie die Seherin von Konnersreuth, in indirekter Weise aber betreffen sie Gerlich ganz persönlich. Wenn es stimmt, dass sich die beobachteten Phänomene weder mit Hysterie noch mit Betrug erklären lassen, dann muss es doch eine andere Deutung dafür geben. Die logische Schlussfolgerung von Gerlich ist daher, dass es sich nur um übernatürliche Phänomene handeln kann, die mit den Wundmalen Christi an Therese sichtbar werden. Thereses Glaube wird daher auch sein Glaube. Der gleichgültige Calvinist wird zum überzeugten Katholiken. Gerlich bereitet sich unter der Leitung des gelehrten Eichstätter Kapuzinerpaters Ingbert Naab sehr gewissenhaft auf seinen neuen Glauben vor. Von ihm empfängt Gerlich am 29. September 1931 im Kapuzinerkloster in Eichstätt das Sakrament der Taufe. Nach alter christlicher Tradition wird ihm in der Taufe neben seinem bisherigen Namen Fritz der Name des Tagesheiligen, des Erzengels Michael, beigegeben.

Der Taufe folgt unmittelbar die kirchliche Trauung mit Sophie Stempfle, mit der er 1920 nur zivil getraut worden war. Wenige Tage später empfängt Fritz Michael die Firmung durch Kardinal Faulhaber, der ebenfalls den Namen Michael trägt. Und der Erzengel, der in der Bibel an der Spitze der himmlischen Heerscharen siegreich gegen die Mächte des Bösen kämpft, steht im Mittelpunkt der Predigt, mit der sich der Kardinal an den Firmling wendet: Michael möge ihm Vorbild sein im tapferen Kampf gegen die Kräfte des Bösen, die am Horizont heraufziehen.[8]

Die große Krise

Vier Jahre sind verstrichen seit Gerlichs erstem Besuch in Konnersreuth. Fritz Michael Gerlich ist inzwischen katholisch getauft und hat die Firmung empfangen. Auch was die berufliche Karriere des Chefredakteurs und das politische Panorama des Landes betrifft, ist vieles geschehen. Nach den bis 1923 anhaltenden Spannungen und Umwälzungen der ersten Nachkriegsjahre mehren sich die Zeichen für eine Besserung der Verhältnisse in Deutschland. Allerdings haben die demokratischen Institutionen Schwierigkeiten, bei den einflussreichen Kreisen Anerkennung zu finden. Reichspräsident ist der betagte Generalfeldmarschall von Hindenburg, nostalgischer Anhänger der Monarchie; monarchistisch wie er ist auch die Oberste Heeresleitung. Die Narben der schmachvollen Niederlage heilen nur langsam, die territorialen Verluste und die von den Siegermächten auferlegten übertriebenen Reparationskosten sind nur schwer zu bewältigen. Die wirtschaftlichen Mechanismen haben inzwischen wieder zu funktionieren begonnen: die Produktion wächst, die Zahl der Beschäftigungslosen sinkt. 1928 liegt die Zahl der Arbeitslosen bei 650.000, also weniger als 4 Prozent der arbeitenden Bevölkerung. Der Lebensstandard steigt. Die neue Währung, die im Herbst 1923 eingeführte Rentenmark, zeigt sich nach der „großen Inflation“ stabil und gibt Sicherheit.

Auch in der Politik sind Fortschritte zu verzeichnen. Die Verträge von Locarno schließen 1925 das Kapitel der territorialen Kontroversen und geben Deutschland seinen Platz in Europa zurück. Die Beziehungen zu Frankreich entwickeln sich ebenfalls positiv. Dank der diplomatischen Fähigkeiten des Außenministers Gustav Stresemann und seines französischen Kollegen Aristide Briand wird zwischen den beiden Ländern, die gegeneinander Krieg geführt hatten, wieder ein friedliches und kooperatives Klima aufgebaut. Die Aufnahme des Deutschen Reiches in den Völkerbund im Jahre 1929 bestätigt die Rückkehr zu einer aktiven Rolle Deutschlands auf der internationalen Bühne.[1] Das alles führt auch zu einer Verminderung der innenpolitischen Spannungen, was sich günstig auswirkt auf die gemäßigten politischen Kräfte, während extremistische – kommunistische oder nationalsozialistische Gruppierungen – an Zustimmung verlieren. Vor diesem Hintergrund erreicht die Partei Hitlers bei den Reichstagswahlen von 1928 nur ein mageres Ergebnis von 2,6 Prozent der Stimmen.[2] Sie scheint von der Bildfläche zu verschwinden und wäre sehr wahrscheinlich auch verschwunden, hätte nicht ein Jahr später die von Amerika ausgehende Wirtschaftskrise auch in Europa die Karten neu gemischt.

Während all diese Umstände die internationale und nationale Szene verändern, entfremdet sich Gerlich zunehmend dem politischen Geschehen, das ihm noch in jüngster Vergangenheit so am Herzen lag: Seine Forschungen über Therese Neumann und die Gemütsbewegungen seiner Konversion nehmen in völlig in Anspruch. Während er seinerzeit die Leitung der „Münchner Neuesten Nachrichten“ mit großem Enthusiasmus übernommen hatte, so wird sie jetzt immer mehr zur Belastung. Er kann zwar in der Beilage des Blattes ein paar Artikel über Konnersreuth veröffentlichen, das einzige Thema, das ihm zurzeit am Herzen liegt, ist sich jedoch im Klaren darüber, dass zu viele religiöse Themen nicht dem im wesentlichen laizistischen und agnostischen Weltbild der Zeitung entsprechen. Was allerdings die programmatische Ausrichtung der Zeitung betrifft, stimmen die Wünsche der Leitung des Hauses – des Verlagsleiters Dr. Otto Pflaum sowie des Verlagsdirektors Friedrich Trefz –, nicht mehr mit denen des Chefredakteurs überein: Sie fordern unter anderem mehr Unterhaltung im Blatt, was Gerlich, der starr auf seiner Richtlinienkompetenz beharrt, strikt ablehnt. Auch Cossmann trägt Gerlich gegenüber zwar Solidarität zur Schau, steht aber den Intrigen gegen ihn zumindest teilweise durchaus aufgeschlossen gegenüber.

Was am 15. Februar 1928 in der Redaktion passiert, ist für Gerlich daher ein Zeichen des Himmels. An diesem Tag feiert der Chefredakteur seinen 45. Geburtstag. Wie bei solchen Anlässen üblich, lädt er seine engen Mitarbeiter und einige Mitglieder des Verwaltungsrats, unter ihnen auch Pflaum, Trefz und Cossmann, zum Feiern ein. Gerlich, der gerne trinkt und sich deswegen schon einer Kur unterziehen musste, hat an diesem Abend zu tief ins Glas geschaut. Er hat keinen einfachen Charakter und der Alkoholgenuss macht ihn noch gereizter. Als dann ein falsches Wort von einem ebenfalls beschwipsten Verwaltungsratsmitglied fällt, reagiert Gerlich mit übertriebener Schärfe. Es folgt eine lautstarke Auseinandersetzung, in die Pflaum, Trefz und indirekt auch Cossmann involviert sind. Gerlich geht und schlägt die Tür hinter sich zu: Er wird keinen Fuß mehr über die Schwelle der Redaktion setzen. Die Verlagsleitung ihrerseits betrachtet ihn als entlassen.[3]

Am Morgen darauf sucht ihn Aretin, sein Freund und treuer Mitarbeiter, zu Hause auf. Zu seiner Überraschung findet er Gerlich in einer heiteren und entspannten Stimmung; er ist sogar froh, dass ihm auf diese Weise eine formale Kündigung erspart blieb. Für Aretin ist diese Euphorie des nunmehr arbeitslosen Chefredakteurs unbegreiflich. Aber für Gerlich ist es eine echte Befreiung. Der Streit an seinem Geburtstag hat das Fass nur zum Überlaufen gebracht: Schon seit längerer Zeit decken sich seine politischen Vorstellungen nicht mehr mit denen von Cossmann und den bayerischen Bankiers und rheinischen Schwerindustriellen, die die Zeitung finanzieren. Ihre Einstellung ist nationalistisch, pangermanistisch und revanchistisch. Anfangs hat der Leiter der „Münchner Neuesten Nachrichten“ diese Sichtweise geteilt; im Laufe der Zeit ist ihm jedoch bewusst geworden, dass diese Ideen zwar als erste Reaktion auf die demütigende Niederlage im Krieg verständlich waren, nun aber, da das Land sich wieder erholt, nicht mehr zu rechtfertigen, ja sogar gefährlich sind. In seiner Zeitung hat er daher für die auf Entspannung zielende Auslandspolitik Stresemanns plädiert, die den Nationalisten ein Dorn im Auge ist. Bei zahlreichen Gelegenheiten hat er Respekt, wenn nicht sogar Sympathie für die Politik der von den Sozialdemokraten unterstützten Weimarer Regierung an den Tag gelegt. All dies konnten weder Cossmann noch seine Geldgeber akzeptieren; die Spannungen nahmen ständig zu, bis der Eklat an Gerlichs Geburtstag den Knoten löste.

Allerdings muss sich der ehemalige Chefredakteur nun eine neue Arbeit suchen. In den acht Jahren seiner Tätigkeit bei der Zeitung hat er gut verdient und konnte daher etwas Geld beiseitelegen. Da er jedoch nicht auf Dauer von dem Gesparten leben kann, scheint die naheliegende Lösung, zu seiner Archivarbeit zurückzukehren. Dies gestaltet sich jedoch schwieriger als erwartet: Unter dem Vorwand, die Verlängerungsfrist für seine Beurlaubung vom Staatsdienst sei bereits abgelaufen, sperrt sich der bürokratische Apparat des Staatsarchivs. Die persönliche Fürsprache der höchsten Autorität, des bayerischen Ministerpräsidenten Heinrich Held, ist notwendig, um eine Lösung zu finden, damit Gerlich erneut in den Staatsdienst eingestellt werden kann. Die ihm im Archiv abverlangte Arbeitsleistung ist im Vergleich zu seiner vorhergehenden Betätigung relativ gering, so kann er sich seinen Forschungen über Konnersreuth mit mehr Energie widmen als zur Zeit seiner journalistischen Tätigkeit.

In der Zeit zwischen dem endgültigen Bruch mit der Zeitung und seiner Wiederanstellung im Archiv, von Sommer 1928 bis zur Jahresmitte 1929, hat er die bereits in Angriff genommene Biographie Therese Neumanns vervollständigt.

Gerlich verfasst aber auch noch andere Publikationen zum Thema Konnersreuth. Pater Naab, der mit der religiösen Belehrung Gerlichs betraut ist, bittet Gerlich Anfang 1930, einige Artikel über die Seherin von Konnersreuth für die von ihm geleitete katholische Zeitschrift „Der Weg" zu schreiben. Er kommt dieser Bitte mit Freude nach – eine Zusammenarbeit, die zur dritten entscheidenden Wende im Leben des ehemaligen Journalisten, der wieder Archivar geworden war, führen sollte.

In der Druckerei, in der Pater Naabs Zeitschrift entsteht, begegnet Gerlich Johannes Steiner, seinem ehemaligen Mitarbeiter bei den „Münchner Neuesten Nachrichten". Steiner leitet mittlerweile den Münchner Verlag „Zeichenring", bei dem Naabs Zeitschrift „Der Weg" erscheint. Das Zusammentreffen und das Gespräch mit diesem intelligenten und lebhaften jungen Mann lassen in Gerlich das Heimweh nach den klappernden Setzmaschinen wieder aufleben. Schon zwei Jahre sind vergangen, seit er die Welt der Presse verlassen hat, und sie fehlt ihm. In einem längeren Gespräch fragt er Steiner, ob er Lust habe, mit ihm zusammen eine Zeitschrift zu gründen, die sich die Ideale von „Der Weg" zu eigen macht, mit der aber eine breiteres Publikum angesprochen werden soll, während Naabs Zeitschrift auf die katholischen Schulen zugeschnitten ist. Chefredakteur soll Gerlich selbst sein, Steiner würde die Direktion der Verwaltung übernehmen. Nach Rücksprache mit Pater Naab sagt Steiner gerne zu. Nun heißt es, die Idee in die Tat umzusetzen. Als erstes sind finanzielle Ressourcen sicherzustellen. Gerlich erinnert sich an ein Gespräch in Konnersreuth mit Fürst Erich von Waldburg-Zeil, einem der zahlreichen Verehrer Thereses. Da Waldburg-Zeil um die journalistische Erfahrung Gerlichs wusste, hatte er seinerzeit in Konnersreuth diesem gegenüber sein Bedauern über das Fehlen einer seinen Vorstellungen entsprechenden Zeitung geäußert: einer Zeitung, die unter Berufung auf die Grundsätze des Naturrechts und im Einklang mit der Moral des Christentums einen unerbittlichen Kampf gegen jeden Radikalismus, gleich ob von rechts und links, führen sollte. Fürst Waldburg erklärte damals, er wäre bereit, die erforderlichen Mittel für ein solches Blatt zur Verfügung zu stellen.[4]

Für Gerlich ist nun der Moment da, auf dieses Angebot zurückzukommen. Er nimmt allen Mut zusammen und trägt dem Fürsten seinen kühnen Plan vor. Dieser ist davon begeistert. Alles ist bereit: ein Geldgeber ist gefunden, Chefredakteur und Verlagsleiter *in pectore* existieren schon. Auch Pater Naab erteilt dem Unternehmen seinen Segen und ist zur Mitarbeit bereit. Dem Motto „Wer wagt, der gewinnt" entsprechend, bietet sich sofort eine günstige Gelegenheit. In München wird die Zeitschrift „Illustrierter Sonntag" veröffentlicht: Sie ist wegen Überschuldung des Verlegers in den Besitz des Druckers, Adolf Müller, übergegangen. Müller beabsichtigt jedoch nicht, diese Wochenzeitung selbst zu verlegen. Er will sie nur drucken und dafür bezahlt werden. Er bietet also die Zeitschrift zum Verkauf an; er verlangt nicht viel, Hauptsache, sie wird weiterhin in seiner Druckerei gedruckt.[5] Eine nicht zu unterschätzende Gelegenheit, die Gerlich und Steiner sich nicht entgehen lassen. Offizielle Käufer sind zu gleichen Teilen Fürst Erich von Waldburg-Zeil und Gerlich: Waldburg-Zeil stellt das gesamte Geschäftskapital, überlässt Gerlich jedoch die Hälfte des Anteils für seine „geistige Einlage". Gerlich ist allein der verantwortliche Chefredakteur der Zeitschrift, Verlagsleiter ist Johannes Steiner. Wie vertraglich festgelegt, wird die Zeitschrift weiterhin bei der Druckerei Müller gedruckt.[6]

Die Übernahme des „Illustrierten Sonntags" war zwar ein gutes Geschäft, es taucht jedoch sofort ein heikles Problem auf: In der Druckerei wird noch eine andere Zeitung gedruckt, nicht irgendeine, sondern ausgerechnet der „Völkische Beobachter", das Organ der Nationalsozialistischen Partei. Nach dem Bürgerbräu-Putsch war das Blatt mehr als ein Jahr lang verboten, die Publikation aber wurde 1925 nach der Entlassung von Hitler aus dem Gefängnis wieder aufgenommen. Der Leiter ist jetzt Alfred Rosenberg.[7] Gerlich und seine Mitarbeiter stört es, einen so unerwünschten Nachbarn zu haben. Ihre neue Zeitschrift soll nach den Vorstellungen von Gerlich und Steiner ein Leuchtturm des christlichen Lichtes gegen die Wogen des neuen linken und rechten Heidentums sein, einschließlich des Nazismus.

Gerlich hat außerdem nicht vergessen, dass der „Völkische Beobachter" in der Vergangenheit seit den Zeiten Eckarts ständig versuchte, ihn in ein schlechtes Licht zu rücken. Müller aber hatte darauf bestanden, in einer der Klauseln des Kaufvertrags festzulegen, dass der „Illustrierte Sonntag" weiterhin in seiner Druckerei gedruckt werde. Gerlich gelingt es jedoch, einen Passus in den Kaufvertrag einzufügen, nach welchem dem Drucker und seinen Mitarbeitern nicht die geringste Einflussnahme auf den Inhalt des Blattes gestattet ist, und der außerdem besagt, dass sie während der Drucklegung auch anderen Personen keine Einsichtnahme erlauben dürfen. Eine Vorsichtsmaßnahme – die Gefahr der Spionage bleibt jedoch bestehen.

So beginnt also im September 1930 für Gerlich eine neue journalistische Herausforderung. Seine intellektuelle Haltung ist nun aber ganz anders als in der Vergangenheit: Die Erlebnisse in Konnersreuth haben sein Inneres zutiefst erschüttert. Sollte er jemals von persönlichen Ambitionen geleitet worden sein, so empfindet er diese nun als unwesentlich. Sein einziges Anliegen ist es jetzt, sich in den Dienst eines gerechten und großen Ideals zu stellen. Er hat die Grundwerte des Christentums entdeckt und ist überzeugt, dass eine freie, gerechte und friedliche Gesellschaft ausschließlich auf der Grundlage dieser Werte bestehen kann. Schon immer war er aus politischen Gründen Gegner der rechts- und linksextremistischen Tendenzen. Die Gegnerschaft bleibt, oder besser, sie wächst, nun aber auf der Basis seiner religiösen und moralischen Prinzipien. Und diese Prinzipien sind in Deutschland jetzt besonders von Nöten: Denn der Sturm, der über das Land hereinbricht, ist noch schlimmer als damals in der Nachkriegszeit.

Die Krise geht von den Vereinigten Staaten aus. Ende Oktober 1929 kommt es zum dramatischen Zusammenbruch der New Yorker Börse. Die gesamte Weltwirtschaft wird in Mitleidenschaft gezogen, Deutschland aber ist früher und stärker betroffen als andere Staaten, denn die gesamte deutsche Industrie stützt sich auf amerikanische Investitionen und ist weitgehend vom Export abhängig. Die Produktion geht zurück, immer mehr Fabriken müssen schließen. Im Laufe von wenigen Monaten sinkt der Lebensstandard der Bevölkerung in beängstigender Weise. Diesmal bleibt die Mark zwar stabil, aber immer mehr Familien haben kein Auskommen mehr.

Die Zahl der Arbeitslosen steigt ununterbrochen: 1928 liegt sie noch bei einer Million, Ende 1929 sind es 2,5 Millionen, im Jahr darauf drei Millionen, 1931 wird die 4-Millionen-Grenze überschritten, im Laufe des Jahres 1932 zählt man 6 Millionen Arbeitslose, das heißt, jeder dritte Arbeitnehmer hat seine Arbeit verloren.[8]

Unter diesen Umständen braucht man sich nicht zu wundern, wenn eine ständig wachsende Anzahl von Heruntergekommenen, von Menschen, die mit ihren Familien völlig verarmt sind, spontan rechts- und linksradikalen paramilitärischen Organisationen beitreten, die ihnen ein Existenzminimum garantieren.[9] Dies gilt in besonderem Maße für die Nationalsozialisten. Die SA zählte zur Zeit des Hitlerputsches von 1923 kaum zehntausend Mann, 1931 stehen ihrem Stabschef Ernst Röhm schon mehr als 200.000 aktive Mitglieder zur Verfügung. Auch die Partei Hitlers profitiert von der Situation. Bei den Reichstagswahlen von 1928 konnte seine Partei mit 810.000 Stimmen und 12 Mandaten im Reichstag nur magere 2,6 Prozent der Wählerstimmen für sich gewinnen. Bei den Wahlen im September 1930 – die Weltwirtschaftskrise hat schon viel Schaden angerichtet – gewinnt die nationalsozialistische Partei massenhaft Wählerstimmen, mehr als 6 Millionen; 18,3 Prozent aller Stimmberechtigten also wählen die Partei, die nunmehr mit 107 Abgeordneten in den Reichstag einzieht.[10]

Der „Illustrierte Sonntag“

Am Sonntag, den 14. September 1930 ist es soweit: Die erste Nummer des neuen „Illustrierten Sonntags“ erscheint, jedoch in einem nicht sehr vielversprechenden politischen Umfeld. Der frühere Verleger war am mangelnden Erfolg bei der Leserschaft gescheitert; er wollte ein einfaches Blatt fürs Volk machen, aber nicht immer garantiert ein bescheidenes Niveau eine große Verbreitung. Nun geht es darum, eine neue Form zu finden, um ein breites Publikum anzusprechen, und die Auflage zu steigern. Gerlich fehlt es dazu nicht an Erfahrung und Talent.

Anfangs lässt er Vorsicht walten, um die alte Leserschaft nicht zu verprellen, nach und nach aber führt er interessante Neuerungen ein: Umfragen und Interviews zu sozialen Fragen, die vielen Menschen unter den Nägeln brennen; Themen aus der Arbeitswelt und der damit verbundenen Probleme, das Verhältnis zwischen Arbeitgebern und Arbeitnehmern und Ähnliches. Die Auflage beginnt zu steigen. Einige Monate später, Anfang 1931, publiziert Gerlich neben den Umfragen und Interviews eine Reihe von Artikeln, die das Interesse der Leser nicht verfehlen: Sie behandeln schwerwiegende und aktuelle Themen, die für die Menschen in Deutschland Grund zu Angst und Sorge sind.

Hier nur einige der signifikantesten Titel: „Bankrott der Strafjustiz“ (über den Skandal der Nichtbestrafung von Gewalttaten und Einschüchterungen); „Vertrauenskrise zwischen Volk und Wissenschaft“ (eine Reportage über die Wirtschaftskrise, die das Land in die Knie gezwungen hat); „Ist Kommunismus möglich?“ (über das Blendwerk der marxistisch-leninistischen Utopie) – und noch weitere Artikel, die sich mit der Ideologie der Linken auseinandersetzen, wie „der Sündenfall des Marxismus“, „Das Proletariat als Erlöser“, „Kann der Marxismus strafen?“. Diese Beiträge sind von Gerlich selbst verfasst, der Ton ist vehement, voller Entrüstung; Ziel ist es, den Leser zu fesseln und mit logischer und zwingender Argumentation seine Überzeugung zu beeinflussen.[1]

Erstaunlich ist jedoch, dass Gerlich bis 1932, also über ein Jahr lang, nichts zu dem Thema veröffentlicht, das im Mittelpunkt seiner Interessen steht: Therese Neumann. Aber als erfahrener Journalist weiß er nur zu gut, dass man Themen dieser Tragweite vergeudet, wenn man sie einem Publikum „unterjubelt“, das darauf noch nicht hinreichend vorbereitet ist. Um die entsprechenden Voraussetzungen zu schaffen, klingen im Frühjahr 1931 erstmals philosophisch-religiöse Gedankengänge an, etwa in den Artikeln „Wie entsteht ein Weltbild“, „Weltanschauung und wissenschaftliche Erkenntnis“ und „Das Weltbild der Bibel“.

Gleichzeitig erscheinen die ersten, anfangs noch zurückhaltenden Aufsätze politischen Inhalts über Ereignisse und Persönlichkeiten des öffentlichen Lebens auf lokaler und nationaler Ebene. Ab dem Sommer des gleichen Jahres häufen sich diese Berichte, die mit der Verschlechterung der politischen Lage zunehmend aggressiver und beißender formuliert sind. Sie nehmen in immer offenerer Weise die extreme Rechte ins Visier. Verfasst sind sie vom Chefredakteur und von seinem Freund und Mitarbeiter Pater Naab, der ihm bei seiner Konversion zur Seite gestanden hatte. Sie unterscheiden sich in Stil und Ton – Naab schreibt ungestüm und impulsiv, Gerlich besonnener und rational –, nicht aber in der Substanz. Der Kapuzinerpater lenkt natürlich mehr Aufmerksamkeit auf die religiöse Dimension der Probleme und greift gerne auf Bibelzitate zurück. Identisch aber ist ihr Standpunkt bezüglich des Zeitgeschehens: Beide stimmen darin überein, dass das Naturrecht die Grundlage der menschlichen Moral ist. Recht und Moral stellen Werte dar, die durch den religiösen Glauben sanktioniert und garantiert werden.

Was die Staatsform angeht, so haben Chefredakteur und Geistlicher keine Vorurteile: Sowohl eine republikanische als auch eine monarchische Regierungsform sind akzeptabel, vorausgesetzt, die Freiheit der Bürger wird gewährleistet. Was seine politische Einstellung betrifft, steht Gerlich, der sich ursprünglich an der gemäßigten Rechten orientierte, nun den Liberaldemokraten näher; Naab hingegen sympathisiert seit jeher mit der Bayerischen Volkspartei. Beide sind jedenfalls frei von jeglicher Zugehörigkeit zu Parteien, Gewerkschaften oder sonstigen Interessengruppen. Frei sind sie auch in ihrer Haltung gegenüber der Kirche. Beide sind eifrige und praktizierende Katholiken (bekanntlich ist Naab Mönch), in Fragen der Moral und des Glaubens sind sie kirchentreu. Die politischen Dinge betrachten sie jedoch aus laizistischer Sicht.

Die Kirche ist ein komplexer Organismus mit einer Vielzahl weltlicher Verantwortlichkeiten. Sie kann nicht umhin, mit den jeweiligen politischen Machthabern Verhandlungen zu führen und Kompromisse zu schließen, denn es gilt, ihre Interessen und diejenigen der mit ihr verbundenen zahlreichen sozialen, pädagogischen und karitativen Institutionen zu schützen. In gewisser Hinsicht muss sie sich daher mit der staatlichen Obrigkeit arrangieren. Gerlich und Naab dagegen sind ungebunden. Sie sind als Einzelkämpfer niemandem Rechenschaft schuldig und allein ihrem Gewissen verpflichtet. Gleichfalls frei von allen Abhängigkeiten sind ihre engsten Mitarbeiter: Professor Wutz, Gerlichs Freund seit der Zeit in Konnersreuth, sowie Professor Lechner, der Eichstätter Kirchenrechtsdozent; eine wertvolle Hilfe ist außerdem Josef Hell, ein junger intelligenter und gebildeter Journalist, den Gerlich zum Schriftleiter ernannt hat.

Den ersten harten Schlag gegen Hitler und den Nationalsozialismus führt Gerlich in der Ausgabe vom 12. Juli 1931. Dazu benutzt er einen journalistischen Trick, und zwar ein fingiertes Interview des Herausgebers mit einem Schweizer Freund.[2] „Hitler und Wilhelm II." lautet die Überschrift zu diesem Interview. Es geht darin um die zahlreichen Parallelen zwischen Kaiser Wilhelm II., seinen Ideen, Gesten und Manien, und Hitler, der ein neuer Cäsar (das lateinische Wort für Kaiser) werden möchte. Über Wilhelm II. und seine homosexuellen Günstlinge zirkulieren seit langem Anekdoten und pikante Anspielungen, mit denen Ticks und Verhaltensweisen des Kaisers ins Lächerliche gezogen werden: Seine Kurzschlusshandlungen, seine eklatanten Fehltritte, die auf dem internationalen Parkett üble Folgen hatten – wie im Falle der Bemerkungen über die niedere Rasse der „Gelben" –, seine krankhafte Machtpolitik, seine Leidenschaft für pompöse Militärparaden, sein grotesker Hochmut. All das ist der breiten Leserschaft hinlänglich bekannt. Gerlich macht sich diesen Hintergrund zunutze, um seinen Lesern zu beweisen, wie der Führer die Fehler und Schwächen des Kaisers auf noch schlimmere Weise nachahmt.

In dem Interview fragt nun der Journalist seinen imaginären Gesprächspartner, wohl ein Geschäftsmann aus der Schweiz, ob man auch im Ausland diesen Vergleich zwischen den beiden Persönlichkeiten ziehe. „Aber natürlich", antwortet der Schweizer, der als guter Kenner der Deutschen eine ganze Reihe von Analogien auflistet: Mit welchen Leuten hat sich der Kaiser umgeben, um sein Bedürfnis nach Schmeichelei und Beweihräucherung zu befriedigen? Sicher nicht mit tapferen Helden, sondern mit pervers Veranlagten, die so gerne Männer umschmeicheln. Und wie steht es mit den engsten Vertrauten des Führers? Sind diese nicht auch homosexuell und zu jeder Perversion bereit? (Man weiß, dass dies für Ernst Röhm, Stabschef der SA, und zahlreiche andere leitende Mitglieder der nationalsozialistischen Partei zutrifft.)

Und worin unterscheidet sich der angebliche Heldenmut Hitlers von dem Wilhelms II., der Millionen seiner Untertanen auf dem Schlachtfeld für kommende „herrliche Zeiten“ geopfert hat und dann im November 1918 auf niederträchtige Weise ins Ausland flüchtete? Und hat nicht Hitler 1923 Ähnliches getan, als er sich aus dem Staub machte und die toten Kameraden, denen er einen schnellen Sieg vorgegaukelt hatte, auf dem Boden zurückließ? Sind nicht auch Hitlers militärischer Aufzug mit Reitpeitsche, sein militärischer Gruß und seine heroischen Gesten das genaue Pendant zu den Militärposen, den imposanten Uniformen und lächerlich heldenhaften Gesten des Kaisers? Desgleichen sein dummes Gerede über die niedere Rasse der „Gelben“, das zu seiner Zeit den Rassenstolz der Japaner und Chinesen herausforderte und sie zu potentiellen Feinden Deutschlands machte. Und weiter noch: Zu welchen Konsequenzen führen die Worte des Führers über die vermeintliche Überlegenheit der arischen oder germanischen oder nordischen Rasse – oder wie man sie auch nennen will –, die vom Schicksal dazu bestimmt sei, über die anderen, selbstverständlich niedrigen Rassen zu herrschen?

Das Interview geht weiter mit anderen Parallelen, darunter die schroffe Reaktion Wilhelms II. auf alle, die nicht so dachten wie er, und die Intoleranz Hitlers gegenüber jeglicher Form des Widerspruchs. Beide Haltungen sind Früchte der „Feldwebelkultur“, in der die bewaffnete Hand mehr gilt als der denkende Kopf.

Im letzten Teil des Interviews werden historische Bezugspunkte beiseitegelassen, um sich der düsteren Gegenwart zuzuwenden: „All diese merkwürdigen Parallelen zwischen Hitler und Wilhelm II.“, erklärt der schweizerische Geschäftsmann dem deutschen Gesprächspartner, „wären harmlos, wenn nicht Millionen Ihrer deutschen Volksgenossen die nationalsozialistische Partei wählten.“ Und er fügt hinzu: „Das wissen wir auch, Herr Doktor, dass ein Psychopath meist nicht verantwortlich gemacht werden kann; er hat keine Schuld, weil es ihm am gesunden Menschenverstand fehlt. Aber Narren gehören isoliert! Und wenn vernünftige Menschen, die es nicht nötig haben, mit Narren wirtschaftliche oder politische Geschäfte machen, so machen sie sich selbst zum Narren."

Der Schweizer schließt seine Ausführungen mit der weisen Überlegung, man könne erst dann wieder mit Deutschland erfolgreiche politische und wirtschaftliche Beziehungen aufnehmen, wenn diese Verrückten – natürlich ist klar, auf wen er hier anspielt – von der politischen Bildfläche verschwunden seien. In der Zwischenzeit „werden wir dafür zu sorgen wissen, dass die Radikalen, die heute bei Ihnen um die Macht ringen, unsere Grenzen nicht überschreiten".

Auch wenn der Artikel Gerlichs als fiktives Interview mit einem Ausländer getarnt ist, bedeutet er für Hitler einen unverzeihlichen Affront. Noch vor Herausgabe des Blattes setzt sich daher der nationalsozialistische Apparat in Bewegung, um zum Gegenschlag auszuholen. Bekanntlich wird der „Illustrierte Sonntag" im Hause Müller gedruckt, also in der gleichen Druckerei wie das Nazi-Blatt „Völkischer Beobachter". Entgegen allen vertraglichen Vereinbarungen hat der Schriftleiter der nationalsozialistischen Zeitung Einblick in die Fahnenabzüge von Gerlichs Artikel genommen. Voller Entrüstung ruft dieser sofort den Verlagsleiter Steiner an: „Ich habe da eben gesehen, dass der Dr. Gerlich einen ungeheuren Angriff auf den Führer in der nächsten Nummer Ihres ‚Illustrierten Sonntags' starten will. Ja, wie kommen Sie denn dazu! Wir haben bisher den ‚Illustrierten Sonntag' für ein uns gegenüber durchaus neutrales Blatt gehalten und jetzt plötzlich dieser Ton! Können Sie denn das Erscheinen dieses Artikels nicht verhindern?" Steiner lässt sich nicht so schnell beeindrucken und entgegnet, dass es ihm als Geschäftsführer nicht gestattet sei, auf die Redaktion der Zeitung auch nur den geringsten Einfluss zu nehmen. „Dann müssen Sie sich aber der Konsequenzen für Ihren Verlag bewusst sein", droht der Nationalsozialist. „Das bin ich", lautet die Antwort von Steiner, „Herr Dr. Gerlich wird schon wissen, welche Ziele er verfolgt." Worauf der Schriftleiter des „Völkischen Beobachters" das Gespräch mit den Worten beendet: „Er wird es büßen, der Führer wird sofort unterrichtet."

Als Steiner dann seinerseits sofort Gerlich über das Telefonat informiert, quittiert dieser die Drohungen mit einem Schmunzeln: „Nun also, Doktor, jetzt sind wir soweit." In der Tat ist sich der Chefredakteur sehr wohl bewusst, dass er es büßen wird. Hitler ist mit Sicherheit nicht der Typ, den man ungestraft ins Lächerliche ziehen kann. So hagelt es in den nächsten Wochen anonyme Briefe und Verleumdungen, die den Chefredakteur und seine Mitarbeiter mit Beschimpfungen und mehr oder weniger klar ausgesprochenen Drohungen überschütten. All das aber hat Gerlich einkalkuliert. Er lässt sich nicht von seinem Weg abbringen. In der folgenden Ausgabe vom 19. Juli richtet sich Gerlichs Leitartikel erneut gegen Hitler. Diesmal direkt, ohne historische Vergleiche. Der Titel des Artikels lautet: „Hitler als Politiker" und geht von einer Reihe von Widersprüchen aus, die für die Persönlichkeit des Führers charakteristisch sind. Auf der Grundlage von Zitaten aus Hitlers *Mein Kampf* beweist Gerlich, dass die Taten des Führers das genaue Gegenteil darstellen von dem, was er glaubt oder vorgibt zu glauben.[3]

Als erstes Beispiel wird die Spionage in der Druckerei Müller angeführt. Im Werk des Nazi-Chefs steht: „In eben dem Maße, in dem der Führer nicht mehr an das von ihm Gesagte glaubt, wird seine Verteidigung hohl und flach, dafür aber gemein in der Wahl seiner Mittel." Gerlich überträgt diese Maxime auf die Geschehnisse in der Setzerei: „Mein Aufsatz ‚Hitler und Wilhelm II.' war einige Stunden vor der Veröffentlichung Hitler zur Kenntnis gekommen. Die Redaktion des ‚Völkischen Beobachters' weiß, mit welchen Gewaltdrohungen dieser Versuch gemacht worden ist. Hitler wollte unter allen Umständen verhindern, dass die Ansichten und Erfahrungen eines Mannes, der sich über 25 Jahre in Deutschland politisch betätigt hat und allerdings auch sehr viel Intimes über ihn weiß, überhaupt zur Kenntnis der Öffentlichkeit gelangen."

Es besteht also kein Zweifel darüber, dass Hitler „gemeine Mittel" eingesetzt hat, um Gerlich mundtot zu machen. Die Schlussfolgerung liegt auf der Hand: Wenn der Satz in *Mein Kampf* wahr ist, dann glaubt Hitler nicht mehr an das, was er sagt.

Ein weiteres effekthaschendes Zitat aus der „Nazi-Bibel": „Man stirbt nicht für etwas, an das man selbst nicht glaubt", schreibt der Führer. Gerlich teilt diese Ansicht. Wie aber hat sich Hitler, der Verfasser dieses Mottos, wirklich verhalten, als er sich 1923 auf dem Odeonsplatz einer Polizeikette gegenüber sah? „Am Abend vor diesem Spaziergang, nämlich beim Putsch im Bürgerbräukeller, hatte Hitler erklärt: ‚Der Morgen sieht uns siegreich oder tot'. Als man am Mittag des folgenden Tages bei der Feldherrenhalle die Leichen aufhob, fand man darunter Menschen aller Berufsstände, die für ihre nationalsozialistische Überzeugung – also für die Lehre Hitlers – gestorben waren. Einen fand man darunter nicht: Adolf Hitler. Ihn fand man unversehrt und wohlbehalten einige Tage später in einem luxuriösen Landhaus verborgen." Jeder weitere Kommentar erübrigt sich hier von selbst.

Mit der Erwähnung des Putsches will Gerlich unterstreichen, dass „Hitlers angebliche Willensstärke nur eine gut geschauspielerte Maske ist". Menschen wie er „leben an der Grenze, manchmal schon jenseits des gesunden Menschenverstandes. Sie haben eine unermüdliche Ausdauer und Beharrlichkeit zu all den Handlungen, die dem Ziele dienen, das sie tatsächlich beherrscht, nämlich der pomphaften Herausstellung der Persönlichkeit vor der Öffentlichkeit. Und um dieses Zieles willen kämpfen sie um die öffentliche Macht. Haben sie diese irgendeinmal im Besitz, so wissen sie nichts Vernünftiges damit anzufangen.[…] Das zeigt

Hitlers Verhalten in der Nacht nach seinem gelungenen Novemberputsch 1923. Die ganzen für die Befestigung der durch Überraschung errungenen Macht so wichtigen Stunden vertaten er und seine Unterführer mit sich selbst berauschenden Reden. Sie ließen den Gegnern ruhig Zeit, sich zu rüsten. Und als sie dann am nächsten Tag auf deren Widerstand stießen, schrien sie: Verrat!"

Die Analyse des Historikers Gerlich, der 1923 ja selbst Augenzeuge der Ereignisse war, ist auf diesen Einzelfall bezogen gewiss zutreffend gewesen. Weniger zutreffend, „geschichtlich widerlegt", war dagegen seine Einschätzung, dass der Führer aufgrund seines Charakters nicht in der Lage sei, rasche und beherzte Entscheidungen in wichtigen Lebenssituationen zu treffen. Die geschichtliche Entwicklung sollte das Gegenteil beweisen.

Die dritte Widersprüchlichkeit, die der Leiter des „Illustrierten Sonntags" dem Nazi-Chef vorwirft, bezieht sich auf einen Passus in *Mein Kampf*, wo es heißt, niemand dürfe vor Vollendung des 30. Lebensjahres in die Politik eintreten, es sei denn, er verfüge über spezielles Talent. Vor dieser Altersgrenze sei man innerlich noch unreif, das heißt noch nicht im Besitz einer persönlichen Weltanschauung. Wie also, fragt sich Gerlich, ist zu erklären, dass sich auf den Straßen und Plätzen Deutschlands Tausende von frechen zwanzigjährigen Anhängern hitlerischer Gruppierungen herumtreiben? Sind sie denn alle ganz besonders talentierte junge Männer oder sind sie nur unreif? „Tertium non datur" (*eine dritte Lösung gibt es nicht*) würde die Schlussfolgerung der antiken Weisen lauten. Dazu kommt, bemerkt Gerlich, dass Hitler selbst die Theorie der Altersschwelle von 30 Jahren für politische Tätigkeit aufstellt, sich dann aber damit brüstet, dass viele seiner Anhänger sehr jung sind, und andererseits den Sozialdemokraten ankreidet, dass diese in ihren Reihen nur ältere Leute rekrutieren. Theorie und Praxis klaffen also bei Hitler weit auseinander. Seine Prinzipien flattern wie Fahnen im Wind.

„Wer Hitlers Entwicklungsgang so genau verfolgt hat wie ich", präzisiert Gerlich, „kann nur über jene Politiker lächeln, die da glauben, er gewährleiste überhaupt noch einmal in seinem Leben die beharrliche Vertretung von Grundsätzen, mit Ausnahme des einen: ‚Ich will an die Macht, und ich will die öffentliche Beweihräucherung.' […] Ich behaupte also nicht, dass Hitler sich der Widersprüche zwischen seinen Lehren und seinen Handlungen und damit der inneren Unwahrheit seiner Politik bewusst ist. Ich behaupte ferner nicht, dass er sich bewusst nur von seinem Egoismus leiten lässt. Denn ich habe durch Verkehr mit ihm und durch genaue Kontrolle seines Entwicklungsganges seit Jahren die Überzeugung gewonnen, dass er gar nicht fähig ist, sich überhaupt eine wahrheitsgetreue Vorstellung von der Wirklichkeit und damit auch von seiner Person und seinen Fähigkeiten zu machen. Menschen wie er gehen ganz von dem Grundsatz aus: Wenn ihre Ansicht im Widerspruch mit den Tatsachen steht, so ist es nur umso schlimmer für die Tatsachen. All diese Menschen haben sich außerdem die felsenfeste Überzeugung eingeredet, das, was sie wünschen, sei absolut notwendig zur Förderung des Wohles ihres Volkes und Vaterlandes. Sie sind subjektiv ehrlich. Denn sie können überhaupt nicht den Gedanken denken, es könnte unserem Volke einmal wieder besser gehen, ohne dass sie, die Hitler, an der Spitze stehen. […] Deshalb ist alles, was sie tun, ihrer eigenen Überzeugung nach absolut richtig."

Die hier gebotene psychologische Diagnose des Führers besticht durch ihren Scharfsinn. Wahrscheinlich hat bis zu diesem Zeitpunkt noch kein deutsches Presseorgan die tiefsten Beweggründe der Psyche Hitlers so klar umrissen: Machtbesessenheit, maßlose Egozentrik und komödiantenhafte Allüren. Das Kapitel über die Persönlichkeit Hitlers schließt mit der vielsagenden Darstellung einer Figur, die nur eine „gut geschauspielerte Maske" ist: „Kein Schauspieler kann leben ohne Bühne, ohne Rampenlicht,

Dekoration und Applaus. Er braucht das alles, um über die Tatsache hinwegzukommen, dass er innerlich nicht echt ist. Denn er ist nicht der Held, den er spielt, er posiert ihn nur. Der Applaus aber gibt dem Mimen das Gefühl des Wichtigseins. Die Minderwertigkeitskomplexe, die Führer dieser Art haben, bekämpfen sie durch dekoratives Auftreten." In München gibt es ein Gebäude, so endet der Artikel, das dem zwanghaften Streben Hitlers nach einer eitlen und prunkvollen Inszenierung bestens Rechnung trage: das „Braune Haus", der pharaonische Sitz der nationalsozialistischen Partei, der ganz nach den Wünschen des Führers gestaltet ist. Dies ist die geeignete „Schauspielbühne", auf der er sich selbst zelebrieren kann.

In zwei hitlerfeindlichen Artikeln vom 19. Juli und vom 9. August 1931 befasst sich der „Illustrierte Sonntag" auch mit Italien und seinem Duce. Anlass hierzu geben die Erklärungen des Führers hinsichtlich Südtirol.[4] Um Mussolini entgegenzukommen, bewahre Hitler Stillschweigen, so die Substanz von Gerlichs Artikel, über den von ihm proklamierten Pangermanismus. Er nehme hin, dass Südtirol definitiv Italien zugesprochen wird, obwohl er doch am lautesten gegen die von den Siegern auferlegten territorialen Verstümmelungen gewettert habe. Die Regierungsmitglieder der Weimarer Republik habe er als „Novemberverräter" bezichtigt, als diese die Gebietsabtritte im November 1918 akzeptieren mussten, und gegen die Franzosen Hass geschürt. Ausgerechnet Hitler mache nun also eine eklatante Ausnahme zugunsten des faschistischen Italien: Für ihn sind die Südtiroler nicht mehr Teil des Germanentum. Wahrscheinlich, so kommentiert der Chefredakteur mit Ironie, betrachtet der Führer die Südtiroler Brüder, wie all diejenigen, die nicht zu seiner Herde gehören, als „nicht patentierte Deutsche".

Von großem Interesse ist der Schluss des Artikels, der uns Gerlich als Europäisten *ante litteram* zeigt: „Die Südtiroler Frage ist eine solche, die sicher eine friedlich-schiedliche Lösung im Sinne der Anerkennung des freien Selbstbestimmungsrechts der Völker findet, wenn das italienische Volk selbst erst wieder der eigentliche Bestimmer seiner Politik ist und wiederum ein friedliches und freundschaftliches Verhältnis zwischen dem italienischen und dem deutschen Volke – möglichst in dem europäischen Friedens-Staatenverband, von dem ich in der vorigen Nummer als Zukunft Europas sprach – besteht."

Was Mussolini und den Faschismus betrifft, bekräftigt er seine bereits vor einigen Jahren in den „Münchner Neuesten Nachrichten" vertretene Auffassung, die Außenpolitik der faschistischen Regierung sei unzuverlässig, und er fährt fort: „Ich will meine Meinung heute ganz klar dahin aussprechen: Solange Mussolini Italien beherrscht, ist dieser Staat weltpolitisch überhaupt nicht vertragsfähig. Ich bitte mich nicht misszuverstehen. Ich meine nicht das italienische Volk, das in seiner großen Mehrheit heute geknebelt ist und nur aus bewundernswertem Patriotismus das jetzige System erträgt. Der politisch einsichtige und patriotische Italiener duldet es heute, weil er hofft, es möchte die Vorsehung in den nächsten Jahren dem italienischen Volke einen Ausweg aus dem drohenden Zusammenbruche des jetzigen italienischen Staates zeigen."

Es ist wohl kein Zufall, dass diese Berufung auf die Vorsehung in antifaschistischem Sinn zeitlich mit der Propagandakampagne übereinstimmt, mit der die Presse des italienischen Regimes Mussolini als „ Mann der Vorsehung" zu bestätigen sucht, indem sie die unbedachten Worte von Papst Pius XI. anlässlich des Abschlusses der Lateranverträge für ihre Zwecke entfremdet.[5]

„Der gerade Weg"

Zu den Autoren des „Illustrierten Sonntags" zählen neben Gerlich auch noch andere Journalisten und Wissenschaftler. Die härteste Feder unter ihnen führt gewiss Ingbert Naab.[1] Er ist Kapuzinerpater, beseelt von der Liebe zu Gott und dem Nächsten, aber immer bereit, mit denen, die weder Gott noch den Nächsten respektieren, streng ins Gericht zu gehen.

Außer dem – naturgegebenen – Unterschied in Stil und Darstellung stimmen die Ideen Naabs perfekt mit der von Gerlich gewählten Zielsetzung überein, für das Recht und gegen jede Form von Radikalismus zu kämpfen. Und es ist natürlich, dass der Kapuzinermönch den ethisch-religiösen Werten den Vorrang vor den politischen gibt.

Nachstehend ein Beispiel dafür: In einem Artikel vom 18. Oktober 1931 wendet sich Naab an Hitler, der sich auf einem Kongress seiner Partei als Verteidiger der christlichen Kultur des Abendlandes proklamiert hat: „Herr Hitler, sind Sie ehrlich oder ein Falschmünzer im großen Stil? [...] Wissen Sie denn nicht, dass sich Rosenberg dafür ausspricht, dass eine unerlässliche Bedingung des zukünftigen Reiches sei, dass die Kruzifixe verschwinden? [...] Wenn Sie einen Kampf für die christliche Kultur beginnen wollen, dann gehen Sie einmal mit Ihrer Reitpeitsche in die Redaktion des ‚Völkischen Beobachters' und treiben Sie in gerechtem Zorn Ihren Freund Rosenberg vom Redaktionstisch weg! [...] Herr Hitler, Rosenberg ist für Sie das Erkennungszeichen. Entweder verstehen Sie nicht, was er sagt, dann wären Sie einer der größten Dummköpfe, oder Sie haben nicht den Mut, gegen ihn vorzugehen, dann sind Sie ein Feigling, oder es ist Ihnen im Ernst gar nicht um den Kampf für die christliche Kultur zu tun, und Sie machen mit dem Wort nur Reklame unter der mächtigen Schar der Dummen im Deutschen Reich, dann sind Sie ein großer Falschmünzer.“ [2]

Naab glaubt offensichtlich an diese letzte Hypothese und spielt in seiner Formulierung auf eine bekannte Passage in *Mein Kampf* über die Techniken der Propaganda an: „Der Deutsche hat keine Ahnung, wie man das Volk beschwindeln muss, wenn man Massenanhänger haben will. [...] Die Propaganda hat ihr geistiges Niveau einzustellen nach der Aufnahmefähigkeit des Beschränktesten unter denen, an die sie sich zu richten gedenkt. Damit wird ihre rein geistige Höhe um so tiefer zu stellen sein, je größer die zu erfassende Masse der Menschen sein soll.“ [3] Wenn man auf die Massen einwirken will, muss man sie nach Auffassung Hitlers hinters Licht führen. Da der größte Teil der Deutschen christlichen Glaubens ist, ist es also notwendig, sich als Verteidiger der christlichen Werte zu präsentieren. Aber was für ein Christentum ist hier gemeint? „Nicht Sie oder Herr Rosenberg oder sonst einer Ihrer Getreuen hat zu entscheiden, ob etwas noch christlich ist oder nicht“, fährt Pater Naab in seiner Anklage fort, „das Christentum des Nationalsozialismus ist nicht das Christentum Christi.“ Der hier von Naab ins Visier genommene Alfred Rosenberg ist seit 1923 Chefredakteur des „Völkischen Beobachters“. Und Rosenberg ist auch der Verfasser der pseudowissenschaftlichen Abhandlung *Der Mythos des 20. Jahrhunderts*, die 1930 veröffentlicht und zusammen mit Hitlers *Mein Kampf* das Fundament der rassistischen und antisemitischen Ideologie wurde.

Zu diesem Zeitpunkt, gegen Ende 1931, ist seit dem Erscheinen der ersten Nummer des „Illustrierten Sonntags“ nun schon mehr als ein Jahr vergangen.

Die politische Richtung der Zeitschrift fokussiert sich immer stärker auf ein einziges Thema: den Kampf gegen den Nationalsozialismus. Es ist an der Zeit, an Stelle des ererbten banalen

Titels einen treffenderen zu finden. Gerlich berät sich mit Naab, der seinerseits eine Zeitschrift für höhere Schulen mit dem Titel „Der Weg" veröffentlicht. Ein geeignetes Adjektiv genügt und der neue Titel ist fertig: Die Zeitschrift heißt von nun an „Der gerade Weg", mit dem Untertitel „Deutsche Zeitschrift für Wahrheit und Recht". Zur Wahl dieses Titels mag auch ein Gedanke Pater Naabs beigetragen haben, der sich in der Heiligen Schrift gut auskennt: in der Apostelgeschichte wird im Zusammenhang mit der Konversion des Saulus von einem „Geraden" Weg berichtet.[4] Der gewählte Titel „Der gerade Weg" spielt also vermutlich auf diese Bibelstelle an.

Die erste Nummer mit dem neuen Titel erscheint am 3. Januar 1932. Der Leitartikel, in welchem der dem neuen Titel der Zeitung entsprechende programmatische Ansatz definiert wird, stammt von Ingbert Naab. Die Überschrift lautet „Glück oder Unglück?"[5] Ein anspruchsvoller Artikel, der sich auf die höchsten Prinzipien des Naturrechts und der Wahrheit beruft, wie im Untertitel der Zeitschrift angekündigt. Der Artikel enthält aber auch Hinweise auf das prophetische Engagement, das sich „Der gerade Weg" zum Ziel setzt: „In unserem Kampf für die Wahrheit haben wir das Beispiel der Propheten vor Augen. Ihre Aufgabe war es, in Zeiten größter Katastrophen sich mit unbeugsamem Mut vor Land und Volk hinzustellen, eine ‚eherne Säule' und ‚eiserne Mauer' zu sein. Die Propheten laufen nie mit der Mehrheit. Sie bekommen im Gegenteil das Geschick der Vereinsamung furchtbar zu spüren. Die einen sind gegen sie, weil sie ihnen höchst unangenehme Dinge sagen müssen, die anderen, weil ihnen ihre Sprache zu scharf dünkt. [...] Wahrheit ist nicht das Ergebnis von Mehrheitsabstimmungen. Und andere geben den Propheten zwar innerlich recht, aber sie wagen es nicht, offen auf ihre Seite zu treten oder sie gar zu verteidigen, weil sie fürchten, sich ‚zu sehr zu exponieren'. Und die ganz Schlauen ziehen es vor, den Ausgang abzuwarten und sich dann zu entscheiden. Von der mutigen Seite sind sie nicht, weil sie nur Siegesfeste feiern wollen. Die Propheten aber müssen den geraden Weg weitergehen ohne Rücksicht auf Zustimmung oder Ablehnung."

Naab hat recht, wenn er von „einsamen Propheten" spricht. Es gibt in der Tat immer weniger Menschen, die es wagen, sich den braunen Wogen des Nationalsozialismus offen entgegenzustellen; Seine Anklage bleibt ohne Reaktion, sie zieht keine bemerkenswerten Folgen nach sich. Etwas anderes passiert am 14. Februar, als im „Geraden Weg" der Artikel von Gerlich mit dem Titel „Hetzer, Verbrecher und Geistesverwirrte" erscheint.[6] Es handelt sich weniger um einen Artikel als um eine Abhandlung, die einen großen Teil der Nummer füllt. Verschiedene Themen brennender Aktualität werden angesprochen: die Lügen im „Völkischen Beobachter", der Massenwahn, die Psychologie der Fanatiker, das Prinzip der „doppelten Moral" der Nationalsozialisten, die Falschheit des „deutschen Volksgefühls" Hitlers.

Der letzte Absatz gibt ein „geistiges Portrait" des Führers und schließt mit den Worten: „Blut, das durch die Schuld Hitlers vergossen" worden ist, „über ihn gekommen ist und ihm keine Ruhe mehr lässt. [...] Und Blut ist es, was Tag für Tag in seinen stillen Stunden anklagend gegen ihn aufsteht – nämlich das Blut derjenigen, das in dem von ihm täglich durch seine Parteipropaganda und -presse geschürten kleinen Bürgerkrieg vergossen wird. Um sein Gewissen zu beruhigen, muss er uns das Theater des ‚nationalen Befreiers' vorspielen, als ob all das eine Notwendigkeit auf dem Wege der nationalen Erneuerung Deutschlands wäre. Man sehe sich doch nur einmal die jüngsten Photographien Hitlers, das flackernde, ängstliche, suchende Auge in dem aufgedunsenen Gesicht an, das immer brutalere und sturere Züge bekommt! Dann weiß man, wie das Gewissen dieses Mannes in den Nächten ohne Zeugen mit ihm redet."

Wie man sieht, ist dieser Artikel ein ungemein scharfer Angriff gegen die Person Hitlers. Es besteht deshalb das Risiko, dass die Veröffentlichung unterbleibt. Seit der Zeit des „Illustrierten Sonntags“ haben die Redakteure des „Völkischen Beobachters“ in der Druckerei Müller eine Strategie für ihre Spionage entwickelt. Sie kontrollieren die Druckfahnen von Gerlichs Zeitschrift, und wenn sie auf etwas Interessantes stoßen, machen sie eine Kopie mehr und bringen sie zu ihren Vorgesetzten: Rosenberg und Hitler selbst. Müller, der Besitzer der Druckerei, ist gutmütig, Mut hat er aber nicht. Er lässt sie gewähren. So hat jemand die Druckfahnen von Gerlichs Artikel an sich genommen und zu Hitler gebracht. Dieser liest sie: Er bekommt einen seiner nicht seltenen cholerischen Anfälle. Er rennt zu Müller, dem Drucker, beschimpft ihn übel und warnt ihn davor, ab sofort auch nur eine einzige Kopie des „Geraden Wegs“ zu drucken, andernfalls kann er sich als bankrott betrachten: Er wird Müller den Druck des „Völkischen Beobachters“ entziehen und ihn in jeder Weise boykottieren.

Der völlig verstörte Druckereibesitzer hat keine andere Wahl als sich dem Diktat des Nazi-Chefs zu beugen.[7] Er muss Steiner und Gerlich überreden, den Vertrag zu kündigen und sich eine andere Druckerei zu suchen. In weiser Voraussicht haben Steiner und der Chefredakteur jedoch schon seit längerem vorgesorgt. Die Spionageversuche waren ihnen immer unangenehm und es war ihnen auch schon längst ein Dorn im Auge, in den Gängen des Gebäudes Rosenberg oder Hitler vorbeigehen zu sehen, ohne von ihnen Notiz zu nehmen. Steiner und Gerlich hatten bereits mit der Setzerei Manz, in der Pater Naabs Jugendzeitschriften gedruckt werden, Kontakt aufgenommen. Als Müller nun kreidebleich und in panischer Angst zuerst Steiner und dann zusammen mit diesem Gerlich aufsucht, sind die Voraussetzungen für eine gegenseitige Übereinkunft schon gegeben. Dessen ungeachtet setzen Gerlich, der einen schwierigen Charakter hat, und

Steiner, der Vorteile aus dieser Situation ziehen will, den armen Müller unter Druck. Immerhin war es Müller, der beim Verkauf des „Illustrierten Sonntag" die Vertragsklausel gewollt hat, den Druck der Wochenzeitung in seiner Setzerei zu behalten; er war es, der sich vertraglich verpflichtet hatte, dafür zu sorgen, dass in der Druckerei keine Unbefugten den Inhalt des Blattes zu Gesicht bekommen. Jetzt soll er es auch sein, der das Problem löst und die damit verbundenen Kosten trägt.

Müller, ein redlicher Mensch, macht daraufhin ein faires Angebot: Unter der Bedingung, dass man künftig anderswo drucken lasse, wolle er noch diese letzte Ausgabe in seinem Hause fertigstellen. Im Impressum müsse jedoch bereits in dieser Nummer die neue Setzerei genannt werden (Müller hat die Drohungen Hitlers noch gut im Ohr ...). Er übernehme in diesem Falle auch die Unkosten für den Umzug. Damit sind seine beiden Gesprächspartner aber immer noch nicht zufrieden. Sie nutzen den Vorteil ihrer Verhandlungsposition, um Müller noch weitere Konzessionen abzuringen: Er soll der neuen Druckerei nicht nur die erforderlichen technischen Apparate liefern, so dass die äußere Form der Zeitschrift unverändert beibehalten werden kann, sondern auch einen erfahrenen Metteur zur Verfügung stellen, der weiß, wie sie funktionieren.[8] Müller akzeptiert; er wird auch die technische Ausstattung für die speziellen Klischees kostenlos abgeben: Großzügigkeit Müllers oder Effekt der Drohungen Hitlers? Die Einigung ist jedenfalls erreicht. Von nun an hängt das Damoklesschwert der Nazi-Spionage nicht mehr über dem „Geraden Weg". Die Wochenzeitung kann nun auf eine ihr freundlich gesinnte Druckerei bauen. Der Kampf kann weitergehen.

In den ersten Monaten des Jahres 1932 steht die Neuwahl des Reichspräsidenten im Mittelpunkt des öffentlichen Interesses und folglich im Interesse der Medien. Hindenburg wurde 1925 gewählt: Wie in der Weimarer Verfassung festgelegt, läuft das siebenjährige Mandat nun ab. Die damit verbundenen politischen Machenschaften sind auf ihrem Höhepunkt. Der Kanzler Heinrich Brüning schlägt vor, dass das Parlament das Mandat der Präsidentschaft des Generalfeldmarschalls verlängere. Hindenburg selbst scheint weder bereit zu kandidieren, noch die vom Kanzler vorgeschlagene Verlängerung zu akzeptieren. Seine Entourage, mit Kurt von Schleicher an der Spitze, will ihn aber zur erneuten Kandidatur überreden. Die Linken sind sich uneinig, nur die Kommunisten haben einen sicheren Kandidaten: Es ist wieder Thälmann, wie bei den letzten Wahlen.

Hitler ist gegen alles und gegen alle: Sie sollen sich ruhig bekriegen, das kann für ihn nur von Vorteil sein. Schließlich ist es Hindenburg selbst, der den Knoten löst, indem er seine Kandidatur bekannt gibt: ein harter Schlag für den Führer. Er hatte gehofft, dass die schon schwankende Republik durch die Differenzen der Regierenden noch weiter geschwächt würde, was Wasser auf seine Mühle hieße (dem Kanzler Brüning gelang es sogar, die Sympathien Hindenburgs durch den unzeitgemäßen Vorschlag einer Aufteilung des Großgrundbesitzes der preußischen Junker zu verlieren ...)[9]. Hitler befürchtet, dass der Feldmarschall, an dessen Seite nun auch das Zentrum und alle Gemäßigten Stellung beziehen, mit einer Masse von Stimmen überschüttet wird. Und er weiß nur zu gut, dass er gegen den legendären Helden des Ersten Weltkrieges so gut wie keine Chance hat. Nach intensiven parteiinternen Diskussionen entscheidet er sich aber dann doch dafür zu kandidieren.[10]

Die Reichstagswahlen finden am 13. März 1932 statt. Den ganzen Monat über steht der Wahlkampf im Mittelpunkt der deutschen Presse. Der „Völkische Beobachter“ spielt zugunsten Hitlers alle Karten aus. Auch die „Münchner Neuesten Nachrichten“ ziehen zu Felde. Die Tageszeitung, deren Chefredakteur früher Gerlich war, wird nun von Fritz Büchner geleitet – aber weder er noch der Bevollmächtigte Professor Cossmann entscheiden über die politische Linie, sondern der Finanzier Paul Reusch, Besitzer einer Kette von Zeitungen und seit einiger Zeit auch Mehrheitsaktionär des Verlages der „Münchner Neuesten Nachrichten".

Reusch ist Nationalist. Wenn er das Sagen hätte, dann sollte die Zeitung im Konflikt zwischen Hindenburg und Hitler neutral bleiben. Die Redaktion des Blattes jedoch ist anderer Meinung: Mit einem von Erwein von Aretin verfassten Artikel, dessen programmatischer Titel lautet „Warum nicht Hitler", bezieht sie eindeutig Stellung für Hindenburg.

Die gleiche politische Richtung, aber in weit aggressiverem Ton, verfolgt der „Gerade Weg". Wie schon 1925, unterstützt Gerlich auch jetzt die Kandidatur des Generalfeldmarschalls. Die Gründe hierfür sind aber ganz andere als damals, wie ja auch die politische Situation anders ist. Es geht nicht mehr darum – wie vor sieben Jahren – einen mehr oder weniger konservativen Kandidaten zum Reichspräsidenten zu wählen, sondern die Existenz der Republik selbst vor denen zu retten, die sie niederreißen wollen, um sie durch eine Diktatur zu ersetzen. Wenn Deutschland republikanisch und demokratisch bleiben soll, ist es paradoxerweise notwendig, dass der monarchistische und reaktionäre Hindenburg wiedergewählt wird.

All dessen ist sich der Chefredakteur des „Geraden Weges" wohl bewusst. Der Feldmarschall ist für ihn gewiss nicht der ideale Kandidat. Der Sieg Hindenburgs jedoch bedeutet die Niederlage Hitlers. Und mit all seinen Kräften setzt sich Gerlich für dieses Ziel ein. Am 6. März, eine Woche vor den Wahlen, erscheint in der 10. Ausgabe des „Geraden Wegs" eine leidenschaftliche Anklage, eine Art umgekehrter Kulturkampf, gegen die Hitlerbewegung. So schreibt Gerlich: „Wir haben in unserer letzten Nummer erklärt, es handle sich bei dieser jetzigen Wahl um die Frage, ob das deutsche Volk noch weiter eine Kulturnation sein oder in einen

Grad von Barbarei versinken wolle, dem gegenüber das Niveau der wilden Völkerschaften noch als Kultur anzusehen ist. Denn die letzteren hätten klare und strenge Begriffe von Ehre, Anstand, Wahrheit usw. Alles, was wir oben dargelegt haben, zeigt, dass wir es bei der Hitlerbewegung mit einer ganz eigentümlichen geistigen Abwegigkeit zu tun haben. Die Hitlerbewegung ist charakterisiert durch eine abgrundtiefe Verlogenheit.“ [11]

Es sind harte Töne, die in der Folgezeit in noch härteren Urteilen wiederholt werden „Der Nationalsozialismus ist, geistesgeschichtlich gesehen, ein totgeborenes Kind: ein Ausdruck jener Geistesverwirrung, die wieder nur eine Folge der seelischen und materiellen Überbelastung einer deutschen Menschheit ist, die ihr in raschester Folge erst durch die fürchterlichen geistigen und materiellen Bedrückungen des vierjährigen Krieges, dann der dreijährigen Inflation und schließlich der mehr als zehnjährigen ständig fortschreitenden Arbeitslosigkeit auferlegt wurde. Er wird viel rascher als der Marxismus zusammenfallen, nämlich wie eine Seifenblase zerplatzen. Denn er ist in keinem Punkte seines Programms wirklich richtig mit den großen Geistesströmungen der Menschheit verankert. Er ist im Wesentlichen aus nichts als ‚Anti‘, also aus absoluter Verneinung, zusammengesetzt. Das heißt, er ist ein Aufschrei leidenschaftlichsten Gegensatzes und Hasses einer Menge von Menschen gegen das, was sie seit Jahren bedrückt, wobei der eine in dem, der andere in jenem seinen Hauptfeind sieht.“ Die Richtigkeit dieser Vorhersage über die Dauer von Nazismus und Kommunismus braucht hier nicht eigens unterstrichen zu werden. Und richtig ist es leider auch, dass das „Platzen jener Seifenblase“ nicht schmerzlos sein wird, sondern mehr als 40 Millionen Menschen das Leben kostet.

Eine Woche später, am 13. März, ist Wahltag. Der Chefredakteurs richtet einen dringenden Appell an die Leser, Hindenburg zu wählen. Sein Artikel endet mit den Worten: „Eines kann, darf und muss man sagen: Wer heute resignierend beiseitesteht, macht sich mitschuldig am kommenden Unheil. Wer heute nicht Hindenburg wählt – sei es nur, dass er einen der anderen Kandidaten außer Hitler wählt – nimmt einen Teil der Schuld an allem Elend und allem Blute auf sich, das kommen wird. Rede sich niemand darauf hinaus, er habe eine der Nebenfiguren dieses Wahlkampfes gewählt, weil er die Hitlerbewegung missbilligt. Der Kampf geht nur um die Fragestellung: Hindenburg oder Hitler. Jede Stimme, die Hindenburg nicht bekommt, verstrickt den, der über sie zu verfügen hatte, mit in die Schuld. Die Frage, ob das Schicksal noch zu wenden ist, darf niemand stellen oder gar als ausreichende Begründung seines Fernbleibens ansehen. Es gilt auch hier die Lehre: Handle so, als ob es auf dich allein ankommt, aber stelle den Erfolg der Vorsehung anheim. Wer am 13. März nicht so handelt, als ob es auf ihn allein ankommt, wer nicht durch die Stimmabgabe für Hindenburg seinem Willen dahin Ausdruck gibt, dass er die Wiederkehr von Ruhe, Ordnung, Recht und Wahrheit in Deutschland will, mag vielleicht den Erfolg nicht gefährden. Er macht sich aber schuldig im Gewissen für alles Schwere, was ohne Hindenburgs Wiederwahl über unser Volk kommen wird." [12]

Im ersten Wahlgang am 13. März wird Hindenburg nicht gewählt. Er bekommt zwar mehr als 18 Millionen Stimmen – Hitler wenig mehr als 11 Millionen –, erreicht damit aber nicht das erforderliche Quorum von 50 Prozent[13]: Für Hindenburg haben die Gemäßigten votiert und nach harten, innerparteilichen Diskussionen schweren Herzens auch die Sozialdemokraten. Wie von Gerlich vorausgesehen, waren die an zwei unwichtigere Kandidaten vergeudeten Stimmen ausschlaggebend: Ernst Thälmann, der Kandidat der Kommunisten, bekam 13 Prozent, Theodor Duesterberg erreichte für die Nationalisten fast 7 Prozent. Thälmann hatte 1925 7 Prozent der Stimmen erhalten; nun hat sich die Zahl seiner Wähler fast verdoppelt, denn zahlreiche Sozialdemokraten konnten sich nicht dazu durchringen, dem reaktionären Generalfeldmarschall ihre Stimme zu geben. Duesterberg dagegen kandidiert zum ersten Mal. Er ist der Kandidat einer Partei, der Deutschnationalen, die mit den Nationalsozialisten in Konkurrenz steht: Die Deutschnationalen werden von der weniger extremistischen rechten Wählerschaft gewählt. Wie die Partei Hitlers ist sie revanchistisch, wie diese zielt sie auf Umsturz. Das gemeinsame Ziel ist die Zerschlagung der Republik; wie die Hitler-Partei verfügen auch die Deutschnationalen über eine bewaffnete Kampfgruppe, den „Stahlhelm".

Im Unterschied zu den Nationalsozialisten sind es jedoch vornehmlich die bürgerlichen und kapitalistischen Kreise, die sich den Deutschnationalen zuwenden. Außerdem ist diese Partei nicht antisemitisch (ihr Kandidat Duesterberg ist jüdischer Abstammung). Die oberste Parteileitung träumt von einer Restauration der Monarchie – für Hitler ein Horror. Die Deutschnationalen sind also die Partei der wirtschaftlich orientierten Rechten und der Nostalgiker des alten Regimes. Parteileiter ist ein vermögender sächsischer Industrieller und Finanzier, Alfred Hugenberg. Dieser ist Eigentümer eines Medienimperiums und Vertrauensmann der rheinischen Schwerindustrie. Er war von Fall zu Fall, je nach Sachlage, Freund oder Feind des Führers. Wie viele andere gibt er sich der Illusion hin, das Potential der Nationalsozialistischen Partei für seine Zwecke nutzen zu können. Aber genau das Gegenteil ist der Fall: In Wirklichkeit ist es seiner Vermittlung und der seiner Leute zu verdanken, dass der Nazi-Chef in die Gesellschaftskreise der Finanziers und Industriebosse des Rheinlandes eingeführt wird.[14] Beeindruckt von der Persönlichkeit des Führers und den Massen, die er hinter sich hat, halten sie es für nützlich, sich mit ihm gut zu stellen und beschließen daher, ihm massive Subventionen zukommen zu lassen.

Hugenberg ist für Gerlich kein unbeschriebenes Blatt. Als er 1925 noch die „Münchner Neuesten Nachrichten" leitete, wurde er von Hugenberg über einen Mittelsmann stark unter Druck gesetzt, damit seine Zeitung gegen das Projekt des Konkordats zwischen Bayern und dem Vatikan Front mache, da es die Katholiken bevorteilen würde. Auf Gerlichs Einwand, der Text des Konkordats enthalte Verfügungen, die gleichermaßen Vorteile für die protestantischen Kirchen Bayerns bringen, hatte der Sprecher Hugenbergs erwidert, diese Vorteile seien Hugenberg absolut gleichgültig; das einzige, was ihn interessiere, sei eine Pressekampagne, durch welche die katholische Kirche geschädigt werde – woraufhin der damalige Calvinist Gerlich seinem Gesprächspartner die Tür wies.[15]

Auf diesem Vorfall beruht die Motivation, weshalb der Leiter des „Geraden Wegs", der nunmehr katholisch ist, in einem eindringlichen Appell die hohe Verantwortlichkeit all derer betont, die nicht Hindenburg wählen, sondern für andere Kandidaten stimmen; offensichtlich denkt Gerlich dabei an Hugenberg.

Was Thälmann, den Kandidaten der Kommunisten, betrifft: Die antikommunistische Haltung Gerlichs ist seit der „Wirklichkeit" unverändert geblieben.

Der erste Wahlgang hat also zu keinem Ergebnis geführt. Keiner der beiden Kandidaten wurde gewählt. Allerdings haben über 11 Millionen Deutsche für Hitler gestimmt, also fast die doppelte Anzahl wie bei den Wahlen im September 1930. Gibt es eine Erklärung dafür, dass so viele Wähler einem solchen Mann ihr Vertrauen schenken? Eine Woche nach den Wahlen bemüht sich der „Gerade Weg", eine Erklärung für dieses Rätsel zu finden. Zur Feder greift diesmal Pater Naab, der es besser versteht, prophetische Töne anzuschlagen und seine Leser emotional anzusprechen. Der Titel seines Artikels spricht für sich: „Herr Hitler, wer hat Sie gewählt?"[16] Hier die leidenschaftlichsten Passagen:

„Sehr geehrter Herr Hitler!

Es ist nicht mein Beruf, Politik zu treiben. Ich habe das auch in diesem offenen Brief nicht im Sinn. Aber Ihre politische Tätigkeit hat eine Seite, die zutiefst in das Gewissen hineingreift, in die Verantwortung vor Gott. Daran sollen Sie in diesen Zeilen erinnert werden. [...]

Herr Hitler, wer hat Sie denn gewählt?

Leute mit antirömischem Affekt! Sie sind in der römisch-katholischen Kirche getauft und erzogen. Man hat nie gehört, dass Sie formell aus der Kirche ausgetreten sind. Einer von Ihren Abgeordneten hat allerdings im Sportpalast in Berlin erklärt, dass jeder ein gemeiner Lügner und ein Lump sei, der behaupte, Sie seien römisch-katholisch. Niemand, der Ihre Gedankengänge und Ihre Taten kennt, wird annehmen, dass Sie dem Glauben Ihrer Kirche treu geblieben sind. Sie sind noch nie der Behauptung Arthur Dinters entgegengetreten, der Ihr Bekenntnis erzählt, dass die katholische Kirche nichts zu lachen haben wird, wenn Sie einmal an die Macht kommen. [...] Gewiss gibt es auch Katholiken, die Ihnen ihre Stimme gaben. Aber das sind Katholiken, die Sie sicher selbst nur mit eigentümlichen Gefühlen betrachten werden, weil sie offensichtlich nicht sehen, wo Ihre Richtung hintreibt. [...] Herr Hitler, wir reden unter uns: Was halten Sie denn von den Katholiken, die Sie gewählt haben? Blindes Stimmvieh, wie? Sie lächeln zustimmend. Ich will Sie nicht daran erinnern, dass es eine überaus ernste Gewissensfrage für Sie wäre, dass Sie sich als getaufter, aber mit dem Glauben der Kirche zerfallener Katholik einmal selbst fragen müssten: Kann ich vor meinem Gott bestehen? Doch das mögen Sie mit dem ausmachen, der Sie richten wird.

Wer hat Sie gewählt?

Die Masse der Suggerierten. Sie wollten die Massensuggestion, Sie sprachen davon, dass man den Massen einen fremden Willen aufzwingen, dass man sie fanatisch und hysterisch machen muss.

Sie betreiben dieses Geschäft jetzt seit mehr als zehn Jahren. Ihre Presse ist nur auf Suggestion eingestellt. Es wird behauptet und behauptet, bis der Mensch ganz dumm und blöd wird. Es wird unterschlagen und unterschlagen, gelogen und gelogen. Sind Sie nicht für diese Methode verantwortlich? Auch die Propaganda kennt Gesetze des Gewissens.

Wer hat Sie gewählt?

Die wirtschaftlich Zusammenbrechenden. Sie hoffen von Ihnen die Rettung. „Schlechter kann es nicht mehr werden", sagen sich diese Menschen. „Jetzt war Hindenburg sieben Jahre an der Reihe und hat nichts fertig gebracht. Jetzt probieren wir es einmal mit dem Hitler. Wenn der auch nichts fertigbringt, dann jagen wir ihn wieder zum Teufel." Ihre Wahl ist bei vielen die letzte Verzweiflungstat. [...]

Wer hat Sie gewählt?

Die Feiglinge, die Ihre Stellungen nicht verlieren wollten. Es hatten sich schon eine Menge Menschen auf Sie eingerichtet, vor allem unter denen, die im Dienste des Staates stehen. Sie trauten sich bereits seit Wochen kaum mehr etwas zu tun, was ihnen als feindselig oder nur als unfreundlich gegen Ihre Partei hätte ausgelegt werden können. Sie wollten doch ihre Stellung behalten, wenn einmal Hitler zur Macht kommt. Herr Hitler, haben Sie mit Ihrer Hundspeitsche und mit den Drohungen Ihrer Presse eine feige Gesellschaft herangezogen! Ich gratuliere zu diesen freien deutschen Männern des Dritten Reiches."

Dieses „j'accuse" von Ingbert Naab geht weiter mit einer Aufzählung anderer Kategorien von Personen: egoistische „Stellenjäger", „unreife junge Menschen", gewalttätige „Revolutionsmenschen" und „Untermenschen des Mordes". All diese versprechen sich von dem autoritären Hassprediger konkrete Vorteile. Naab beendet seine Ausführungen mit den Worten: „Wir predigen nicht das Evangelium des Hasses, sondern das der Liebe, auch Ihnen gegenüber. Zur Liebe gehört in erster Linie, dass wir Ihnen die Wahrheit sagen, auch wenn sie bitter ist. [...] Ihre Anhänger haben in München ein Flugblatt hinausgegeben, in dem der Psalmvers zitiert wurde: ‚Richte mich, o Gott, und entscheide meine Sache gegen ein unheiliges Volk. Von dem Menschen des Unrechts und des Truges errette mich!' Wir empfehlen Ihnen diesen Psalmvers als tägliches Morgen- und Abendgebet. Frage Sie aber zuerst, wo das unheilige Volk steht und wer der Mensch der Ungerechtigkeit und des Trugs ist. Als junge Priesterkandidaten wurden wir belehrt, wir sollten bei der heiligen Messe, so oft wir diesen Vers beten, an uns selbst denken. Es kann Ihnen nur nützen, wenn Sie dem gleichen Gedanken Raum geben."

Die Nummer erscheint am 20. März 1932. Gerlich schickt ein Exemplar an Hitler selbst. Hitler liest den Artikel – es scheint, eine Bombe explodiere in seinen Händen. Wutentbrannt befiehlt er seinen Leuten, Verteilung und Verkauf der gesamten Auflage sofort zu stoppen, egal wie, notfalls sollen alle Nummern aufgekauft oder beschlagnahmt werden, Hauptsache die Zeitung verschwindet. Der Befehl ist nicht leicht in die Tat umzusetzen, gelingt aber im Wesentlichen, denn das Räderwerk der nationalsozialistischen Maschine ist gut geölt. Es war jedoch ein Verlust an Zeit und Geld, denn am 20. März abends erscheint der Text von Pater Naabs „Offenem Brief" in diversen unabhängigen Zeitungen Berlins, wohin er sofort telegrafisch übermittelt worden war. Gleichzeitig arbeitet die Setzerei Manz auf Hochtouren und druckt mehrere tausend „Flugblätter" mit dem „Brief" des Paters. So kann die Redaktion des „Geraden Wegs" ihren Lesern drei Wochen später in einer umrahmten Anzeige verkünden, dass innerhalb von acht Tagen 1.250.000 Exemplare des Flugblattes mit dem „Brief" verkauft wurden und mehr als 1.000 Zeitungen mit einer Gesamtauflage von 20 Millionen Exemplaren den „Brief" von Pater Naab veröffentlicht haben.[17] Ein geradezu unglaublicher Erfolg: Man kann davon ausgehen, dass der „Brief" jeden dritten Deutschen erreicht hat.

Wie aber sieht es zu diesem Zeitpunkt mit der tatsächlichen Verbreitung des „Geraden Wegs" aus? Diese Frage ist nicht leicht zu beantworten, da ab dem Jahre 1933 die Zeitschrift und alles, was mit ihr zu tun hat, „totgeschwiegen" wird. Die Recherchen zum vorliegenden Buch führten zu dem Ergebnis, dass die anfängliche Auflage zu Zeiten des „Illustrierten Sonntag" von 25.000 - 30.000 Exemplaren in den Jahren 1931 bis 1932 auf rund 100.000 angewachsen ist – eine beachtliche Zahl, wenn man bedenkt, dass der „Völkische Beobachter", der als nationalsozialistisches Parteiorgan ja finanziell gut gestellt ist, im Jahre 1931 eine Auflagenzahl von 120.000 Exemplaren hat. Erst nach der Machtübernahme Hitlers steigt die Auflage auf eine Million. Die „Münchner Neuesten Nachrichten", die Hindenburg ebenfalls unterstützt haben, wenn auch ohne großen Enthusiasmus, kommen zu diesem Zeitpunkt auf eine Verkaufszahl von 150.000 pro Tag.

Da beim Wahltermin am 13. März keine Mehrheit erzielt werden konnte, werden neue Wahlen für den 10. April festgelegt. Diesmal gewinnt Hindenburg mit 53 Prozent der Stimmen.[18] 13 Millionen Deutsche aber haben den Führer der Nationalsozialisten gewählt: über 2 Millionen mehr als bei den Wahlen im März. Nicht zu unterschätzen ist die Hilfe von Seiten Hugenbergs, der seinen farblosen Kandidaten Duesterberg zurückgezogen und die Deutschnationalen aufgefordert hat, Hitler zu wählen. Es ist noch nicht lange her, da kam Hitler bei den Wahlen von 1928 auf magere 2,6 Prozent und schien am Ende seiner politischen Laufbahn. Nun aber scheint er einem unaufhaltsamen Erfolg entgegenzugehen. Den Weg ebnen ihm neben Hugenberg mehr oder weniger bewusst noch andere illustre Persönlichkeiten, die in Berlin im Einflussbereich des Reichspräsidenten Hindenburg Intrigen spinnen. Der alte, müde und etwas zerstreute Generalfeldmarschall lässt sich von der „Kamarilla“ der Generäle und Barone führen, oder besser umgarnen. Der Einflussreichste unter ihnen ist General Kurt von Schleicher: Er ist der Intrigant, der den stärksten und auch schlechtesten Einfluss auf den Reichspräsidenten ausübt; er ist es, der die Hände im Spiel hat, wenn Regierungen gebildet oder gestürzt werden.

Es ist bekannt, dass Instabilität die Konstante in der Geschichte der Weimarer Republik ist – mit zwanzig verschiedenen Regierungen in den zwölf Jahren ihrer Existenz. Nun aber steht die Republik vor ihrem Untergang, und es sollte noch schlimmer kommen. Den entscheidenden Beitrag dazu gibt Schleicher: Ehrgeizig, hinterhältig und unzuverlässig, General der Reichswehr, Abkömmling einer preußischen Adelsfamilie mit alter Militärtradition, ist er Vertrauter und rechte Hand des Reichswehrministers Wilhelm Groener. Das Glück steht auf seiner Seite: Die enge Freundschaft mit dem Sohn des Reichspräsidenten ist ihm von großem Nutzen. Seine erste Zielscheibe ist der Kanzler Heinrich Brüning. Hindenburg hat diesen anständigen und klugen Politiker des Zentrums einmal als den „besten Kanzler seit Bismarck“ bezeichnet.[19] Aber Schleicher, der ihm zwei Jahre zuvor Brüning als Kanzler empfohlen hatte, hält ihn heute für zu gemäßigt. Er und seine Kaste wollen einen starken Mann, der das Land mit Entschiedenheit nach rechts führt. Die Absetzung Brünings liegt nach der Wahl Hindenburgs bereits in der Luft, denn die hohen Militärkreise der Reichswehr wollen einen Politiker, der ihnen politisch näher steht.

Da Gerlich und Naab ein gutes Gespür für das Zeitgeschehen haben, starten sie im Mai 1932 ein Sperrfeuer gegen die gemeinsamen Manöver der großen Generäle und Rechtsparteien. Ihre Aufmerksamkeit richtet sich hierbei weniger auf unmaßgebliche Parteimanöver als auf die ideellen Voraussetzungen, welche ihrerseits die großen politischen Entscheidungen beeinflussen. Im Augenblick handelt es sich dabei vor allem um die Rassentheorien Rosenbergs. In seinem Artikel vom 1. Mai konzentriert Gerlich seine Anklage auf das Projekt des Ideologen der Nationalsozialisten, dessen Ziel es ist, „in den von den Kruzifixen gereinigten Kirchen die neue Religion des Mythos vom Blute" zu verkünden. Die nationalsozialistische Doktrin von der Überlegenheit des heldischen Ariers, fügt Gerlich hinzu, sei nichts anderes als die vulgäre Auslegung von Nietzsches Lehre vom Übermenschen und dessen „Willen zur Macht", die ihrerseits schon abartig sei.[20]

Diese Überlegungen zur Unvereinbarkeit der Rassenideologie mit dem Christentum sind eine Wiederaufnahme der schon früher ausgesprochenen eindeutigen Stellungnahme des „Geraden Weges" gegen den von der nationalsozialistischen Presse propagierten Antisemitismus: „Die antisemitische Hetze wird in den völkischen Blättern auch heute noch ganz wie einst betrieben. Es sind das nicht nur Blätter, die von Unterführern wie Goebbels oder noch kleineren Hetzern herausgegeben werden. Der ‚Völkische Beobachter', den Adolf Hitler als Herausgeber zeichnet, betreibt ganz die gleiche antisemitische Hetze auch heute noch."[21]

Zwei Wochen später, am 15. Mai, bringt Gerlich in seinem Artikel mit dem Titel „Landesverrat und Hitlerpartei" die Empörung zum Ausdruck, mit der jeder vernünftige Mensch auf die Dreistigkeit der nationalsozialistischen Parteileitung reagieren sollte, welche die Souveränität des Staates mit Füßen tritt:

Anlass hierzu bietet die Debatte über die SA am 10. Mai im Reichstag. Die Regierung Brünings hatte am 13. April sowohl die Sturmabteilung als auch alle anderen paramilitärischen Organisationen mittels einer „Notverordnung" offiziell verboten – das heißt auf dem Papier, denn die Wirklichkeit sieht anders aus.

Im Reichstag hatte Reichswehrminister Groener ein von der Leitung der Hitlerpartei verbreitetes Dokument verlesen, in dem steht, dass „ein Befehl an ihre SA vorliegt, nach dem diese die Pflicht der Landesverteidigung zu verweigern hat. Als Grund ist angegeben: Wir wollen unserem Führer unbedingt die SA zur Verfügung halten." Auf die Antwort des Ministers: „Es ist aber für die Staatsautorität nicht erträglich, dass 400.000 tatbegierige junge Leute nur ihrem Parteiführer zur Verfügung stehen und nicht dem Staat" reagieren Göring und die anderen Abgeordneten der Nationalsozialisten mit einem unerhörten Tumult und richten an den Minister die ironische Frage, wie er denn darauf komme, dass die nationalsozialistische SA zur Verteidigung der Weimarer Republik gegründet worden sei.[22]

Gerlichs Kommentar: „Die direkten Verfasser des Befehls – also SA-Führer und damit hervorragende Führer der Hitlerpartei – bekennen sich somit zu der Ansicht, dass nach ihrer Kenntnis von den letzten Zielen ihres ‚Führers' seine SA nicht zur Verteidigung des Vaterlandes nach außen, sondern für ‚andere Zwecke' gegründet worden ist." Es handelt sich tatsächlich um ein privates Heer, das für den Bürgerkrieg bestimmt ist. Der Artikel schließt mit den bitteren Worten: „So dürfte am leichtesten zu verstehen sein, warum gerade in den sogenannten ‚gebildeten' Kreisen Deutschlands Handlungen wie Hitlers und Görings Ehrenwortbruch, Röhms homosexuelle Briefe, Straßers Bekenntnis, dass er diesem System ‚noch hundert Eide brechen' werde, und jetzt der Befehl an die SA nicht jene bei jedem normal empfindenden Menschen eigentlich selbstverständliche Rückwirkung der Empörung und öffentlichen Verachtung auslöst, die man erwarten sollte. Man hat eben unter dem psychologischen Zwang der nationalsozialistischen Massenwahnhetze gerade in den sogenannten ‚gebildeten' Kreisen Deutschlands das sichere Gefühl verloren, was ein anständiger Mensch tun darf und was nicht."[23]

Zu diesem Zeitpunkt sind es eben diese „gebildeten Kreise", die alles daran setzen, das politische Gleichgewicht des Landes nach rechts zu verschieben. Die Tage des Kabinetts Brüning sind gezählt. General Schleicher hat mit Hitler und Göring schon Vereinbarungen getroffen und bereits eine Liste mit den Ministern für die neue Regierung erstellt. Groener, der einzige hohe Offizier, der sich den republikanischen Institutionen gegenüber stets loyal verhalten hatte, ist nach seiner mutigen Anklage vom 10. Mai im Parlament gezwungen zurückzutreten: Er hat nicht mehr das Vertrauen Schleichers und somit auch nicht das Vertrauen des Reichspräsidenten Hindenburg. Hindenburg entzieht das Vertrauen auch dem Kanzler Brüning, der am 30. Mai seinen Rücktritt bekannt gibt.[24]

Am Tag zuvor erschien im „Geraden Weg" ein Artikel Gerlichs mit dem prophetischen Titel „Die Schicksalsstunde Brünings".[25] Mit scharfen Tönen wird darin die Militärkaste ins Visier genommen. Die stärkste Bedrohung der staatlichen Sicherheit liegt nach Gerlich „auch im Herzen des Reiches, es hat seinen Sitz auch im Reichswehrministerium. Was geschehen ist und uns alle mit der größten Unruhe erfüllt, das kann man ruhig als eine intellektuelle Meuterei der Reichswehrgenerale bezeichnen. Der Minister Groener ist gestürzt worden, weil er nicht etwa nicht mehr das Vertrauen des Reichspräsidenten, des Kanzlers oder seines Kabinetts, sondern weil er nicht mehr das Vertrauen der Reichswehr besaß.

Wer ist diese Reichswehr? Sind es die Truppenführer im Lande, welche nach der ganzen politischen Sachlage in Deutschland doch jeden Augenblick zu gewärtigen hatten, ihre Truppen gegen die nationalsozialistischen Sturm-Abteilungen in dem Kampfe um die Erhaltung der verfassungsmäßigen Staatsgewalt einsetzen zu müssen? Dann würde das mit anderen Worten heißen, dass sie sich weigern würden, gegen die Nationalsozialisten zu kämpfen; dann würde ihr Verhalten gegen Groener beweisen, dass sie mit den Nationalsozialisten und ihren SA. sympathisieren. Da aber die Reichswehr in der Person des Reichspräsidenten ihren obersten Führer hat und man von den Truppenführern volle Legalität erwarten darf, ist der Herd dieser intellektuellen Meuterei nicht bei den Truppenführern, sondern unter den Offizieren des Ministeriums zu suchen und man braucht nicht lange zu fragen, wenn man weiß, dass der General von Schleicher, der böse Geist dieses Ministeriums, mit den Nationalsozialisten sympathisiert und dieser Sympathie in persönlichen Briefen Ausdruck gegeben hat."

Die lange Reihe der Vorwürfe wird mit einer Rezension eines vom Reichswehrministerium verfassten „Weißbuches" fortgesetzt. Der Minister wünscht für das moderne deutsche Heer Soldaten, wie sie unter Friedrich II. dienten, dem „absoluten Herrscher des Volkes, welcher diesen Absolutismus allerdings mit schönen Worten wie jenes von dem ‚ersten Diener des Staates' verbrämte, aber in der Schlacht, wenn seine Soldaten, arme gepresste Söhne des Volkes, zögerten, sich wie Schafe abschlachten zu lassen, rufen konnte: ‚Kerls, wollt Ihr denn ewig leben?' So schwebt auch diesen Generalen als Ideal ihres Soldatenherzens vor", fährt Gerlich fort, „dass das Volk zu sterben habe für ihre persönlichen Interessen. Sie können nicht begreifen, dass dieses Volk einmal leben will, leben wie sie [...] Von einem solchen Irrwahn ergriffen, dass sie die Herren des Staates sind, wird ihre grenzenlose Anmaßung begreiflich, dem Volke die Politik ihrer absoluten Minderheit aufzudrängen und sich in jene Dinge einzumischen, in denen ihnen nicht mehr Recht zusteht als dem ärmsten Inhaber eines Stimmzettels. [...] Wie weit wollen sie es noch treiben? Das Volk aber soll erfahren, was hier gespielt wird: Es versteht die Drohungen der Generale, und soweit es die Drohungen dieser schwarzen Ritter vom Chaos nicht versteht, wollen wir sie dem Volk begreiflich machen."

Dieser Teil des Beitrages schließt mit dem Mahnruf: „Die Generale mögen mit ihren Strohmännern, die sie uns als Diktatoren zugedacht haben, uns vom Leibe bleiben, und sie mögen sich auf ihre militärischen Aufgaben und Pflichten beschränken, ehe sie das Volk zur Räson bringen. Das Volk fürchtet diese Generale nicht, aber es fürchtet mit Recht, weil die Spuren es schrecken, ihre unverantwortlichen politischen Wühlereien. [...] Es kommt auf eines an: auf Festigkeit. Auf unnachgiebige Festigkeit gegenüber unverantwortlichen Einflüssen, woher diese auch kommen mögen: aus der Bendlerstraße oder aus der Umgebung des Herrn Reichspräsidenten. Von diesem selbst wird man annehmen dürfen, dass er sich nicht ausgerechnet gegen jene Kreise des deutschen Volkes beeinflussen lassen wird, die ihm mit ihrer Stimme ein menschliches Vertrauen bewiesen, welches um so schöner und größer war, je weiter sie ihrer politischen Anschauung nach von ihm entfernt sind."

Was das Schicksal des Kanzlers Brüning betrifft, macht sich Gerlich keine Illusionen: „Wenn die Schicksalsstunde des Kanzlers Brüning nicht zugleich jene der deutsche Politik und des deutschen Volkes wäre, so würde es sich kaum verlohnen, darüber zu sprechen. Staatsmänner mögen kommen und gehen; es ist im Grunde nicht viel dabei, wenn die großen sittlichen ökonomischen Lebensziele eines Volkes dadurch nicht gefährdet werden." Die Lage sei äußerst schwierig, vielleicht die schwierigste überhaupt seit dem Krieg. Der Kanzler müsse eine fast übermenschliche Beharrlichkeit an den Tag legen, um den verantwortungslosen Manövern der Militärhierarchie und dem Gefolge des Reichspräsidenten entgegenzutreten. Aber vielleicht ist dennoch alles umsonst, fügt Gerlich abschließend hinzu, „seine Schicksalsstunde ist gekommen und wir wissen, dass es auch die unsere sein wird."

Das Schicksal der Republik scheint nunmehr vor dem Abgrund zu stehen. Am 1. Juni 1932 ernennt Reichspräsident Hindenburg den neuen Kanzler, der an die Stelle von Brüning tritt: Franz von Papen, ein Outsider, den Schleicher als Übergangslösung gewählt hat, um dann selbst zu gegebener Zeit die Zügel der Regierung in die Hand nehmen zu können. Von Papen stammt aus einer einst einflussreichen westfälischen Adelsfamilie; er war Kavallerieoffizier und Abgeordneter der Zentrumspartei, hat sich aber dann den Positionen Hugenbergs angenähert. Er ist wohlhabend und wortgewandt, politisch aber mittelmäßig. Das Schicksal Deutschlands liegt nun in seinen Händen.

„Der Entschluss des Präsidenten begegnet zuerst Ungläubigkeit", kommentiert der französische Botschafter in Berlin.[26] Auch Gerlich will es nicht glauben, er kann sich nicht erklären, wie Hindenburg bei der gegenwärtigen Notlage Deutschlands eine so völlig ungeeignete Persönlichkeit wählen konnte. In der Nummer vom 5. Juni richtet er einen beeindruckenden „Offenen Brief" an Hindenburg.[27] Darin bekundet Gerlich, dass er seit jeher Anhänger Hindenburgs war und auch jetzt nicht zweifelt, dass Hindenburg in gutem Glauben gehandelt habe. Mit seiner letzten Entscheidung aber hat er das Land an den Rand des Abgrunds gebracht. So denkt im Grunde auch die Mehrheit der Bevölkerung, die sich die Frage stellt: „Wie ist es möglich, daß unser alter Hindenburg so etwas machen konnte?" Der Grund dafür ist, so die Antwort Gerlichs, dass er inkompetenten und unzuverlässigen Ratgebern gefolgt sei. Auf diese Weise habe er das Wertvollste verloren, was ein Mensch auf Erden besitzt: das Vertrauen seiner Mitbürger.

Beschwörend wendet sich Gerlich direkt an Hindenburg: „Ich bitte Sie herzlichst und dringend, ja den Einflüsterern nicht zu glauben, die da behaupten, Sie hätten jetzt das Vertrauen des Rechtsradikalismus und des Hitlerbolschewismus. […] Man wird Sie seitens dieser Kreise solange als ‚Ofenschirm' dulden, als man, dadurch gedeckt, seinen Umsturz weiter vorbereiten kann, aber nicht einen Tag länger."

Der Brief schließt mit einer eindringlichen Aufforderung: „Das aber darf nicht sein, Exzellenz! Unser Volk, das Ihnen vier

Jahre als Feldherr und sieben Jahre als Reichspräsident opferwillig gefolgt ist – und zwar einschließlich seiner Arbeiterschaft –, hat ein Recht auf Sie. Wir wollen uns unseren alten Hindenburg nicht rauben lassen. Deswegen sagen wir ihm ganz offen, dass es noch einen anderen Ausweg gibt. [...] Rufen Sie die Männer zurück, die versuchten, Recht, Gesetz und Ordnung gegenüber dem offenen Umsturz und jenem Umsturz, der sich als Militär-, Adels- und Wirtschaftskamarilla aufgetan hat, zu verteidigen. [...] Exzellenz! Glauben Sie mir! Der Reichspräsident von Hindenburg, der einmal am Rundfunk zu seinen deutschen Volksgenossen sagt: ‚Ich habe mich geirrt, ich werde es wieder gutmachen' – dieser besitzt eine solche Stärke im Herzen seiner Volksgenossen und damit im Deutschen Reich, dass ihn keine Macht der Erde mehr daraus beseitigen kann. Und der Reichspräsident von Hindenburg, der unserem Volke diesen Dienst leistet, den keiner außer ihm in Deutschland heute leisten kann, wird von jedem anständigen Deutschen bereitwilligst als der größte Sohn unseres deutschen Volkes für Zeit und Zukunft verehrt werden."

Es ist nicht bekannt, ob der Generalfeldmarschall diesen sorgenvollen Appell gelesen hat oder nicht, und wie die Folgen hätten sein können. Fest steht jedoch, dass für Schleichers Pläne keine Hindernisse bestehen: Von Papen bildet die neuen Regierung. In seiner anmaßenden Arroganz glaubt er, die volle Kontrolle über die Situation zu haben. Die weitere Entwicklung jedoch wird das Gegenteil beweisen.

Das Kabinett der Barone

Am 1. Juni 1932 wird die Regierung von Papen vereidigt. Als „Kabinett der Barone" ist sie in die Geschichte eingegangen, denn drei Viertel ihrer Minister gehören der hohen Aristokratie an. Das Amt des Reichswehrministers, eine Schlüsselposition, hat Schleicher für sich reserviert. Auf sein Anraten hin debütiert die Regierung mit zwei folgenschweren Verordnungen. Die erste besteht darin, den Reichstag aufzulösen und Neuwahlen anzusetzen. Mit der zweiten wird das von Brüning wenige Monate vorher erlassene Verbot der SA und anderer paramilitärischer Verbände wieder aufgehoben. Diese Entscheidung ist eine Katastrophe für Deutschland: Die mehr als 500.000 Mann starken bewaffneten Banden Hitlers haben nun im Kampf gegen ihre Gegner wieder freie Hand (auch die Kommunisten und, in geringerem Umfang, die Sozialdemokraten verfügen über paramilitärische Einheiten).

Täglich steigt die Zahl gewalttätiger Aggressionen: Drohungen, Einschüchterungen, Morde. Allein im Juni 1932 werden mehr als 1.000 Opfer registriert.[1] Das Land versinkt im Chaos. Davon profitieren Hitler und die Nationalsozialisten, deren Erfolge auf dem „Scherbenhaufen" des Landes gedeihen, so Gerlich in der Nummer vom 19. Juni. Der Artikel geht aus von den Schäden, die durch die autoritären Methoden und die ideologische Propaganda des alten Bismarck im moralischen Gewissen der Deutschen entstanden sind. Schleicher, Papen und Hitler sind nunmehr überzeugt, das gleiche politische Talent wie der „Eiserne Kanzler" Preußens zu besitzen und dessen Errungenschaften nachzueifern zu können – was Gerlich aber sehr bezweifelt. Er schließt mit der sarkastischen Feststellung: „Nur der Scherbenhaufen, den sie hinterlassen, wird größer sein, als der moralische Scherbenhaufen im deutschen Volke, den Bismarck hinterließ."[2]

Auch in der nächsten Ausgabe des „Geraden Wegs" vom 26. Juni geht es um Gewalttaten. Am Sonntag zuvor hatten die Braunhemden und andere bewaffnete Verbände der Nationalsozialisten eine spektakuläre Demonstration in München inszeniert, bei der es zu schweren Ausschreitungen kam. Der Regierungssitz wurde gestürmt, selbst die Unversehrtheit des bayerischen Ministerpräsidenten Held war gefährdet. Der Polizei gelang es, den Aufstand unter Kontrolle zu bringen. Es gab Verletzte. Nur durch das Verdienst der Polizei kam niemand ums Leben. Das von Held geleitete Kabinett rief in einer Sondersitzung den Notstand aus.

In Anbetracht dieser Tatsachen schreibt der Chefredakteur des „Geraden Wegs" in seinem Artikel „Sperrt die Führer ein!": „Will die bayerische Staatsregierung der auch von der nationalsozialistischen Reichstagsfraktion anerkannten, ihr obliegenden letzten Verantwortung nachkommen, so muss sie die Quelle der Verhetzungen dadurch verstopfen, dass sie die Führer der nationalsozialistischen Partei – einschließlich Adolf Hitler – in Schutzhaft nimmt und bei der Reichsregierung ein Gesetz verlangt, wonach diese Parteiführung in Verantwortung der von ihr durch Hetze oder Befehle veranlassten Straftaten und Auflehnungen gegen die öffentliche Ordnung ins Zuchthaus kommt. [...] Die anständige Bevölkerung in Bayern, die Ordnung und Recht liebt, also nicht das Radaubrüdertum Hitlerscher, Hugenbergscher und sonstiger Prägung, wird der bayerischen Staatsregierung nur dankbar sein, wenn sie mit aller Energie das Notrecht des Staates vertritt, die Gefährdung der öffentlichen Sicherheit an der Quelle verstopft und alles, was an Hitlerführung in Bayern ist, so rasch wie möglich in Schutzhaft nimmt und so lange eingesperrt hält, bis ihr die Lust zur Störung der öffentlichen Ordnung und Sicherheit vergangen ist."[3].

Auch diesmal, wie schon bei Hindenburg, erzielt der Appell Gerlichs nicht die erhoffte Wirkung. Die Rädelsführer der Nationalsozialisten, Hitler eingeschlossen, können weiterhin ungestört ihre brutalen Übergriffe und Schlägereien organisieren. Ministerpräsident Held, der nicht nur mit Gerlich befreundet ist und ihn schätzt, sondern im Prinzip auch seine politischen Ansichten teilt, kann natürlich keine Wundertaten vollbringen. Ohne die Billigung Berlins und die militärische Unterstützung durch die Reichswehr würde ein Kraftakt seitens der bayerischen Regierung mit einer Niederlage, oder, noch schlimmer, in einem Blutbad enden. Die Reichsregierung unter Papen und die Oberbefehlshaber der Armee ihrerseits würden einen Konflikt mit Hitler keinesfalls auch nur in Betracht ziehen: Mit ihm wird höchstens hinter vorgehaltener Hand verhandelt.

Indessen gehen Gerlich und Naab beharrlich ihren Weg: Mehr denn je erscheint er ihnen als ein „gerader Weg". Ihre Zeitschrift startet am 10. Juli die Wahlkampagne für die von Papen ausgerufenen Neuwahlen Ende des Monats. Ein rot umrahmter Wahlaufruf auf der Titelseite richtet sich „An die 19.000.000 Hindenburgwähler". Unter der Schlagzeile ist zu lesen: „Hindenburg hat Euch enttäuscht? Wer ist geblieben? Wer ist, trotzdem er gehen musste, der einzige Retter? Brüning!" Im Text des Aufrufs wird betont, es genüge nicht, Hitler und seine Methoden abzulehnen. Alle redlichen Bürger müssten ihre Kräfte auf einen Mann konzentrieren, der korrekte Grundsätze vertritt und die richtigen Ziele verfolgt: „Kampf für die Menschenrechte, Kampf für Staat und Familie, Freiheit, Arbeit und Brot, die ungestraft keinem Volk verkümmert werden können, Kampf gegen die drohende Diktatur und Bedrückung. Partei und Klassengegensätze müssen hinter diesem einen großen Ziel zurücktreten: Es geht um die Existenz im Ganzen und wir müssen mit der ganzen Kraft des Bekennermutes uns dafür entscheiden und einsetzen: Wir wollen Brüning als Führer.

Um dieses Gebot der Stunde zur Tat werden zu lassen, muss sofort ein über allen Parteien stehender Ausschuss zusammentreten, der als einheitliche Kampffront gegen Hitler und für Brüning alle Kräfte sammelt." In einem folgenden prägnanten Artikel werden die in dem Aufruf angesprochenen Themen präzisiert und die einschlägigen Beweggründe näher erläutert.[4]

Der Artikel Gerlichs richtet sich in erster Linie an die Bayerische Volkspartei, deren Leitung noch immer an separatistischen Illusionen und dem unzeitgemäßen Traum einer Restauration der Monarchie festhält. Die Realität sehe ganz anders aus, mahnt der Chefredakteur des „Geraden Wegs": Eine kurzsichtige, nur lokal ausgerichtete Politik verliere die übergeordneten nationalen Interessen aus den Augen und bringe Bayern in Gefahr, seine bestehende Autonomie einzubüßen, sollte der traurige Fall eintreten, dass sich eine Diktatur unter Hitler durchsetze (nie war eine Prognose prophetischer!). Was tun? Gerlich hat ein Rezept: „Man begründe daher sofort in München einen Wahlausschuss aus Männern aller verfassungstreuen Parteien, der Dr. Brüning an seine Spitze beruft, sich unter seiner Führung zu einem Wahlausschuss für das Reich erweitert und unter der Parole ‚Kampf für unsere Menschenrechte' den Wahlkampf für den 31. Juli einheitlich und mit aller Kraft leitet. Gerade nachdem die Gegner durch Herausstellung Hitlers den Wahlkampf unter Ausnützung des menschlichen Bedürfnisses nach dem persönlichen Führer und Vertrauensträger führen, muss ihnen durch die Herausstellung des Führers Brüning auch auf diesem Gebiet eine Parole geboten werden."

Gerlichs Appell, „die Stimme des Rufenden in der Wüste", geht wieder einmal ins Leere.[5] Eine Woche später, am 17. Juli, versucht auch Naab, vor dem unmittelbar bevorstehenden Urnengang die Wähler wachzurütteln. Anders als Gerlich, der ethische Prinzipien in eine politische Vision überträgt, bezieht sich der Pater erwartungsgemäß auf die religiösen Grundlagen der Moralität. In einem Brief mit dem Titel „Der Kampf um die Menschenrechte", in dem er die Fragen eines Lesers beantwortet, präsentiert er eine aktualisierte Version der „Zehn Gebote" und bemerkt abschließend: „Wir führen einen Kampf um die bürgerliche Freiheit. Sie werden daher auch verstehen, dass wir uns gegen ein Staatssystem wenden, das die Freiheit der Bürger niederknüppelt und ihnen ihre natürlichen Rechte nicht garantiert. Sie werden es auch begreifen, dass wir uns mit allem Nachdruck gegen die Herrschaft eines Einzigen wenden, der seinen Willen als für alle verpflichtend gelten lässt. Wir können nicht auf unser Recht verzichten, nach den Geboten Gottes leben zu dürfen und zwar in ihrem vollen Umfang. [...] Das höhere Ideal liegt darin, dass auch der einzelne Bürger sich mitverantwortlich macht für das Wohl der Gemeinheit. So kämpfen wir denn gegen die Feinde der Menschenrechte, gegen den alten Marxismus, gegen den freisinnigen Liberalismus, gegen den brutalen Radikalismus und gegen die Gewaltmaßnahmen des Nationalsozialismus. Wir kämpfen dagegen als aufrichtige Deutsche, die die Freiheit der Sklaverei vorziehen und als gewissenhafte Christen, die ihre Seele nicht verkaufen dürfen."[6]

Der Ton von Naabs Brief ist entschlossen und leidenschaftlich. Immer wieder greift er auf Metaphern zurück, so spricht er von Menschen, die ihre Seele nicht verkaufen – und spielt damit auf sich selbst an. Es ist nicht schwer zu erraten, wer mit der Persönlichkeit gemeint ist, welcher Naab „die Seele nicht verkaufen will". Keine Anspielung, sondern eine Provokation ist dagegen schon vom Titel her der Artikel aus der Feder von Gerlich, der in der gleichen Nummer des „Geraden Wegs" veröffentlicht wird. Die Provokation ist umso stärker, als der Artikel des Chefredakteurs in einem Kommentar zu einer Reihe von Fotografien Hitlers besteht, deren Mitte eine Fotomontage bildet: Ein Schwarzer mit dem Gesicht Hitlers geht untergehakt mit einer Dame von dunkler Hautfarbe, offenbar seine Braut. Die Fotografien füllen die ganze Titelseite (siehe S. 231). Auf den ersten Blick scheint es sich um einen schlechten Scherz zu handeln.[7] Dem ist aber nicht so: Mit der Sorgfalt des Wissenschaftlers und der Genauigkeit des Archivars hat sich Gerlich dokumentarisch gut abgesichert, bevor er sich an diesen „Scoop", diesen Sensationsbericht, heranwagt.

In Deutschland gibt es einen bekannten Ethnologen, Professor Hans Günther, Dozent für „Rassenfragen und Rassenkunde" an der Universität Jena. Günther ist überzeugter Nationalsozialist und das ist auch der Grund, weshalb er 1930 von Wilhelm Frick, dem nationalsozialistischen Kulturminister Thüringens, auf diesen Lehrstuhl berufen wurde.[8] Gerlich befasst sich eingehend mit den Theorien Günthers und konzentriert sich dabei besonders auf die typologischen Klassifizierungen der verschiedenen Rassen. In seinem Artikel bezieht er sich auf die den Werken des Ethnologen entnommen klassifikatorischen Merkmale und kommt zu der Schlussfolgerung, dass Hitler „keineswegs dem von Günther herausgestellten nordischen Typ entspreche, sondern den ostisch-mongolischen Typ darstelle, und zwar sowohl aufgrund seiner körperlichen Merkmale, was die veröffentlichten Bilder bewiesen, als auch aufgrund seiner geistigen Einstellung, da er nicht das nordische Freiheitsprinzip, sondern den asiatischen Despotismus vertrete."[9]

Eine verblüffende und fast unglaubliche Schlussfolgerung: Wie kann es sein, dass ein Mann, dessen gesamte Ideologie auf dem Mythos und der Verherrlichung der arisch-germanischen Rasse basiert, kein arisches Blut in den Adern hat? Ein riskantes Spiel, das weiß der Journalist. Ganz bewusst setzt er auf Provokation: Wenn die Zugehörigkeit zur nordisch-arischen Rasse die einzige Voraussetzung für das Bürgerrecht ist, gut – dann ist dem Führer dieses Recht abzusprechen, denn er gehört einer anderen Rasse an. Gerlich, der Rassenfragen keinerlei Bedeutung beimisst, bedient sich der Waffen des Gegners, um ihn dort zu treffen, wo er am verwundbarsten und am empfindlichsten ist. Mit scharfer Zunge analysiert der Chefredakteur des „Geraden Wegs" die „asiatisch-despotische" Natur des Führers, die in krassem Gegensatz zur authentisch arisch-germanischen steht. Er bezieht sich hierbei auf die Darstellung Günthers, für den die typische Charakteristik des nordischen Individuums darin besteht, „dass der nordische Mensch einen Drang zu geistiger Freiheit und zu eigener Beurteilung aller Fragen habe. [...] Freisein heißt ihm: nach seinem Einzelurteil leben zu können."

Wenn dieses Unterscheidungsmerkmal begründet ist (und hier scheint Gerlich mit dem Nazi-Ethnologen übereinzustimmen), wie ist es dann auf den „Fall Hitler" anzuwenden? „Adolf Hitler", schreibt Gerlich „erklärt selbst, in seiner Bewegung gebe es nur einen einzigen Willen und das sei der seine.[...] Über das, was er tun werde, wenn er die Macht erreicht habe, verweigere er die Auskunft, seine Gefolgschaft habe das zu tun, was er dann befehlen werde. [...] Krasser als in der Schilderung Günthers über das Wesen des nordischen Menschen kann der Gegensatz zwischen der nach völkischer Rassenwissenschaft echt nordischen Geisteshaltung und der Adolf Hitlers überhaupt nicht mehr ausgedrückt werden. Hitlers Geisteshaltung ist eine absolut unnordische und ungermanische. Sie ist eine rassenrein mongolische." Das Adjektiv „mongolisch" bezieht sich hier auf die asiatisch-despotische Auffassung von Herrschaft, wie sie den mongolischen Khanen zu eigen ist. Die von Hitler geschaffene Bewegung selbst, fährt Gerlich fort, verrät in der – typisch asiatischen – idolatrischen Anbetung ihres Führers ihre „mongolische Wesensart".

Noch mehr Salz in die Wunde seines Gegners streut Gerlich mit einer weiteren Beobachtung am Ende seiner These. Er schließt seinen Artikel mit dem Kommentar zu einer Abbildung, die Hitler zusammen mit Stalin zeigt. Die Assoziation Hitler – Stalin ist ein geistreicher Einfall, ein Scoop im Scoop. Der Bolschewismus ist im Moment das Schreckgespenst für den Führer: Bolschewismus, Judentum und Marxismus werden in seiner Propaganda in einen Topf geworfen und dem deutschen Volk als gleichermaßen verabscheuungswürdig präsentiert. Stalin regiert Russland mit den Methoden eines orientalischen Satrapen. Hitler hat, so schreibt Gerlich, mit Stalin nicht nur das asiatische Blut gemein, sondern, viel schlimmer, den asiatischen Staatsbegriff. Was wäre in Deutschland anders als in Russland, wenn das Land in die Hände eines Mannes wie Hitler fiele, dessen despotische Mentalität nicht hinter der eines mongolischen Khan zurückstehe?

Hier soll jetzt nicht die wissenschaftliche Stichhaltigkeit der Kategorisierungen von Günther und Gerlichs Bezugnahme darauf beurteilt werden. Der Chefredakteur ist jedoch weder der erste noch der einzige, der konstatiert, dass Hitlers Genealogie von der arisch-germanischen Rasse abweicht. Schon acht Jahre zuvor, 1924, nahm der Rassenhygieniker Max von Gruber, Universitätsdozent und Präsident der Bayerischen Akademie der Wissenschaften, während des Münchner Prozesses gegen die Angeklagten des Bürgerbräu-Putsches hierzu Stellung. Nachdem er die wichtigsten somatischen Merkmale Hitlers analysiert hatte, klassifizierte er ihn in seinem Befund als „typisch unnordisch, ostisch-slawisch".[10] Zu einer ähnlichen Schlussfolgerung kam Otto Wagener, vor Röhm Stabschef der SA, der Hitler – weniger aufgrund seines Aussehens als aufgrund seines Verhaltens – „hunnische Rachsucht" zusprach.[11]

Nach Erscheinen des Artikels hagelt es Proteste – wie von Gerlich vorausgesehen (und beabsichtigt). Hitler und seine Entourage sind außer sich. Der „Völkische Beobachter" greift Gerlich an und überhäuft ihn mit Beschimpfungen. Am wütendsten ist Heinrich Hoffmann, der offizielle Fotograf des Führers und sein enger Freund.[12] Für seinen Scoop hat Gerlich in der Tat Fotos von Hitler aus Hoffmanns Broschüre *Hitler wie ihn keiner kennt* verwendet. Hoffmann verklagt Gerlich wegen Verstoßes gegen die Urheberrechte. Unbeirrt geht der Chefredakteur seinen Weg weiter und verhöhnt in der Ausgabe vom 24. Juli seine Gegner mit der Veröffentlichung des Briefes eines Dunkelhäutigen, der auch im Namen seiner Landsleute heftig gegen die Beleidigung protestiert, dass anständige Schwarze auf eine Stufe mit Adolf Hitler gestellt werden.[13]

Um Missverständnisse zu vermeiden, das heißt, um aufzuzeigen, dass er die den Rassentheorien des Nationalsozialisten Günther entnommenen Argumentationen selbstverständlich nur für seine Zwecke angewandt hat und dass für ihn weder überlegene noch unterlegene Rassen existieren, da seiner Überzeugung nach die Zugehörigkeit zu einer Rasse bedeutungslos ist, wendet sich der Chefredakteur in der gleichen Nummer an jene Leser, die – wie es scheint – darüber empört sind, auf der Titelseite des „Geraden Wegs" Hitler neben einer Schwarzen zu sehen. Er redet ihnen ins Gewissen: „Was hat Sie denn gestört, meine verehrten Herrschaften? Haben Sie nicht schon im ersten Religionsunterricht gelernt, dass allen Menschen nicht nur die Seele von Gott eingehaucht ist, sondern dass wir alle Nachkommen eines Vaters und einer Mutter sind, nämlich Nachkommen Adams und Evas? Die Neger sind doch unserer katholischen Glaubenslehre nach auch blutmäßig unsere Brüder und Schwestern. […] Infolgedessen war es uns bei unserer katholischen Weltauffassung ganz unmöglich, einen Mitteleuropäer wie Adolf Hitler durch eine Zusammenstellung mit eine Negerin ‚herabzusetzen'. Denn uns ist die Negerin nicht minderrassig […] und wir sehen in einer Negerin unsere Blutschwester." Wie hier deutlich hervorgeht, wird im Gegensatz zu den rassistischen Vorurteilen des Nazismus jede Form von Rassismus ohne Einschränkung abgelehnt.

Der von Hoffmann angestrebte Prozess findet im November 1932 statt. Gerlich wird wegen unerlaubter Verwendung von Bildmaterialien zu einem bescheidenen Bußgeld verurteilt (Hoffmann hatte 10.000 Mark Schadensersatz gefordert). Was den Inhalt des Artikels betrifft, wird keine Strafe verhängt: Die bayerischen Richter respektieren noch die Meinungs- und Pressefreiheit. Diese Gelegenheit nutzt der Chefredakteur des „Geraden Wegs", um seine Meinung über den Führer nochmals zu bekräftigen. Als sich der Anwalt Hoffmanns beklagt, Gerlich hätte das Protestschreiben des dunkelhäutigen Mannes mit den Beleidigungen gegen Hitler „doch anständigerweise nicht ohne Kommentar abdrucken dürfen", entgegnet Gerlich darauf im Gerichtssaal mit ernster Miene, er verstehe und teile diesen Protest durchaus: Als Deutscher schäme auch er sich für die Tatsache, dass „Hitler bei uns in Deutschland frei herumlaufe."

Gerlichs Artikel ruft eine Welle von Empörungen und Beschimpfungen seitens der Nationalsozialisten hervor. Nicht nur die Presse, der „Völkische Beobachter" und die anderen kleineren Blätter Hitlerscher Prägung, mobilisieren sich. Auch Privatleute werden aktiv. Bereits in der Vergangenheit sind mehr oder weniger anonyme Drohbriefe und Beleidigungen in der Redaktion des „Geraden Wegs" eingegangen, wie dem Briefwechsel Gerlichs mit seinen Freunden zu entnehmen ist. Nun werden es immer mehr. Alle landen im Papierkorb. Bis auf einen, den der Chefredakteur veröffentlicht, um seinen Lesern eine Kostprobe der ordinären Diktion der Nationalsozialisten zu geben (Original auf S. 232):

> „München, den 25. Juli 1932
> Herrn Dr. Fritz Gerlich
> Schmierfink beim Geraden Weg.
>
> H i e r
>
> Wir warnen Sie! Die nächsten Tage wird Ihnen Ihr schmut-

ziges Handwerk gelegt werden. – Sie erbärmlicher Schmutzfink. Seien Sie überzeugt, dass die Stunde bald schlägt, wo Deutschland von Ihnen und Ihresgleichen befreit wird. Wir werden an Ihnen und Ihrer schwarzen Sippe ein besonderes Exempel Statuieren *(sic)*, indem wir einen Scheiterhaufen aus allen in Deutschland befindlichen Christenkreuzen nebst den darauf befindlichen Christusfiguren – jenes Christus, welcher von einer jüdischen Hure geboren wurde, errichten, worauf Sie nebst dem übrigen Pfaffengesindel einschließlich der ganzen Marxistenbrut geschmort werden.

Wenn dan *(sic)* Befreiungsfeuer zum Himmel steigen, hat die Geburtsstunde der neuen arischen Religion begonnen, dann wird das Deutsche Volk dem einzigen auf Erden wandelnden Gott, Adolf Hittler *(sic)*, auf den Knieen dafür danken, dass er es von jüdisch-christlich-marxistischen Pest befreit hat.

Heil H i t l e r

Blut und Tod allen Marxisten und Pfaffen!"[14]

Ein sehr aufschlussreiches Dokument: In nur wenigen Zeilen enthüllt der anonyme Schreiber die ordinäre, rüpelhafte und intolerante Geisteshaltung des Nationalsozialismus. Der Brief erscheint in der Nummer vom Sonntag, dem 31. Juli, dem Tag der Wahlen. Ein Großteil des „Geraden Wegs" ist dem Ereignis des Tages gewidmet. Der Chefredakteur verfasst einen Aufruf mit der Überschrift: „Der Nationalsozialismus ist eine Pest!" Dem polemischen Titel entspricht der in gleicher Weise aggressive Inhalt.[15] Die folgende typografische Gestaltung gibt die Hervorhebung der wichtigsten Schlüsselwörter im Originaltext (siehe S. 233) wieder:

„Dem Kriege des Mittelalters folgte die Pest als eine Geißel der Menschheit. Aber diesem Kriege, den wir alle erlebt und gefühlt haben und dessen Spuren und Folgen

Revolution, Inflation, Wirtschaftskrise und Arbeitslosigkeit

heißen, folgte eine geistige Pest: der Nationalsozialismus. Die Übel, unter welchen die Völker leiden, können allein geheilt werden durch

Verständigung, Versöhnung, Abrüstung und Frieden.

Nationalsozialismus aber bedeutet:

Feindschaft mit den benachbarten Nationen, Gewaltherrschaft im Innern, Bürgerkrieg, Völkerkrieg.

Nationalsozialismus heißt:

Lüge, Hass, Brudermord und grenzenlose Not.

Adolf Hitler verkündet das Recht der Lüge.

In der 1. bis 11. Auflage seines Buches „Mein Kampf" schrieb er auf Seite 202:

„Er (der Deutsche) hat *keine blasse Ahnung, wie man das Volk beschwindeln muss*, wenn man Massenanhänger haben will."

Ihr, die Ihr diesem Betruge eines um die Gewaltherrschaft Besessenen verfallen seid, erwacht! Es geht um Deutschland, um Euer, um Eurer Kinder Schicksal.

Nicht das Volk, welches von den Generalen, und von Hitler, der ihr Trommler ist, beschuldigt wird, hat den Krieg verloren: Die Kaiserliche Regierung mit Hindenburg und Ludendorff verloren ihn. Nicht die Parteien, die von Hitler beschuldigt werden, sind für den Frieden und die Reparationslasten verantwortlich, sondern alle diejenigen, welche den Krieg begünstigten und 1917 einen Frieden vorsätzlich verhinderten. Und das sind diejenigen, welche heute durch Hitler wieder zur Macht kommen wollen und Euch in neue Kriege stürzen werden.

Die Parteien, welche von Hitler und seinen militärischen und schwerindustriellen Hintermännern mit Verleumdungen überschüttet werden, haben das deutsche Volk, *das vor seinem völligen Untergang stand*, vor der Vernichtung gerettet. *Das ist die Wahrheit.*

Wir kämpfen um einen neuen Staat: um die Rechte des Volkes, um soziale Gerechtigkeit, um die Freiheit des deutschen Volkes, um eine Versöhnung und Verständigung mit Frankreich, die uns allein zu einem neuen Aufschwung helfen kann. Wir kämpfen um eine gerechte Justiz, um

Frieden, Arbeit und Volkswohlfahrt,
um den Staat der wahren christlichen Gerechtigkeit.

Wir, die hier zu Euch sprechen, wollen nicht an die Macht, wir dienen keiner Partei, wir sind niemandens Sprachrohr als unseres Gewissens. Aber wir sagen Euch:

Wer nicht zur Wahl geht, versündigt sich vor Gott, er versündigt sich an seinen Kindern und Kindeskindern.

Und wir sagen Euch:

Es ist eine Gewissenspflicht jedes Katholiken, jene Parteien zu wählen, die die unverlöschlichen Rechte seiner Kirche zu verteidigen entschlossen sind:

Zentrum oder Bayerische Volkspartei.

Diesen Parteien darf sich heute auch jeder Nichtkatholik anvertrauen, denn sie vertreten die Rechte des Volkes gegen eine friedensstörende Gewaltherrschaft.

Wer sich aber dazu nicht entschließen kann, der gebe seine Stimme der Sozialdemokratie oder der Deutschen Staatspartei oder dem Christlich-Sozialen Volksdienst.

Der kommende Sonntag ist ein Tag des Kreuzzuges.“

Es stellt sich nun die Frage, ob und inwieweit der Kreuzzug des „Geraden Wegs“ die Wählerschaft beeinflusst hat. Eine eindeutige Antwort kann es nicht geben, da keine Gegenprobe möglich ist. Das Wahlergebnis ist unglaublich: Die Nationalsozialisten werden mit fast 14 Millionen Stimmen (d. h. mit 37 Prozent) zur stärksten Partei im Reichstag und bekommen 230 Sitze.[16] Ein wahrer Triumph für den Führer, der nun „legitim“ für das Kanzleramt kandidieren kann. Alles sieht danach aus, als habe der Kreuzzug gegen die moderne „Pest" des Nationalsozialismus die Wähler eher kalt gelassen. Es gibt aber ein konkretes Faktum, aus dem – wenn auch nicht mit hundertprozentiger Sicherheit – hervorgeht, dass sich der Appell Gerlichs möglicherweise doch auf das Wahlergebnis ausgewirkt hat. In Bayern kam die Partei Hitlers auf rund 33 Prozent, d.h. 4 Prozent weniger als im Landesdurchschnitt.[17] Wenn man bedenkt, dass die NSDAP in München gegründet wurde, dass sich der Sitz der Partei – das Braune Haus – ebenfalls in München befindet, dass das offizielle Presseorgan der Partei, der „Völkische Beobachter", in der bayerischen Hauptstadt gedruckt wird, und vor allem, dass dort Hitler und die anderen hohen Nazi-Bonzen leben und agieren, erscheint die Annahme legitim, dass der dramatische Appell des „Geraden Wegs" doch eine gewisse Wirkung erzielt hat, wenigstens in der Region mit der größten Verbreitung der Zeitschrift.

Ein weiterer Artikel des Chefredakteurs in der Nummer vom 31. Juli trägt die Überschrift „Wie hat der Katholik zu wählen"; der Ton wird zunehmend gelassener, besonders im letzten Absatz mit dem Titel „Ein ganz persönliches Schlusswort" – ein demütiges und zugleich stolzes Bekenntnis: „Ich bin mit 48 Jahren Katholik geworden", schreibt Gerlich, „nachdem ich, wie ich schon einmal in diesem Blatte bekannte, in meinem Leben viele Irrwege gegangen bin. Und ich empfinde es täglich von neuem als ein unerhörtes Glück, katholisch geworden zu sein. [...] Denn ich fand, wie gesagt, mit mehr als 48 Jahren, endlich im Katholizismus das, was ich mein ganzes Leben lang gesucht habe. Nämlich eine Weltanschauung und eine Lehre für dieses Dasein von einer absoluten logischen Folgerichtigkeit, die nur einen einzigen Zwang auf den denkenden Menschen ausübt, nämlich den, dass jeder folgerichtig denkende Mensch das katholische System als richtig anerkennen muss, wenn er sich nicht durch Nebenmotive ablenken lässt. Und ich fand ein weiteres: Nämlich ein System der Weltanschauung, das in sich die ganz unerhörte Kraft hat, alle anderen Versuche, weltanschaulich zu denken, ihrer Nichtigkeit zu überführen. Solange ich Katholik bin, habe ich noch niemals das Gefühl gehabt, ich bedürfte zum Schutze meines Glaubens der Abschließung von irgendeiner und sei es der minderwertigsten Zeiterscheinung. Vielmehr fühlte ich ständig die Kraft in mir lebendig, einer jeden Herr zu werden und habe auch die Willenskraft, den ‚Geraden Weg' zu schaffen, eben aus meinem katholischen Glauben entnommen."

Durch dieses Bekenntnis will Gerlich verdeutlichen, warum ihm ein Thema besonders am Herzen liegt: das Engagement der Katholiken. Die Zeit des defensiven Katholizismus sei vorüber, nun ist seine „offensive Zeit gekommen". Man müsse einen Damm bauen gegen die Kräfte, welche der Gesellschaft heidnische (marxistische, nationalsozialistische oder sonstige) Visionen aufzwingen wollen, um nach den Grundsätzen der katholischen Moral den naturgegebenen Rechten der Menschen zum Siege zu verhelfen, indem man gemeinsame Sache macht mit all denen, auch mit den Nicht-Katholiken, die gleicher Gesinnung sind und diese Werte vertreten. „Die Vorsehung", so schließt er seine Überlegungen, „hat es mir ein Leben lang auferlegt, im politischen Leben tätig sein zu müssen. Ich bin nicht katholisch geworden, um jetzt demütig in Deutschland darum zu bitten, dass man duldet, dass ich lebe. […] Ich war deutsch, ehe ich katholisch wurde, und ich bin so gut ein Kind des deutschen Volkes, wie irgendeiner, der heute in Deutschland Politik macht. Ich bin heute als Katholik genau so deutsch, nur mit dem einen Unterschiede gegen früher, dass ich heute unbeirrbar weiß, wie ich meinen deutschen Mitbürgern den Weg zum Heile weisen kann."

Diese Zitate sind, wie erwähnt, dem „Geraden Weg" vom 31. Juli entnommen. Das Erscheinen der nächsten Nummer ist für den 7. August vorgesehen. Aber drei Tage vor diesem Datum, am

4. August, verfügt die Polizeidirektion München in einem Erlass: „Die in München erscheinende Wochenschrift ‚Der gerade Weg' wird mit sofortiger Wirkung auf die Dauer von 4 Wochen, d. i. bis einschließl. 1. September 1932 verboten."[18] Auch der Grund für das Verbot wird im Dekret präzisiert: Die Wochenzeitung habe gegen den „Beschluß des Reichspräsidenten gegen politische Ausschreitungen vom 14. Juni 1932" verstoßen. Aber welche „politischen Ausschreitungen" hat sich die Zeitschrift Gerlichs zu Schulden kommen lassen, um so streng bestraft zu werden? In einem Land, in dem von Mörderbanden, die unbestraft bleiben, tagtäglich echte „politische Ausschreitungen" verübt werden?

Die Antwort auf diese Frage gibt ein früherer Artikel Gerlichs, der am 24. Juli 1932, eine Woche vor den Wahlen, erschienen war: Dieser Artikel, der offenbar das zeitweilige Verbot des „Geraden Wegs" auslöste, trägt den Titel „Wir fordern: Absetzung Hindenburgs durch Volksabstimmung".[19] Es überrascht, dass nun der Chefredakteur den Kopf des Generalfeldmarschalls fordert: Es ist noch keine vier Monate her, dass er für ihn Propaganda gemacht hat. In der Zwischenzeit hat sich jedoch vieles geändert und im Übrigen unterstützte Gerlich Hindenburg damals nach der Logik des „kleineren Übels": besser er als Hitler!

Jetzt, im Juli 1932, ist die politische Lage ausgesprochen konfus: Kanzler Papen und Reichswehrminister Schleicher machen sich ihren Einfluss auf den alten, nicht immer geistesgegenwärtigen Reichspräsidenten zu nutze, um ihre Verordnungen von ihm unterzeichnen zu lassen, auch wenn diese ganz offensichtlich verfassungswidrig sind. Die Weimarer Verfassung geht ihnen gegen den Strich, und da man sie noch nicht verändern kann, wird sie schlicht und einfach ignoriert. So löst Papen unter dem Vorwand, die öffentliche Ordnung in Preußen wiederherzustellen, am 20. Juli die preußische, sozialdemokratische und somit unerwünschte Regierung mit einer von Hindenburg unterschriebenen

Notverordnung auf und ersetzt sie durch einen Reichskommissar.[20] Dieser Kommissar ist er selbst. Diese Maßnahme verstößt gegen die Verfassung, die den Bundesländern volle Autonomie garantiert, wie ja auch die Absetzung Brünings vor zwei Monaten ohne jegliche Abstimmung im Parlament verfassungswidrig gewesen ist.

Auf diese beiden Anklagepunkte gründet sich die von Gerlich geforderte Absetzung des Reichspräsidenten: Sie stellen außerdem einen gefährlichen Präzedenzfall dar, denn werden die in der Verfassung festgelegten Grundsätze auch nur in einem einzigen Punkt missachtet, dann öffnet sich der Weg für alle anderen rechten oder linken umstürzlerischen Kräfte, die sich nun dazu autorisiert fühlen, die Regeln der Verfassung von Fall zu Fall nach ihrem Belieben zu manipulieren. Gerlich fährt mit einer weiteren scharfsinnigen Beobachtung fort: Die Absetzung der preußischen Regierung wurde in der Verordnung des Präsidenten mit der Unfähigkeit eben dieser Regierung begründet, die öffentliche Sicherheit zu gewährleisten. Angenommen, dies entspräche der Wahrheit (was aber nicht der Fall ist), und der Verstoß gegen die Verfassung wäre in diesem Sinne gerechtfertigt (was aber auch nicht der Fall ist), ist dann nicht Hindenburg selbst dafür verantwortlich, dass die öffentliche Ordnung außer Kontrolle geraten ist? Hatte nicht er die Verordnung unterzeichnet, mit der das von Brüning erlassene Verbot der SA und anderer bewaffneter Kampfgruppen wieder aufgehoben wurde, so dass es wieder zu Gewalttätigkeiten kommen konnte?

„Der Reichspräsident ist nach seinem Eide verpflichtet", präzisiert Gerlich, „alle jene Maßnahmen zu ergreifen, die den Pflichten eines Reichspräsidenten entsprechen – das heißt zunächst alle jene Maßnahmen zu ergreifen, die seiner obersten Pflicht des Schutzes der Rechtsordnung und Sicherheit der Staatsbürger in Deutschland entsprechen. Er hat infolgedessen nicht diejenigen verantwortlich zu machen, denen er Mittel zum Schutze des Rechtes genommen hat, wie der preußischen Staatsregierung, sondern er hat selbst diese Schutzmittel einzuführen." In dieser Anklageschrift werden weitere, nicht weniger gravierende Komplotte von Schleicher und Papen aufgelistet, die vom Generalfeldmarschall nachsichtig toleriert wurden oder mit denen er sogar einverstanden war.

Hindenburg hegt nicht nur Sympathien für die Monarchie, was ja allgemein bekannt ist, sondern – und das sei seine schwerste Schuld – er habe sich von einer Persönlichkeit beeinflussen lassen, die nichts mit der Verfassung zu tun hat: „Wir haben bereits in Nr. 28 vom 10. Juli erklärt, Herr Paul von Hindenburg habe sich zur Beseitigung des Kabinetts Brüning und zur Einsetzung des Kabinetts Schleicher nur entschlossen, weil er auf Umwegen durch den Exkaiser Wilhelm II. dazu veranlasst worden ist. Der Exkaiser Wilhelm II. hat gegenüber einem verfassungs- und eidestreuen Reichspräsidenten keine Möglichkeit der Beeinflussung seiner Entschlüsse. [...] Wir stellen deshalb die weitere Forderung an den Reichstag des Deutschen Reiches, die Anklage auf Grund des Artikels 59 der Reichsverfassung gegen Herrn Paul von Hindenburg zu erheben, dass er in jenen Entschlüssen, die er pflichtgemäß allein auf Grund der von ihm beschworenen Reichsverfassung zu fassen hätte, sich auf Umwegen durch eine in der Verfassung des Deutschen Reiches unbekannte Person, nämlich den Exkaiser Wilhelm II., hat beeinflussen lassen. Wir bekennen uns bereit, im öffentlichen Verfahren vor dem Staatsgerichtshof des Deutschen Reiches jederzeit den Beweis für diese unsere Behauptung anzutreten."

Juristisch gesehen beschuldigt also Gerlich den höchsten staatlichen Würdenträger des „Hochverrats". In Berlin reagiert man mit Empörung: Die Münchner Behörden sollen den impertinenten Journalisten gefälligst zum Schweigen bringen! Der bayerische Ministerpräsident Held teilt jedoch im Großen und Ganzen die Ansichten Gerlichs; auch er hatte gegen die Kompetenzen überschreitende Einsetzung eines Reichkommissars in Preußen offiziell protestiert. Eine Zeitlang gelingt es ihm, dem Druck standzuhalten und durch Ausflüchte Zeit zu gewinnen, am Ende aber muss er gute Miene zum bösen Spiel machen. Er kann immerhin durchsetzen, dass das Erscheinungsverbot für den „Geraden Weg" auf wenige Wochen beschränkt bleibt und keine weiteren Sanktionen verhängt werden.

Den ganzen August über bleibt die Redaktion des „Geraden Wegs" infolge des „Zwangsurlaubs" geschlossen. Gerlich nutzt diese Zeit, um seine Beziehungen zu einer ungewöhnlichen Persönlichkeit zu vertiefen, die von nun an eine nicht unwesentliche Rolle in der Aktivität des Journalisten spielen sollte: Georg Bell. Man könnte Bell mehr oder weniger als Abenteurer bezeichnen. Er ist sehr wohlhabend, gebildet, intelligent. Er ist auch gut aussehend, und er weiß es: Sein persönlicher Charme ist seine stärkste Waffe. Von Beruf ist er Ingenieur, aber anstelle von Gebäuden konstruiert er lieber komplizierte internationale Machenschaften. Der Sinn für das Abenteuer liegt ihm im Blut: Er ist der Neffe der viel gereisten Engländerin Gertrude Bell, die Anfang der 20er Jahre mit Lawrence von Arabien ein Komplott schmiedete, um König Feisal I. auf den Thron des Irak zu verhelfen. Seine schöne und intrigante Tante ist wahrscheinlich die erste Frau, die für den englischen Geheimdienst tätig war. Für den jungen Neffen – er ist 1898 in Nürnberg geboren und kaum über dreißig Jahre alt, als er mit Gerlich zusammentrifft – ist sie das große Vorbild.[21]

Bell spricht mehrere Sprachen, was ihm bei seiner Leidenschaft für Reisen und waghalsige Unternehmungen auf internationaler Ebene sehr zugutekommt. Politisch gesehen hat er keine Vorurteile, bis auf eine tiefe Abneigung gegen den Kommunismus, die vermutlich auf ein sehr unangenehmes Abenteuer zurückzuführen ist. Etwa im Jahre 1925 war er in der Sowjetunion tätig, um dort beachtliche Summen gefälschter Rubel zu platzieren. Seine Auftraggeber, die der Brigade Ehrhardt angehörten, einer der zahlreichen paramilitärischen Gruppierungen der Rechtsextremen, beabsichtigten, auf diese Weise die Wirtschaft der Sowjetunion zu unterminieren.

Aber irgendetwas lief schief. Jemand hat die Gelegenheit mit den falschen Rubeln genutzt, um sich echte deutsche Reichsmark in die Tasche zu stecken. Es folgte ein Prozess, bei dem Bell nur knapp mit heiler Haut davon kam, ohne Verurteilung, der Verdacht der Komplizenschaft blieb jedoch an ihm haften. Seine Gegner, und davon hat er genug – („Mit meiner Tätigkeit habe ich mir eine große Anzahl von erbitterten Feinden zugezogen", heißt es im Brief an einen Freund[22]) –, bezeichnen ihn als Angeber, Provokateur, Erpresser und Spion: lauter Bezeichnungen, die in gewissem Maße durchaus auf ihn zutreffen.

Bell gehört zu den Leuten, die gerne mit dem Feuer spielen. Moralische Skrupel kennt er nicht. Es ist ihm gleichgültig, wie er seine Ziele erreicht: der Zweck heiligt die Mittel. Häufig arbeitet er unter falschem Namen.

Er liebt es, gleichzeitig mehrere Eisen im Feuer zu haben: Wie seine Tante ist er Informant des englischen Geheimdienstes, hat aber auch das Parteibuch der NSDAP, der er wichtige Informationsdienste leistet. Aber auch mit anderen Parteien unterhält er fruchtbare Beziehungen und vermag ihnen Informationen zu entlocken, die ihm nützlich sind. Dank seiner Freundschaft zu hochgestellten Persönlichkeiten und seines Reichtums hat er gute Kontakte zu internationalen Kreisen der französischen, schweizerischen und englischen Hochfinanz. Mit ihnen hat er zwischen 1931 und 1932 mehrmals über Finanzierungen zugunsten von Röhm verhandelt, als sich der oberste Chef der mächtigen SA in den Kopf gesetzt hatte, Hitler von der Führung der NSDAP zu verdrängen. Bell war ein Jahr lang der engste Mitarbeiter von Röhm und hatte als sein Agent den Auftrag, für Ressourcen und internationale Unterstützung zu sorgen. Im Mai 1932 kam es zu einer Unterbrechung ihrer Zusammenarbeit.[23]

Im Sommer des gleichen Jahres ist Bell somit bereit, neue Aufgaben zu übernehmen: natürlich als Geheimagent. Nunmehr ist er auf dem Gebiet der Spionage zu einer Autorität geworden. Unklar bleibt, wann die ersten Kontakte Bells mit der Redaktion des „Geraden Wegs“ stattgefunden haben. Alles sieht jedoch danach aus, dass dem Chefredakteur bereits für seinen Artikel vom 24. Juli, in dem er die Absetzung Hindenburgs fordert, geheime Dokumente zur Verfügung standen, die allein Bell ihm besorgt haben konnte: die Anklageschrift endet ja mit der feierlichen Erklärung, dass er, Gerlich, bereit sei, Beweise für seine Behauptungen zu liefern. Es ist das erste Mal, dass im „Geraden Weg“ ein solches Versprechen gegeben wird. Also muss Gerlich, ein besonnener, nie oberflächlicher Mensch, sichere, unanfechtbare Unterlagen in Händen gehabt haben.

Georg Bell arbeitet also seit Juli 1932, wahrscheinlich auch schon einige Monate früher, mit dem „Geraden Weg“ zusammen, und zwar wie immer unter falschem Namen. Seine wahre Identität kennt nur der Chefredakteur. Für alle anderen ist er der „Herr Konrad“.[24] Selbst der Schriftleiter der Zeitschrift, Josef Hell, wird erst ein Jahr später, unter dramatischen Umständen, den wirklichen Namen des „Herrn Konrad“ erfahren. Ohne Zweifel verfügt Bell über die außerordentliche Geschicklichkeit, auch noch so geheime Informationen und damit verbundenes Beweismaterial zu liefern. Durch seine Zugehörigkeit zu den Informationsdiensten der Partei Hitlers (mit unklarer Definition seiner Aufgaben, wie es in diesem Bereich üblich ist) hat er direkten Zugriff auf geheime Unterlagen und Informationen aus erster Hand. Was bei einem Mann seines Kalibers allerdings problematisch sein könnte, ist die Frage, inwieweit er als zuverlässig einzuschätzen ist. Gerlich, Naab und Hell stimmen jedenfalls darin überein, dass „Herr Konrad“ stets ein „aufrechter und ritterlicher Mann“ gewesen sei, und Hell fügt hinzu: „Er lieferte uns Material, das von uns verwendet wurde. [...] Niemals war er Falschspieler.“

Hell ist voller Bewunderung für „Herrn Konrad“, denn der besorgt stets genau zum rechten Zeitpunkt Beweismaterial, das Gerlichs Hypothesen über Tatsachen und Personen untermauert. Auch wenn seine Theorien plausibel erscheinen, könnten sie schließlich ohne die entsprechenden Nachweise nicht dem Publikum präsentiert werden. Hell berichtet auch von der Angewohnheit des „Herrn Konrad“, die gesammelten Beweismittel und Dokumente in gut versiegelte Pakete zu verpacken, um sie Freunden und Bekannten zur Aufbewahrung an sicherer Stelle anzuvertrauen mit der dringenden Bitte, sie im Notfall zu verbrennen: Es musste sich also um wichtige und brisante Papiere handeln. Jahre später präzisiert wiederum Hell: „Es ist anzunehmen und zu hoffen, dass Bells Unterlagen immer noch in verschiedenen Verstecken unversehrt ein wohlbehütetes Dasein führen. Sicher wären sie geeignet, helle Schlaglichter auf noch unbekannte Tatsachen oder Zusammenhänge zu werfen, die sich auch heute noch hinter dunklen Schatten verbergen.“[25]

Wie aber ist zu erklären, dass dieser Abenteurer – Agent und Komplize des Nationalsozialisten Röhm – mit Gerlich, dem Gegner der nationalsozialistischen Bewegung, loyal zusammenarbeitet? Hierauf gibt es, abgesehen von Motivationen, die auf die Unergründbarkeit menschlichen Verhaltens zurückzuführen sind, verschiedene Antworten. Bell hat über ein Jahr lang für Röhm gearbeitet und war diesem sehr nützlich. Aber im Mai 1932 setzt ihn der Stabschef der SA ohne weitere Begründungen vor die Tür.

Für einen selbstbewussten und eitlen Menschen wie Bell ist dies Grund genug, Röhm, die SA und ihre Kameraden zum Teufel zu wünschen. Wenn er nicht aus der Partei ausgetreten ist (was er später tun wird), dann nur deshalb, weil sie ihm noch von Nutzen sein kann.

Gerlich und der „Gerade Weg“ sind Bell schon lange ein Begriff, denn die Zeitschrift hat sich in politischen Kreisen Deutschlands einen Namen gemacht. Was also ist naheliegender, als dass Bell mit Menschen gemeinsame Sache macht, die gegen die Nationalsozialisten kämpfen, die nun auch ihm verhasst sind?

Ohne Zweifel hat auch die Begegnung mit rechtschaffenen Personen wie Gerlich und Pater Naab, die sich selbstlos für hohe Ideale einsetzen, das ihre dazu beigetragen.

Bell wird bis zum Ende an ihrer Seite bleiben, einem tragischen Ende, das diese schillernde Persönlichkeit in einem positiveren Licht erscheinen lassen wird. Eher zweitrangig ist die finanzielle Seite im Verhältnis zwischen dem Informanten und der Zeitschrift. Soweit bekannt, steht für Bell seit jeher die Leidenschaft für seine Arbeit im Vordergrund und nicht das Honorar; er begnügt sich mit einer bescheidenen Erstattung der Unkosten.

Inzwischen sind vier Wochen seit der Aussetzung des „Geraden Wegs“ vergangen und Anfang September 1932 kann die Redaktion ihre Arbeit wieder aufnehmen. Im Laufe eines einzigen Monats, mehr Zeit ist seit dem Verbot nicht vergangen, haben sich erneut einschneidende politische Veränderungen – oder besser: Verschlechterungen – vollzogen. An der Macht ist weiterhin Papen. Trotz des spektakulären Wahlsiegs der Nationalsozialisten, der eskalierenden Gewaltbereitschaft der bewaffneten Kampfgruppen und der ins Uferlose steigenden Arbeitslosigkeit, verliert der Reichskanzler in keiner Weise das Selbstvertrauen. Unfähig, den Ernst der Lage zu erkennen, glaubt er, noch ein paar Trümpfe in der Hand zu haben: in erster Linie die vorzeitige Auflösung des Reichstags mit der Ausrufung von Neuwahlen, und ein Übereinkommen mit Hitler. Anfang September wird das Parlament aufgelöst: Der neue Wahlgang – der dritte in zwei Jahren – wird auf den 6. November festgelegt.

Bei diesen Wahlen bleibt das politische Gleichgewicht im Wesentlichen unverändert: Die Nationalsozialisten fallen von 37 auf 32 Prozent, bleiben aber weiterhin stärkste Partei im Reichstag.[26] Die Verhandlungen mit Hitler, die der Kanzler aufnimmt, führen zu keinem Ergebnis, trotz der Unterstützung des Reichspräsidenten Hindenburg, der den „böhmischen Gefreiten", wie er den „Führer" verächtlich nennt, am 13. August zum ersten Mal in seiner Residenz empfängt.[27] Dem Nazi-Chef wird vorgeschlagen, als Vizekanzler an die Seite Papens zu treten. Hitler hat jedoch kein Interesse daran, mit anderen die Macht zu teilen. Er will die ganze Macht für sich – alles oder nichts! Die Idee, den Anführer der NS-Bewegung durch Einbindung in das Machtsystem „zähmen" zu können, hat auch diesmal nicht funktioniert, genauso wenig wie 1923 in München.

Der „böhmische Gefreite“

Zum Treffen zwischen Hitler und Hindenburg ist anzumerken, dass die Annahme des Feldmarschalls, Hitler sei „böhmischer Herkunft“, falsch ist. Hitler ist Österreicher zu hundert Prozent: als Sohn österreichischer Eltern ist er in Braunau am Inn in Oberösterreich geboren. Der Trugschluss Hindenburgs geht aller Wahrscheinlichkeit nach auf eine Verwechslung des österreichischen Braunau mit dem gleichnamigen böhmischen Braunau (Broumov im heutigen Tschechien) zurück. Auch das böhmische Braunau befindet sich unweit der deutschen Grenze, genauer gesagt im Sudetenland, das zum großen Teil von Deutschen bevölkert war. Bis 1918 gehörte Böhmen außerdem zum habsburgischen Kaiserreich.

Der Gefreite Hitler, sei er nun böhmischer oder österreichischer Herkunft, bewegt sich auf der politischen Bühne mit weit mehr Klugheit und Geschick als seine hochgestellten Verhandlungspartner. Während Papen vergeblich versucht, ihn „einzurahmen“, verhandelt Hitler mit den Zentrumsparteien, um Papen zu stürzen. Mit der Gesamtzahl ihrer Abgeordneten besitzen die nationalsozialistische Partei und die Zentrumsparteien (d. h. das echte Zentrum und dessen Schwesterpartei, die Bayerische Volkspartei) die Mehrheit im Reichstag. So sind sie in der Lage, dem Kanzler das Misstrauen auszusprechen. Nationalsozialisten und Anhänger der Zentrumsparteien hatten schon einmal gemeinsame Sache gemacht: Ende August 1932 hatten sie sich zusammengeschlossen, um Göring zum Vorsitzenden des Reichstages zu wählen.[1]

Das Ergebnis der Verhandlungen zwischen den beiden Lagern wird nun mit einer Mitteilung vom 1. September bekannt gegeben. Um unbegründete Gerüchte richtig zu stellen, wird darin erklärt, die Verhandlungen zwischen Nationalsozialisten und Anhängern der Zentrumsparteien verfolgten das Ziel einer „Beruhigung und Festigung der innenpolitischen Verhältnisse in Deutschland auf längere Sicht auf Grundlage der Wiederherstellung des Vertrauens".[2]

Angesichts der Reaktionen der öffentlichen Meinung, die dieser unnatürlichen Verbindung sehr skeptisch gegenübersteht, rechtfertigen die beiden Zentrumsparteien ihre Entscheidung mit einer nochmaligen Bekanntmachung vom 7. September, in der betont wird: „Wir haben bei allen politischen Entscheidungen nicht an das Heute allein gedacht, sondern auch schon an die weitere Zukunft. Darum müssen sich alle Kräfte heute ohne Rücksicht auf Vergangenes in einer Front sammeln, welche Hüter des Rechts und der Verfassung sein wollen. [...] Hüter der Verfassung sein, bedeutet, sich einzusetzen für den unbedingten Schutz eherner und unantastbarer Grundsätze der Volksrechte." Das sind hochtrabende und im Prinzip sehr edelmütige Formulierungen, die aber den Charakter des Partners, mit dem das Bündnis geschlossen werden soll, verkennen und außerdem in krassem Gegensatz zur tatsächlichen Situation stehen, die jegliche Illusion Lügen straft.

Nach den gescheiterten Verhandlungen mit Papen und Hindenburg hat Hitler die Maske der Legalität, derer er sich seit einiger Zeit bedient hatte, abgelegt und den Gewalttaten der SA freie Bahn gegeben. Eine Gruppe von fünf Braunhemden in voller militärischer Ausrüstung hat im August einen kommunistischen Arbeiter im oberschlesischen Potempa kaltblütig ermordet. In Anbetracht der Zeitumstände ist es nicht der Mord an sich, der Aufsehen erregt, sondern die Brutalität, mit der er verübt wurde. Die fünf Männer haben ihr Opfer aus dem Bett gezogen und vor den Augen seiner entsetzten Mutter mit ihren Nagelstiefeln zu

Tode getrampelt. Die Mörder werden festgenommen, inhaftiert und dem Richter vorgeführt. Der Prozess findet Ende August in Beuthen statt. Das nationalsozialistische Publikum, das den Saal bevölkert, versucht, die Richter mit Beschimpfungen und Drohungen einzuschüchtern. Aber die fünf Mörder werden zum Tode verurteilt. In ihrer Presse und im Reichstag führen die Nationalsozialisten eine hitzige Kampagne zu Gunsten der Verurteilten. Hitler selbst schickt ein Telegramm an die Mörder, in dem er die Verurteilung als „ungeheuerliches Bluturteil" hinstellt, Papen, der die Verurteilung nicht verhindert hat, einen „Bluthund" nennt und den Kameraden baldige Befreiung verspricht. Die Tatsachen sollten ihm Recht geben: Am 2. September wandelt Papen die Todesstrafe in lebenslange Haft um; nur wenige Monaten später, nach Hitlers Machtergreifung, werden die fünf aus dem Gefängnis entlassen und von der Menge als Helden gefeiert.[3]

In dieser Situation setzt sich der „Gerade Weg", der nun wieder erscheinen darf, mit dem heiklen Thema der Beziehungen zwischen Zentrumspartei und Nationalsozialisten auseinander. In einem Artikel vom 11. September mit dem Titel „Zentrum und Bayerische Volkspartei vor dem Abgrund" weist der Chefredakteur entschieden jegliche Kompromissbereitschaft gegenüber Hitlers Partei zurück.[4] Gerlich, der sich leidenschaftlich für Brüning eingesetzt und für die Zentrumsparteien Wahlpropaganda gemacht hatte, erklärt jetzt unmissverständlich: „Wir wollen auch nicht die geringste Gesinnungsgemeinschaft mit solchen katholischen Politikern haben, die sich mit Meuchelmordskameraden zusammensetzen und mit ihnen noch dazu, wie sie behaupten, die Rechtsordnung wiederherstellen wollen." Mit Ironie fragt er, ob die Anhänger der Zentrumsparteien, die eine gemeinsame Front „ohne Rücksicht auf Vergangenes" aufbauen wollen, „in einer solchen Vergangenheit auch die gegenwärtige Verherrlichung des Meuchelmordes seitens der Hitlerpartei" einschließen. Wie ist es möglich, fährt Gerlich fort, gerade in Hitler und seinen Anhängern die „Hüter des Rechts“ zu sehen, wo doch alle wissen, welche Auffassung von Recht Hitler hat; und wie kann man auf die irrsinnige Idee kommen, mit Hitler und seinen Anhängern „für den unbedingten Schutz eherner und unantastbarer Grundsätze der Volksrechte“ eine einzige Front bilden zu wollen?

Voll Bitterkeit fügt Gerlich hinzu: „Es ist für uns das erschütterndste Erlebnis, dass wenige Monate, bevor wir 50 Jahre alt werden, zu der gleichen Zeit, wo Hitler und seine maßgeblichen Parteiführer in ihren Erklärungen über den Beuthener Meuchelmord sich ohne die geringste Rücksicht zum Grundsatz des Bösen bekennen, die Führung der auf christlicher Grundlage programmatisch aufgebauten Bayerischen Volkspartei und des Zentrums sich mit ihm und seinen Genossen zusammensetzt und noch dazu zu behaupten wagt, sie seien die geeigneten ‚Hüter des Rechtes‘ und der ‚ehernen Grundsätze‘“. Der Schluss des Artikels ist voller Besorgnis: „Man hat uns gewarnt, unsere Ablehnung gegenüber der jetzigen Politik der Führung des Zentrum und der Bayerischen Volkspartei offen Ausdruck zu geben. Die Warnungen waren sehr herzlich gemeint und behaupteten, wir würden an dieser Ablehnung zugrundegehen. Mag es sein! Christus hat nicht zu seinen Jünger gesagt: ‚Gehet hinaus in die Welt und bildet politische Mehrheiten mit Kameraden von Meuchelmördern.‘ Christus hat gesagt: ‚Gehet hin in alle Welt und lehret alle Völker das, was ich gelehrt habe.‘ Und [...] es steht nirgendwo in den Heiligen Schriften: ‚Du bist Gott dann besonders wohlgefällig, wenn du Parteiführern unter Verzicht auf deine Vernunft und auf deine Grundsätze unbedingt folgst‘ “.

Diese Zeilen enthalten einen ersten Hinweis auf eine Gefahr, die sich in den folgenden Wochen verschärfen wird: Die Gefahr, die vom „friendly fire“ (wie man es heute nennt) ausgeht. Die katholische Presse teilt in keinster Weise die kritische Einstellung des „Geraden Wegs“ gegenüber den Politikern des Zentrums und übt scharfe Kritik an dem Chefredakteur, der ein „verstiegener Ideologe“ sei und unfähig, sich an die Anforderungen der realen politischen Situation anzupassen.[5] Dieses Urteil erscheint von der geschichtlichen Perspektive aus betrachtet ungerecht und kurzsichtig. Aber die Menschen, die unmittelbar von den Ereignissen beeinflusst und emotional in das Zeitgeschehen eingebunden sind, vermögen nur selten Fakten und Personen nach ihrer objektiven Bedeutung zu bewerten.

Zu den vielen, die es im Fall Gerlich nicht vermochten, ist auch ein hoher geistlicher Würdenträger der katholischen Kirche, Johannes B. Sproll, Bischof von Rottenburg, zu rechnen, der im September 1932 an den Kardinal von München, Michael von Faulhaber, schreibt, um seiner Missbilligung bezüglich der Stellungnahmen des „Geraden Wegs“ Ausdruck zu verleihen, den er „für kein gutes Aushängeschild des Katholizismus“ hält. Zur Bekräftigung dieser seiner These legt er das Schreiben eines illustren Freundes, des Fürsten von Wolfegg, bei, welcher den „Geraden Weg“ als „katholischen Skandal“ bezeichnet und Details aus Gerlichs Leben in verzerrter Weise berichtet, um ihn in ein negatives Licht zu rücken.

Der Kardinal von München, der Gerlich gut kennt und im Gegensatz zum Bischof von Rottenburg klare Vorstellungen bezüglich des Engagements der Zeitschrift im Kampf gegen Hitler und gegen den Nationalsozialismus hat, antwortet mit einer eindeutigen Anerkennung der Verdienste des Journalisten: „In wenigen Monaten“, schreibt Faulhaber, „hat Gerlich eine früher kaum gekannte Zeitung zu einen Volksblatt erhoben, das im Sturm in die Reihen der Nationalsozialisten eingebrochen ist und zum ersten Mal dem ‚Völkischen Beobachter‘ einen ebenbürtigen und sogar überlegenen Gegner ins Feld stellte.“ Er bringt im folgenden seine Wertschätzung bezüglich der Überzeugung Gerlichs zum

Ausdruck, dass nämlich nur eine aktive katholische Sozialpolitik die Arbeiterklasse der Kirche wieder zuführen könne, und fügt hinzu: „Wenn Dr. Gerlich in der Form eine scharfe Klinge schlägt und zuweilen über die Schnur haut, auch am Zentrum und seinen Männern Kritik übt, so sind das eben Begleiterscheinungen, die im Kampf der Geister bei einem neu auf den Plan tretenden Kämpen immer wieder vorkommen werden. Als Katholik aber hat Dr. Gerlich die besten Absichten. Der hiesige Klerus ist begeistert, dass endlich auf katholischer Seite ein Mann aufgetreten ist, der den Gegnern die Stange hält, wenn er nicht, wie ihm angedroht wurde", so schließt der Kardinal mit bitterem (und prophetischem) Ton, „durch Meuchelmord stumm gemacht wird".[6]

„Der hiesige Klerus ist begeistert", sagt der Kardinal. Aber nicht nur der Klerus ist „begeistert" von der Zeitschrift Gerlichs: Im Jahre 1996, Jahrzehnte später, erinnert sich Kardinal Joseph Ratzinger (der jetzige Papst Benedikt XVI.), dass seine Familie den „Geraden Weg" bezogen habe. Insbesondere sein Vater verbarg seine Aversion gegen den Nationalsozialismus nicht, obgleich er Gendarm und damit Staatsbeamter war: „Ich war noch ganz klein, aber ich kann mich erinnern, wie er gelitten hat. […] Sooft er die Zeitung las, hat er fast einen Wutanfall bekommen." Als Kind blätterte der kleine Joseph selbst mit Neugier die Zeitschrift durch: „Ich kann mich noch an die Karikaturen gegen Hitler erinnern".

Die „Begeisterung des bayerischen Klerus" für Gerlich und für seine Zeitung ist auch darauf zurückzuführen, dass der „Gerade Weg" religiösen Themen viel Aufmerksamkeit schenkt. An erster Stelle stehen Schriften über die Mystikerin Therese Neumann: Artikel von Gerlich, von Pater Naab und von Professor Wutz kommentieren die ungewöhnlichen Phänomene von Konnersreuth. Gerlichs Verehrung für Therese war kein Strohfeuer. Er ist sich durchaus bewusst, dass er der Begegnung mit ihr das Licht des Glaubens verdankt, welches nunmehr sein Leben bestimmt.

Der Raum, den er Therese in seiner Zeitschrift reserviert, ist ein Zeichen der Dankbarkeit, die er ihr gegenüber hegt.

Im Übrigen sind es gerade die häufigen Besuche bei der Stigmatisierten, aus denen Gerlich die innere Kraft erwächst, um angesichts der Aggressionen, die nun auch aus Kreisen kommen, die eigentlich gemeinsame Sache mit ihm machen müssten, den Mut nicht zu verlieren. An diese Kreise wendet sich Gerlich Anfang Oktober in einem kurzen Artikel mit dem Titel „Man heißt uns Ideologen". Gerlich stellt fest, er identifiziere sich mit dieser Kategorie der „Ideologen" und präzisiert: „Der Unterschied zwischen uns ‚Ideologen' und den vielen, die uns heute ‚praktische' Politik zu lehren bemüht sind, dürfte im wesentlichen darin bestehen, dass uns zur Einsicht die bisherigen traurigen Schicksale unseres Volkes genügen, während sie offenbar erst noch des Erlebnisses des vollendeten Zusammenbruches bedürfen."[7]

Die kritische Haltung des „Ideologen" Gerlich gegenüber den Zentrumsparteien ist jedenfalls zugleich konstruktiv. Er beschließt seinen Artikel „mit einer herzlichen Bitte an unsere katholischen Parteiführungen: Errichtet im deutschen Volke das Vertrauen, dass Eure christlichen Grundsätze nicht nur im Programm stehen, sondern dass ihr ‚Gefühlspolitiker' von jener Art seid, die ihre Maßnahmen rein auf diese Grundsätze aufbauen! Dann wird das deutsche Volk, das heute nach einer unbedingten Politik der christlichen Grundsätze hungert – und zwar mehr hungert als nach Brot – Euch wieder Vertrauen schenken. Dann wird bei der nächsten Wahl sich ohne weiteres eine Mehrheit der rechtlich Denkenden bilden. Dann werdet Ihr Euer Ziel wirklich erreichen, einen arbeitsfähigen Reichstag zu schaffen. Aber nur dann!"

Um das, was eigentlich eine Binsenweisheit sein sollte, zu bekräftigen, mit anderen Worten, dass man sich zur Verteidigung „des Rechts und der Verfassung" nicht mit den Erzfeinden der Verfassung zusammenschließen darf, greift der „Gerade Weg" in der Nummer vom 9. Oktober des Jahres 1932 auf ein „arabisches Märchen" zurück. Dieses Märchen wird in zwei Versionen erzählt: in der „arabischen" Urfassung und in der von Gerlich „durchgesehenen und verbesserten" Fassung. Im Folgenden werden nun beide Fassungen wiedergegeben.[8]

„Es war einmal eine Herde Schafe, die von ausgezeichneten Hunden so gut bewacht wurde, dass die Wölfe sie nicht überfallen und zerreißen konnten. Die Hunde trieben wie üblich die Schafe hin und her, sie vertrieben sie auch manchmal von besonders fetten, aber abgelegenen und daher dem Überfall der Wölfe leichter ausgesetzten Weideplätzen. Sie ärgerten sie damit, schützten sie aber auch. Die Wölfe wurden so mangels Beute immer hungriger. Sie wagten aber nicht, die Wachhunde direkt anzugreifen, weil sie deren Stärke fürchteten. Daher besannen sie sich auf eine List. Die Obersten der Wölfe wandten sich an die Obersten der Schafherde und sagten: Hört einmal! Wir Wölfe und ihr Schafe, wir könnten sehr friedlich zusammenleben, wenn nur die Hunde nicht wären, die euch umeinanderhetzen und uns beißen. Wenn ihr helft, dass der Schäfer die Hunde entfernt, werden wir miteinander dauernd friedlich leben und eine neue feste Ordnung aufrichten. Denn dann werden wir Wölfe das Fleischfressen aufgeben und mit euch Schafen zusammen Gras weiden.

Den Obersten der Schafe leuchtete dieser Vorschlag ein, denn sie waren auf die Hunde, die sich sehr mutwillig gegen die Herde benahmen, recht ärgerlich. Nur einzelne Schafe, die früher in der Wildnis gelebt und dadurch die Wölfe genauer kennengelernt, aber jetzt ihr wildes Leben abgelegt und sich der großen Schafherde angeschlossen hatten, warnten. Sie sagten: Traut den Wölfen nicht! Die denken gar nicht daran, das Fleischfressen aufzugeben und sich mit euch zusammen vom Grasweiden zu ernähren. Die wollen bloß, dass die Hunde beseitigt werden, damit sie dann ohne Gefahr über euch herfallen und euch fressen können. Die Obersten der Schafe aber glaubten diesen ehemaligen Wildschafen nicht, sondern erklärten: Wir sind seit vielen Jahren Oberste der Schafe und haben in der Führung unserer Herde – und damit jeder Führung – sehr große Erfahrungen. Ihr seid erst kürzlich zu uns gekommen. Wie wollt denn ihr wissen, wie eine Schafherde geführt werden muss?

Die ehemaligen Wildschafe erwiderten, es sei schon richtig, dass sie sich erst kürzlich der großen Schafherde angeschlossen hätten. Dafür aber hätten sie viele Jahre ihres früheren Lebens hindurch sehr intime Erfahrungen über den Charakter und die Ziele der Wölfe gemacht. Doch die Obersten der Schafe hörten sie trotzdem nicht, sondern sie gingen zum Schäfer und schlugen ihm vor, die Hunde abzuschaffen. Der Schäfer aber sagte: O, ihr Toren; ihr kennt ja die Wölfe nicht; die Hunde bleiben! So blieben die Hunde und hielten die Wölfe auch in der Folgezeit der Herde fern, so dass die Schafe weiter gefahrlos weiden konnten. Die Wölfe aber lauerten ihnen, wie früher, von ferne auf. Da sagten die Obersten der Schafe zu ihrer Herde: Seht, so hat der Schäfer in seiner Torheit, die der der ehemaligen Wildschafe gleicht, es fertiggebracht, dass die einzig günstige Gelegenheit versäumt wurde, aus den reißenden, draußen noch herumlaufenden Wölfen friedliche, grasfressende Schafe zu machen".

Dies ist die von Gerlich umgearbeitete Fassung. Die Symbolik ist einleuchtend, gewinnt aber noch an Transparenz, wenn man das Ende des Märchens im Urtext liest. Dazu schreibt Gerlich: „Im Arabischen endet das Märchen nicht ganz so, wie wir es hier erzählen. Dort lautet der Schluss vielmehr folgendermaßen: Der Schäfer ging auf die Bitte der Obersten der Schafe ein, als sie ihm den Vorschlag der Wölfe vortrugen, und schaffte die Hunde ab. Darauf kamen die Wölfe. Sie wurden zunächst von den Schafen freudig als Genossen der Grasweide begrüßt. Sie fielen aber sofort über die letzteren her, zerrissen und fraßen sie. Beim Zerreißen aber höhnten sie ihre Opfer noch: Es geschieht euch ganz recht. Wenn ihr etwas mehr Verstand gehabt hättet, hättet ihr euch nach unserem bisherigen Wolfsleben selber sagen können, das aus uns Wölfen keine grasfressenden Schafe werden."

So enden die beiden Fassungen des Märchens. Gerlich kommentiert: „Der Leser wird bereits bemerkt haben, warum wir dieses arabische Märchen gerade hier erzählen. Die Situation in Deutschland war vor einigen Wochen so, wie es in der ersten Form des Märchens geschildert ist. Der Schäfer, nämlich die Vorsehung, hat verhindert, dass die Erziehung der Wölfe – nämlich der Hitlerparteiführung – zu friedlichen Schafen praktisch erprobt werden musste. Wildschafe, wie wir, die wir warnten, befinden sich daher aus folgendem Grunde in einer schwachen Stellung: Der praktische Beweis für die Richtigkeit unserer Warnungen, nämlich der Schluss des wirklichen arabischen Märchens, in dem die Wölfe die Schafe zerreißen, ist Gott sei Dank bisher nicht eingetreten. Wäre er aber eingetreten, dann wären die Obersten der Schafe längst zerrissen; sie könnten dann jetzt nicht mehr darlegen, wie verfehlt unsere Warnungen sind."[9]

„Wildschafe, wie wir, die wir warnten, befinden sich […] in einer schwachen Stellung", sagt der Chefredakteur des „Geraden Wegs", auf sich selbst Bezug nehmend. Aber seine Artikel, die jeden Sonntag in bis zu 100.000-facher Auflage verbreitet wurden, sind gewiss nicht ohne Wirkung geblieben.

Die Verhandlungen zwischen den Anhängern der Zentrumsparteien und den Nationalsozialisten werden jedenfalls Mitte Oktober unterbrochen: Die Unterbrechung geht nicht so sehr auf die Zentrumsparteien zurück, sondern darauf, dass Hitler nun kein Interesse mehr an Verhandlungen hat. Die Kontakte mit den Anhängern des Zentrums dienten ihm vor allem dazu, um auf Papen und seine Regierung Druck auszuüben. Für Gerlich handelt es sich um eine positive Wende: Dafür ist der Artikel vom 23. Oktober ein Indiz, dessen Überschrift auf den Titel der Zeitschrift anspielt: „Die bayerische Volkspartei auf dem geraden Weg". Jetzt, da das Techtelmechtel zwischen Zentrumsparteien und Nationalsozialisten zu Ende ist, ist er nicht mehr gezwungen, an zwei Fronten zu kämpfen. Er kann sich wie früher wieder voll auf eine einzige Zielscheibe konzentrieren:

Gerlich paraphrasiert den Refrain eines bekannten Schlagers von Marlene Dietrich („Ich bin von Kopf bis Fuß auf Liebe eingestellt") mit der ironischen Abwandlung: „Von Kopf bis zum Fuß – ja noch darüber hinaus – ist Adolf der Einzigartige heute auf Liebe zu den Volksrechten eingestellt. Auf jeder Versammlung seines ‚Triumphzuges durch Deutschland', morgens, mittags, abends und nachts, und auch noch in den Zwischenzeiten, schwört er auf diese seine Liebe. Und gleichzeitig schwört er alles ab, was er jemals an ‚Führerherrschaft' und blindem ‚Gefolgschaftsgehorsam' verlangt hat. Nummer für Nummer verkündet uns der ‚Völkische Beobachter', Adolf versichere in Gunzenhausen, in Nürnberg, in Selb, in Gross- und Kleinpankow, in Trippstrill und Ursula-Poppenricht mit und ohne Flugzeug: Nie habe er der Herr des deutschen Volkes sein wollen. Nicht nur nie, sondern sogar niemals nie nicht! Er wollte nur immer sein Diener sein. Hin und wieder aber ist er aus der Rolle des Dieners des Volkes gefallen, die er erst frisch einstudiert hat. Dann sprach er doch wieder von der Macht, die er erstrebt. Aber wahrscheinlich verhält sich die Sache so: Er will die Macht, um nicht Herr, sondern Diener zu sein. Ein gewisser Friedrich II. von Preußen hat ihm diesen Dreh ja schon einmal vorausempfunden, als er von sich sagte: ‚Der Fürst ist der erste Diener des Staates'. Und er hat uns auch den Sinn dieses schönen Spruches schon vorgelebt, nämlich den: Wehe einem jeden, der gegenüber diesem ‚Diener' zu mucksen wagt."[10]

Nach dieser witzigen Karikatur von „Adolf dem Einzigartigen" widmet sich Gerlich in seiner Zeitung bis Ende 1932 verstärkt den

Tatsachen von Konnersreuth und weniger dem politischen Geschehen im Land, das sich nunmehr nach einem voraussehbaren Ablauf vollzieht. Wie schon gesagt, blieb die politische Situation nach den Wahlen im November im Wesentlichen unverändert. Von Papen, der die Wahlen gewollt hatte, musste nach der ersten Niederlage, dem Scheitern der Verhandlungen mit Hitler, eine zweite Niederlage einstecken. Seine Tage sind gezählt. Für General Schleicher ist es ein leichtes Spiel, Präsident Hindenburg Beweise dafür zu liefern, dass Papen unfähig ist, das Land zu regieren: Die Wirtschaft stehe vor dem Zusammenbruch, die Wut von Millionen Arbeitslosen könne jeden Augenblick explodieren, die bewaffneten Schlägertrupps verbreiteten Chaos und Tod, Hitler stelle weiterhin eine Gefahr dar. Nur eine einzige Person sei in der Lage, Ordnung zu schaffen: er, Schleicher, der als hoher General und Verteidigungsminister das bedingungslose Vertrauen des Heeres genieße.

Zum zweiten Mal hört der alte Feldmarschall auf seinen Lieblingspolitiker: Papen muss seinen Rücktritt erklären. Am 2. Dezember 1932 wird Schleicher zum Kanzler ernannt.[11] Aber die Intrigenkomödie geht weiter – allerdings mit vertauschten Rollen. Schleicher setzt alle Hebel in Bewegung, um eine Mehrheit zu finden, die ihn im Reichstag unterstützt, aber auch, um Leute der Nazi-Oberen in seine Regierung einzubinden, die bereit sind, sich von Hitler zu trennen (und Gregor Strasser, einer der wichtigsten Parteiführer, bisher die „rechte Hand" Adolf Hitlers, scheint bereit, das Amt des Vizekanzlers zu übernehmen). Papen seinerseits nimmt die Verhandlungen mit Hitler, welcher wenige Monate zuvor seine Vorschläge verächtlich abgelehnt hatte, wieder auf. Aber auch in diesem Fall sind die Rollen wieder vertauscht: Hitler soll Kanzlerwerden und Papen sein Vizekanzler. Anfang Januar kommt es zur Einigung zwischen den beiden: Jetzt gilt es, die Abneigung des Feldmarschalls gegen den „böhmischen Gefreiten“ zu überwinden. Diese Aufgabe übernimmt der Sohn des Präsidenten, Oskar von Hindenburg, der ehemals eng mit Schleicher befreundet war. Mit zahlreichen Versprechungen und nicht ohne Drohungen ist es dem Führer gelungen, ihn auf seine Seite zu ziehen. Zum zweiten Mal werden also die Netze der deutschen Politik nicht im Reichstag gesponnen, sondern von den Cliquen und durch Intrigen des Palastes.

Vor diesem düsteren Hintergrund beginnt das neue Jahr 1933. Wie schon gegen Ende des Vorjahres zeigt der „Gerade Weg“ mehr Interesse für ethische und religiöse als für politische Themen. Es entsteht der Eindruck, dass dem Chefredakteur und seinen Mitarbeitern (Pater Naab schreibt seit einiger Zeit nicht, da er krank ist) die Nichtigkeit ihrer Bemühungen bewusst geworden ist. Sie fühlen sich aber zur Fortführung ihres Kampfes moralisch verpflichtet, ohne jedoch noch von seinem Erfolg überzeugt zu sein.

Auf diese moralischen Prinzipien bezieht sich der Artikel Gerlichs vom 1. Januar 1933, in welchem er die gegenwärtige Situation in düsteren Farben schildert und zu dem Schluss kommt: „Der Weg zur Gesundung unseres öffentlichen Lebens führt einzig und allein über die Wiederherstellung der christlichen Moral und Sitte“.[12] Diese Auffassung wird drei Wochen später, am 22. Januar, erneut aufgegriffen: „Wir haben schon vor längeren Monaten einmal den Gedanken ausgesprochen, dass das Schicksal des deutschen Volkes, das heißt die Gewinnung einer besseren Zukunft, über einen furchtbaren Zusammenbruch führen müsse. […] Wir endeten damals mit den Worten ‚Gott sei uns gnädig‘; wir haben heute dem nichts hinzuzufügen.“[13] Diese wiederholte Berufung Gerlichs auf die Moral des Christentums, auf die Gnade Gottes und auf die Vorsehung in den hier erwähnten und in anderen Artikeln dieser Zeit sind ein Zeichen dafür, dass er nicht mehr darauf vertraut, dass die drohende Katastrophe mit den Mitteln der Politik abgewendet werden kann.

Vom Gefreiten zum Kanzler

Die Katastrophe geschieht am 30. Januar 1933. Schleicher, ohne Mehrheit, tritt zurück; Hindenburg bleibt keine andere Lösung als die, den „böhmischen Gefreiten" zum Kanzler zu ernennen. Vizekanzler ist von Papen. In der neuen Regierung der „nationalen Konzentration" sind, neben Hitler, von elf Ministern nur zwei Nazis. Die „alten Füchse" der Politik – Hindenburg, Papen, Schleicher, Hugenberg – geben sich noch der Illusion hin, dem Führer des Nazismus dadurch die Hände gebunden zu haben, dass sie ihm Verantwortung innerhalb der Institutionen des Staates übertragen haben. In Wirklichkeit ist ein gegenläufiger Prozess in Bewegung geraten: Der von ihnen unterschätzte Hitler wird die Institutionen des Staates nazifizieren und sie sich zu Diensten machen. Der Prozess der Nazifizierung beginnt sofort. Am 1. Februar löst der Führer den Reichstag auf und schreibt für den 5. März Neuwahlen aus in der Absicht, ein Parlament mit nationalsozialistischer Mehrheit wählen zu lassen.[1]

Die Ernennung Hitlers zum Regierungschef wird von Gerlich mit einer Mischung aus Resignation und Empörung aufgenommen. „Wir haben nie ein Hehl daraus gemacht, dass wir die von Hitler großgemachte Bewegung zur angeblichen Befreiung und Erneuerung Deutschlands nur als eines der sinnfälligsten Kennzeichen des geistigen und politischen Zusammenbruchs unseres Volkes, nämlich als die offenbar unvermeidliche offene Loslösung von der menschlichen Kultur der letzten zwei Jahrtausende, also als jenen Schritt in die Barbarei ansehen [...]. Wenn man, wie wir, immer wieder versucht hat, den Gegensatz zwischen den Grundvoraussetzungen menschlichen Gemeinschaftslebens und den Ansichten nicht nur der Hitlerpartei, sondern auch aller derjenigen Kreise darzulegen, die heute den nationalen Gedanken in Deutschland in Erbpacht haben, und dann gleichzeitig sieht, wie alle diese Bemühungen scheitern, weil das Schicksal mit einer automatischen Sicherheit ins Verderben weiterschreitet, so kommt man notgedrungen zu jener Auffassung, die im Alten Testament wiederholt in Worte gekleidet wurde: Da der Herrgott das Volk, das ihm abtrünnig war, züchtigen wollte, verwirrte er die Geister.“ [2]

Die mit diesen sorgenvollen Tönen beginnende Reflexion über die aktuelle politische Lage ändert sich in der nächsten Ausgabe vom 5. Februar deutlich. Gerlich hat am Abend des 1. Februar im Radio die Botschaft des neuen Kanzlers an die Nation gehört. Der Fuchs hat sich für diese Gelegenheit als Lamm verkleidet und neben vielen Versprechungen auch geschworen, Verteidiger des „Christentums als Basis unserer gesamten Moral“ zu sein. Seinen Appell an das Volk hat er damit abgeschlossen, mit gottesfürchtiger Stimme den Segen des Höchsten für die Arbeit der Regierung zu erbitten.

Soviel Heuchelei indigniert den Chefredakteur des „Geraden Wegs“: „Der vergangene Mittwoch wird in der Geschichte des deutschen Volkes als ein Tag fortleben, an den man sich nur mit Schmerzen und Reue zurückerinnern wird. Und zwar wird er das deshalb, weil an diesem Tage abends um 10 Uhr der derzeitige Reichskanzler Adolf Hitler den Aufruf seiner Reichsregierung an das deutsche Volk vortrug, der unseren Lesern in der Zwischenzeit im Wortlaut bekanntgeworden ist. Das deutsche Volk wird wieder ein Volk christlicher Moral und alter Kulturtradition werden und es wird sich des Tages schämen, und zwar fortdauernd schämen, wo es möglich war, dass ein deutscher Reichskanzler, das heißt der oberste politische Beamte des Deutschen Reiches, einen Regierungsaufruf vorlesen konnte, der so der objektiven Wahrheit Gewalt antut, wie der gegenwärtige.“ [3]

Der „Gerade Weg“ scheint zu den entschiedenen Tönen einiger Monate vorher zurückzukehren. Die Ausgaben vom 19. und 26. Februar sind in ihrem politischen Teil vor allem den für den 5. März angesetzten Wahlen gewidmet.[4] Am 19. Februar ergeht die dringende Empfehlung, die Parteien des Zentrums zu wählen: „Von der Mitte ist praktisch nichts mehr vorhanden als die beiden katholischen Parteien. Ziffernmäßig sind sie eine hoffnungslose Minderheit. Und doch tragen sie die Zukunft. Denn sie allein vertreten eine Volks- und Staatslehre, die wirklichkeitsnah ist, während die Radikalismen rechts und links trotz ihrer großen hoffnungsfreudigen Worte den Tod im Schoße tragen.“

In der Nummer vom 26. Februar beschäftigt sich der Chefredakteur auch mit einer anderen heiklen Frage, d.h. mit den Plänen Röhms und seiner Braunhemden. Gerlich ist in den Besitz von geheimen Unterlagen gelangt – die ihm von keinem anderen als von Bell zugetragen worden sein können –, aus denen hervorgeht, dass der Anführer der SA heimlich einen Plan vorbereitet hat, alle Polizeikräfte des Landes in seine Hände zu bringen, einschließlich derer der Bundesländer, die laut Verfassung den Landesregierungen unterstehen. Um seinen Informanten nicht zu „verbrennen“, greift der Journalist zu der Fiktion, es könne sich um „Gerüchte“ handeln, und dass hier „eine Hetze von Provokateuren innerhalb der SA und SS und sogar innerhalb ihrer Führer am Werke ist“. Im Übrigen ist bekannt, dass Hitler selbst eine Andeutung bezüglich provokatorischer Aktivitäten in den Führungskadern der Partei gemacht hat. „Wir sind überzeugt“, fährt Gerlich fort, „dass die jetzige Reichsregierung und insbesondere die in ihr sitzenden nationalsozialistischen Minister, einschließlich des Herrn Reichskanzlers Hitler, uns hierfür dankbar sind und nicht säumen werden, sofort nach dem Rechten zu schauen und diese von Provokateuren betriebene Planerei zur Ausschaltung der süddeutschen Länderregierungen, die sich auch auf den

Namen Röhm beruft, auszumerzen." Gerlich gebraucht absichtlich eine zweideutige Sprache: einerseits Gerüchte, andererseits aber gibt es Pläne, und Röhm ist in diese verwickelt.

Was ist nun der Plan, den die „Gerüchte" Röhm zuschreiben? „Die Pläne aber sind die folgenden: [...] Es soll nach dem Vorschlag Röhms [...] ein Generalstaatskommissar [...] für die öffentliche Sicherheit im ganzen Reiche ernannt werden. Diesem soll die gesamte Polizeimacht unterstellt werden, und zwar soll dazu der Stabschef der SA, Hauptmann Röhm, ernannt werden, dem die SA weiter unterstehen soll. Röhm soll also mit anderen Worten die SA, die SS und die staatlichen Polizeistreitkräfte des ganzen Reiches in einer Hand vereinigen. Um Verfassungsschwierigkeiten, die sich bei der Ernennung von Reichskommissaren für die süddeutschen Länder ergeben würden, auszuweichen, sollen unter dem Generalstaatskommissar Röhm für die einzelnen Bundesländer Untergeneralstaatskommissare ernannt werden, die in jedem einzelnen deutschen Bundesstaat nun ihrerseits die dortigen Polizeistreitkräfte, die SA und die SS in einer Hand vereinigen". Die Untergeneralstaatskommissare sind natürlich alle Röhm unterstellt.

Der Plan ist gut ausgedacht; er verleiht den paramilitärischen Banden der SA und SS offizielle, legale Befugnisse, indem er sie mit der regulären Polizei vereint, und übergibt Deutschlands gesamten Sicherheitsapparat in die Hände Röhms. Der Artikel zitiert weitere „Gerüchte", die aber so gut mit Namen, Daten, und ausführlichen Fakten belegt sind, dass sie – willentlich, versteht sich – den angewandten Kunstgriff entlarven: „Erwünscht wäre auch, wenn gleichzeitig das Gerücht erledigt würde, dass der Rechtsanwalt und Ministerialrat Lütgebrunne, ebenfalls ein führendes Mitglied der nationalsozialistischen Partei und Rechtsbeistand der SA, eine Rechtsfertigungsschrift für Herrn Röhm, ‚der Kampf um Röhm', ausgearbeitet habe, die demnächst erscheinen werde, nachdem sie bereits die Anerkennung des Herrn Reichspräsidenten und führender Generale der Reichswehr gefunden habe und außerdem schon beim Verlag Jos. C. Huber in Dießen seit acht Tagen ausgedruckt vorliegt und bereits verschickt wird. Auf den wesentlichen Punkt, nämlich die Vorwürfe über Röhms politischen Charakter, geht die Broschüre Lütgebrunnes allerdings nicht ein. Lütgebrunnes Arbeit und seine Vorbemühungen sind mit schon 8.400 RM honoriert. Es wird behauptet, dass diese Schrift den Zweck habe, die Widerstände gegen die Persönlichkeit Röhms als Reichsgeneralstaatskommissar zu beseitigen und ihn ministerfähig zu machen. Es wird dabei auch auf die jüngst stattgehabten Besprechungen des Hauptmanns Röhm im Reichswehrministerium – insbesondere mit General Hammerstein – hingewiesen, der gerade der General gewesen sei, der Hauptmann Röhm am schärfsten verurteilt hatte. Wir halten auch dieses Gerücht für ein solches, das von Provokateuren ausgestreut wird. Denn nachdem der Herr Reichskanzler Hitler selbst in Stuttgart betont hat, dass diese Reichsregierung aus positiven Christen zusammengesetzt ist, halten wir es für ganz ausgeschlossen, dass er einen Mann wie Röhm für einen solchen Posten als geeignet erachten könnte."

Dieser Angriff auf den Anführer der SA ist es wert, erwähnt zu werden, denn er zieht für Gerlich und seinen Informanten Bell unangenehme Folgen nach sich. Unklar ist noch, in welchem Umfang diese Anzeige von Röhms Machenschaften dazu beigetragen hat, in Hitler hinsichtlich Röhms Loyalität Zweifel zu wecken oder diese Zweifel zu bestärken, und inwiefern dies die These stützen kann, der zufolge Röhm, mit vier Millionen Braunhemden im Rücken, nie wirklich daran gedacht hat, den Führer zu beseitigen und dessen Stelle einzunehmen.[5]

Die Wahlkampagne für die Wahlen am 5. März geht indessen weiter. Die Auflösung des Reichstags war der erste Schachzug des neuen Kanzlers. Für das diktatorische Regime, das Hitler einführen will, ist das Parlament nur ein Hindernis. Das wissen die Kameraden des Führers sehr wohl, die eine Woche vor den Wahlen einen teuflischen Plan schmieden: das Gebäude des Reichstags in Flammen aufgehen zu lassen und die Schuld an dem Brand den politischen Gegnern in die Schuhe zu schieben, um so Empörung und Abscheu der öffentlichen Meinung auf sie zu lenken. So geschieht es: In der Nacht des 27. Februar wird der Reichstag ein Raub der Flammen. Verantwortlich dafür sind, laut nationalsozialistischer Presse, die von der Sowjetunion gekauften Kommunisten.[6]

Hitler nutzt die Gelegenheit dazu, am Tag nach dem Brand von Präsident Hindenburg eine Notverordnung „zum Schutze von Volk und Staat“ unterzeichnen zu lassen, welche die von der Weimarer Verfassung garantierten Grundrechte – Freiheit der Person, der Meinung, der Versammlung und der Presse – aufhebt. Ein erster entscheidender Schritt zur Errichtung der Diktatur.[7] Jetzt können SA und SS, die im Moment von der SA abhängt, ihre Opfer „legal“ verhaften, ins Gefängnis setzen, foltern; „legal“, ohne gerichtliches Mandat, können Durchsuchungen durchgeführt werden; Vereinigungen können aufgelöst, die Veröffentlichung von Zeitungen und Zeitschriften ausgesetzt werden. Von nun an wird auch der „Gerade Weg“ mit dem die Freiheitsrechte beschneidenden Erlass zu rechnen haben.

Die Verordnung vom 28. Februar war der erste Schritt hin zu einem Naziregime; der zweite, entscheidende Schritt sind die Wahlen vom 5. März, die letzten „demokratischen“ Wahlen in Deutschland bis zum Ende des Zweiten Weltkrieges. Ihnen voraus geht der Verdacht von Intrigen und Komplotts; wieder einmal werden Röhms Schergen damit in Verbindung gebracht. So ist das Gerücht im Umlauf, das auch von wichtigen Zeitungen des Auslands wie der „Neuen Zürcher Zeitung“ und dem englischen

„Daily Herald" aufgegriffen wird, die Angriffskommandos hätten eine Wiederauflage der „Bartholomäusnacht" geplant, um sich ihrer Gegner zu entledigen. Wer diese Gegner sind – die anderen Parteien oder die Gegner innerhalb der Nationalsozialistischen Partei – ist allerdings nicht ganz klar. Aus einem Bericht Bells an Gerlich geht hervor, im Falle eines Erfolges hätten die Anführer der Braunhemden ihren Anhängern freie Plünderung im ganzen Land versprochen.[8]

Dies geschieht alles hinter dem Rücken der Regierung und Hitlers. Die Tatsache, dass er auf legalem Weg an die Macht gekommen ist und sich jetzt den Anschein der Mäßigung gibt, muss die fanatischen Elemente der SA – und das ist die Mehrheit, Anführer eingeschlossen – zwangsläufig in Wut versetzen, denn sie sehen sich dadurch der geplanten blutigen Endrevolution beraubt. Andererseits leugnet der Führer in einem Interview mit dem Korrespondenten des englischen „Daily Express", dass seine Partei Massaker brauche, um den Angriffen der Gegner zuvorzukommen: „Mit Hilfe der Notverordnung zum Schutze von Volk und Staat – präzisiert Hitler – haben wir Sondergerichte geschaffen, die alle Staatsfeinde anklagen und legal verurteilen werden".[9]

In dieser Gerüchteküche ist es schwierig, sich zu orientieren. Auch der „Gerade Weg" liefert dazu seinen Beitrag. Bell, der in letzter Zeit immer enger mit der Zeitschrift zusammengearbeitet hat, händigt dem Chefredakteur jetzt zwei explosive Dokumente aus. Das eine ist der Vertrag, von Bell selbst ein Jahr zuvor zustande gebracht, zwischen Röhm und Sir Henri Deterding, dem Präsidenten der mächtigen englisch-holländischen Erdölgesellschaft „Royal Dutch Shell".[10] Die Vereinbarung sicherte von Deterdings Seite dem Stabschef der SA eine großzügige Finanzierung zu, der sich im Gegenzug dazu verpflichtete, der Gesellschaft nach der Machtergreifung das Alleinrecht für die Lieferung von Erdölprodukten an Deutschland zu sichern, das bis zu diesem Moment vom russischen Erdöl abhängig war. Der Ölmagnat würde auf diese Weise für die Beschlagnahme seiner Erdölbrunnen im Kaukasus durch die sowjetischen Behörden entschädigt. Röhm würde über finanzielle Mittel für seine ehrgeizigen Pläne verfügen. Wie man sieht, handelt es sich um ein äußerst kompromittierendes Dokument: Wer ist Röhm, dass er sich das Recht anmaßen kann, mit ausländischen Industrien Verträge zu schließen, bei denen die wirtschaftliche und somit die politische Zukunft des Landes auf dem Spiel stehen? Er bekleidet kein institutionelles Amt, auch nicht innerhalb der Partei, er ist in seiner Position Hitler und dessen direkten Statthaltern untergeordnet.

Das andere brenzlige Dokument kommt aus dem Hauptquartier der SA in Berlin. Es ist ein „Aufmarschbefehl", der vom Berliner Kommando der Braunhemden am 22. Februar verbreitet wurde. Alle Abteilungen sollen sich in Kriegsrüstung und unter schweren Waffen bereithalten, um in der Nacht vom 5. auf den 6. März in Massen in der Hauptstadt zu sein. Sie werden in schnellen, von der Polizei zur Verfügung gestellten Lastwagen dorthin transportiert. Sie sollen die strategischen Punkte der Stadt besetzen und in den Straßenkämpfen von allen zur Verfügung stehenden Waffen Gebrauch machen. Der „Gerade Weg" vom 1. März druckt den militärischen Dienstbefehl vollständig ab, einschließlich der Namen der Unterzeichneten.[11]

Der Chefredakteur kommentiert wie folgt: „Die Ereignisse beginnen sich offenbar zu überstürzen. Die SA scheinen sich nunmehr offen in die deutsche Politik einzumischen. Wir haben wiederholt in unserem Blatte und erst noch in der letzten Nummer sehr ausführlich von der SA und SS als einer Organisation gesprochen, die neben der Politik der nationalsozialistischen Parteileitung ihr eigenes Dasein nach eigenen psychologischen Gesetzen führt und nicht immer mit den Wünschen der politischen Leitung übereinstimmt oder sich ihnen zu unterwerfen geneigt ist. Das tatsächliche Kräfteverhältnis dürfte sogar manchmal, und zwar gerade im entscheidenden Moment, den SA und SS ein sehr fühlbares Übergewicht über die Pläne der politischen Leitung geben. [...] Die SA fühlt sich unter der Führung des Hauptmanns Röhm stark, der jetzt die Entscheidung betreibt und der Ansicht ist, dass gerade bei seiner Vergangenheit nur der Weg der Gewalt ihn in der Macht erhalten kann."

Die Veröffentlichung des „Aufmarschbefehls" entfacht, wie zu erwarten, einen Riesenaufruhr. Noch vor der Tat auf frischer Tat ertappt, widerlegen die Leiter der SA in aller Eile die Authentizität des Dokumentes, das sie mit einbezieht. Am 3. März, nur zwei Tage nach dem Abdruck im „Geraden Weg", erscheint im „Völkischen Beobachter" in großer Aufmachung eine Erklärung des Sturmbannführers der SA, Karl Ernst, Unterzeichner des bestrittenen Dokumentes, der bei seiner Ehre schwört, diesen Befehl nie verbreitet zu haben. „Darüber hinaus", fügt er hinzu, „ist, vom befehlstechnischen Standpunkt aus betrachtet, die Anordnung, Logik und ganze Folge dieser mir vorgelegten Fälschung so unfähig vorgetäuscht, dass ich erröten würde, hätte ich meinen Namen unter solches Geschreibsel gesetzt."[12]

Die Möglichkeit, es könne sich tatsächlich um eine Fälschung handeln, ist nicht ganz von der Hand zu weisen. Aber aufgrund der professionellen Seriosität Bells ist auszuschließen, dass er die Fälschung angefertigt hat, und bei seiner Intelligenz und Erfahrung ist es kaum vorstellbar, dass er sich hat hinters Licht führen lassen. In jedem Fall hat die Veröffentlichung des Dokuments seinem Ziel gedient; der Aufmarsch der Braunhemden in Berlin hat nicht stattgefunden. Überflüssig hinzuzufügen, dass der Hass der SA und ihrer Anführer auf Gerlich und Bell dadurch neue Nahrung erhalten hat.

Der 5. März 1933 ist Wahltag, den Wahlen ist der Leitartikel der Ausgabe dieses Tages gewidmet.[13] Er ist nicht unterzeichnet, stammt aber wohl aus der Feder von Pater Naab, der wieder gesundet ist. Es ist sein Schwanengesang. Schon aus dem Titel „Die Flammenzeichen rauchen" ist das Pathos herauszulesen, das aus ihm spricht. Der Titel ist eine literarische Reminiszenz an Theodor Körner, den jungen und unglücklichen romantischen Dichter, der 1813, kurz bevor er auf dem Schlachtfeld starb, einen leidenschaftlichen Appell an sein Volk richtete, sich mit Waffengewalt gegen den Unterdrücker Bonaparte zu erheben. Das Gedicht mit dem Titel *Appell 1813* beginnt mit dem Vers: „Frisch auf, mein Volk, die Flammenzeichen rauchen!" und hat Spuren hinterlassen in der deutschen literarischen Tradition.[14] Die Überschrift ist also eine offene Anspielung und ein Aufruf an das deutsche Volk, sich von dem neuen Unterdrücker zu befreien. Mit Waffengewalt in der Vergangenheit, heute aber mit dem Wahlzettel.

Es ist nicht wahr, so Naab am Ende des Absatzes mit der Überschrift „Das große Warum", was Hitler in *Mein Kampf* schreibt, nämlich dass das Volk in seiner Mehrheit „eine ‚feminin veranlagte' Masse" sei.[15] Im Gegenteil, es gibt Millionen Deutsche, die selbständig denken. Sie weisen Hitlers Anmaßung zurück, ein guter Deutscher sei nur, wer unter der Hakenkreuzfahne stehe. Ein guter Deutscher ist jeder, der mit rechtem Gewissen und verantwortlicher Hingabe zum Wohl des Vaterlandes beiträgt. „Wir gehen also zur Wahl, um zum Ausdruck zu bringen, dass es unser Recht und unsere Pflicht ist, als Deutsche am Ausbau des deutschen Staates mitzuwirken. Wenn man uns die Betätigungsmöglichkeit nehmen wollte, dann haben wir wenigstens einstweilen ein Bekenntnis abgelegt und wir kämpfen in unserer Stellung weiter."

Ein weiterer Abschnitt ist überschrieben: „Wir wählen, weil wir das Recht hochhalten." Naab schreibt: „In der nationalsozialistischen Presse und in allerlei Propagandareden hörten wir öfter von einem eigentümlichen Rechtsgrundsatz: Das, was Deutschland nützt, ist Recht, und was Deutschland schadet, ist Unrecht. Wir lasen davon, dass die Rechtsbegriffe umgestaltet werden müssten. Es sei eben nicht Mensch gleich Mensch. Es gebe keine objektive Gerechtigkeit. Wir stehen nicht an zu sagen, dass diese neuen Ideen nichts sind als die Proklamation der reinen Willkür." Im Weiteren fragt sich der Kapuzinerpater, was für das Land wirklich nützlich sei und wer darüber befinden müsse: Falls, wie er glaube, für Deutschland ein auf Gerechtigkeit, Solidarität und gegenseitigem Respekt gegründetes System von Nutzen sei, so kehre sich das Kriterium von „Legalität", das die Nazis proklamiert haben, gegen sie selbst.

„Nein", schließt er, „so liegen die Dinge wirklich nicht. Das Recht ist nicht Sache der Willkür. Wir verankern das Recht in den Geboten Gottes. Und diese Gebote gelten für alle. Wer für dieses Recht kämpft, der kämpft für die Freiheit, auch für die Freiheit des deutschen Volkes!"

Die letzten zwei Abschnitte, überschrieben mit „Wir wählen, weil wir Christen sind" und „Wir wählen, weil wir Vertrauen auf die Vorsehung haben", polemisieren unmissverständlich und ausdrücklich gegen die nazistischen Mystifizierungen in religiösen Dingen. Naab hebt hervor, wie die nationalsozialistische Presse den Eindruck erwecke, der neue Kanzler sei so etwas wie ein zweiter Heiland. Eine gut konstruierte Propaganda beweihräuchere ihn als Schützer des Glaubens und der christlichen Moral; einige Dinge seien hier jedoch verwechselt worden: Christ ist, wer den Willen Gottes lebt, nicht, wer den eigenen Willen aufoktroyiert, als sei es der Wille Gottes.

„Wir aber", präzisiert der Kapuziner, „sagen immer wieder: Solange der Führer einen Rosenberg als Hauptschriftleiter im ‚Völkischen Beobachter' sitzen hat, der den Glauben an einen allmächtigen Gott als jüdische Erfindung abtut, solange hilft es auch dem Herrn Reichskanzler gar nichts, wenn er in seinen Reden immer wieder den Allmächtigen erwähnt und seinen Segen herabruft. Dann soll er den Mann, der den Glauben an den Allmächtigen so verhöhnt, endgültig ausschalten. Und wenn er den Kampf um die christliche Sitte führen will, muss er auch einen Mann wie Röhm endgültig aus seiner Partei beseitigen. Und auch andere! Er kennt sie besser als wir. Also bitte erst reinmachen im eigenen Haus, und dann beten!" Am Schluss des Artikels ist das Glaubensbekenntnis Naabs noch entschiedener: „Wir wählen doch, weil wir eben Christen sind. Aber wir wissen bei unserem Wählen, dass unsere Kraft nicht im Parlament liegt. Die Kräfte des katholischen Menschen ruhen woanders. [...] Die Kirche kann warten. Ihre unerschütterliche Kraft liegt gerade im Beharren, in ihrer Leidensfähigkeit, in der Gnadenkraft, die der Heiland ihren Gliedern spendet. Die Tabernakel unserer Kirchen sind die größten Kraftzentralen. Und die Lehrstühle des Papstes und der Bischöfe sind die hellsten Leuchttürme. Es kann uns jahrelang schlecht gehen, schlecht nach menschlichen Begriffen, wir können jahrelang ‚nichts zu lachen haben', nach den Auffassungen der Politiker gerechnet, das macht alles nichts. Unser Herrgott kennt seine Stunde!"

Der Artikel von Pater Naab erscheint am Tag der Wahl, am Sonntag, den 5. März. Die Wahlen bringen das erwartete Ergebnis: die Nazis, mit den Deutschnationalen von Hugenberg verbündet, erhalten 52 Prozent der Stimmen, also die absolute Mehrheit im Land und im Reichstag.[16] Jetzt kann der Führer in voller verfassungsrechtlicher Absicherung regieren.

Im Vorfeld der Wahlen hat Gerlich Naab und den anderen Mitarbeitern die Redaktion des „Geraden Wegs" überlassen. Er hat entschieden, sich zusammen mit Bell und Fürst Waldburg-Zeil, dem Geldgeber der Zeitung, in einer anderen Sache mutig zu engagieren. Was der Chefredakteur seit langem befürchtet und in seinen Artikeln angezeigt hat, wird jetzt Wirklichkeit: die

Autonomie der Länder, letztes Bollwerk vor der Einsetzung einer totalitären Diktatur, wird von der Regierung in Berlin nach und nach durch die Nominierung von Staatskommissaren, welche die Landesregierungen der Macht entheben, untergraben. Wie Gerlich zutreffend vorhergesagt hatte, war Papen dafür der Wegbereiter, indem er im Vorjahr unter einem Vorwand Preußen in ein Kommissariat verwandelt hatte. Wenn Papen mit der geringen Macht, über die er verfügte, diese Operation durchführen konnte, warum sollte Hitler sie nicht wiederholen können, der auf eine viel festere Macht bauen kann? So werden im Laufe eines Monats in den Regionen Norddeutschlands die Länderregierungen entmachtet und durch zentral nominierte Staatskommissare ersetzt, die selbstverständlich sicherer nazistischer Überzeugung sind.[17]

Anfang März sind nur noch zwei Länder im Süden, Württemberg und Bayern, unter Kontrolle zu bringen. Um dies zu verhindern, sind nun Gerlich, Bell und Waldburg-Zeil tätig. Sie sind sich bewusst, dass die Errichtung von Kommissariaten die Nazifizierung bedeuten würde und somit das Ende jeder auch noch so geringen Autonomie. In ihren Händen befindet sich ein Dokument, das sie für ihre Ziele wichtig erachten: der von Röhm und dem Präsidenten der Royal Dutch-Shell unterschriebene Vertrag. Wenn es gelänge, Hindenburg davon in Kenntnis zu setzen oder, noch besser, ihm das Dokument konkret zu unterbreiten, dürfte der Feldmarschall nicht gleichgültig bleiben: Er hat im Krieg gegen die Engländer gekämpft. Was Röhm macht, ist eine Art „Verständigung mit dem Feind", also ein Verrat. Die Information würde in den hohen militärischen Rängen bekannt werden und Hitlers Parteispitze in Misskredit bringen. Daraus dürfte ein solcher Skandal erwachsen, dass der Präsident sich veranlasst sehen müsste, Hitler seine – nur ungern gegebene – Zustimmung zu entziehen.

So denken, ein wenig zu optimistisch, die drei Freunde. Aber wie kann die Nachricht zu Hindenburg gelangen? Weder für Gerlich noch für die beiden anderen besteht Hoffnung, persönlich mit dem für gewöhnliche Menschen unzugänglichen Feldmarschall Kontakt aufnehmen zu können. Dies wäre jedoch den beiden Ministerpräsidenten, Heinrich Held von Bayern und Eugen Bolz von Württemberg, möglich. Am 5. März, dem Wahltag – Gerlich hält sich auf Anraten seiner Freunde vorsichtshalber in Österreich auf –, kontaktiert Fürst Waldburg-Zeil den bayerischen Ministerpräsidenten und schlägt ihm vor, sich zu Hindenburg zu begeben.[18] Held ist noch stärker besorgt als Waldburg-Zeil. Er weiß sehr wohl, was in Berlin vor sich geht: Der Führer ist entschlossen, die absolute Macht über das ganze Land in seinen Händen zu konzentrieren. Dazu muss er sich der autonomen Machtzentren in den Ländern entledigen. Auf Hindenburg kann man wenig oder gar nicht zählen, denn er ist bereits unter Hitlers Kontrolle. Das Dokument über die Machenschaften Röhms würde auf ihn keinen Eindruck machen. Held fühlt sich nicht imstande, sich auf eine Sache einzulassen, die zum Scheitern verurteilt ist. Er wird Widerstand leisten, ahnt aber, dass er am Ende nur seine Ehre rettet – und nicht mehr als die Ehre.

Am 6. März ist Gerlich aus Österreich zurückgekehrt. Therese Neumann hatte ihm eine Nachricht zukommen lassen, in der sie ihn beschwört, „er soll draußen bleiben".[19] Aber der Chefredakteur will seine Freunde und Mitarbeiter nicht im Stich lassen. Außerdem ist, wie er denkt, noch eine Karte auszuspielen – die des württembergischen Ministerpräsidenten Bolz, der mit Waldburg-Zeil befreundet ist.

Im Moment ist Württemberg noch autonom. Bolz, der wie Held wenige Illusionen hegt, macht Waldburg-Zeil kaum Hoffnung, als dieser ihn telefonisch kontaktiert: „I glaub, s'ischt scho alles umsonscht. Bei uns hängt d'Hakenkreuzfahn aus'm Ministerium." Trotzdem lädt er ihn und Gerlich für den 7. März nach Stuttgart ein. Dort lässt Bolz sie teilnehmen an dem, was die letzte freie Sitzung des Länderparlaments sein wird. Die beiden sind tief enttäuscht: Die Abgeordneten haben beschlossen, nichts zu beschließen. Sie werden keine Initiative ergreifen, sondern im Vordergrunde steht „das Schlagwort, man müsse Hitler abwirtschaften lassen": So lautet die pathetische Trostformel derer, die Hitler für ein Strohfeuer halten.

Gerlich und Waldburg-Zeil, zu denen sich am folgenden Tag Bell gesellt, zeigen Bolz die Unterlagen zum Fall Röhm. Bolz zeigt sich beeindruckt, äußert aber wie Held Zweifel am Erfolg einer Reise nach Berlin.[20]

Es ist zu spät. Die nazistische Walze bricht jeden Widerstand. Bolz hat mehr als Recht: Am selben Tag kommt ein junger Offizier der SS, Dietrich von Jagow, nach Stuttgart, mit der Ernennung zum Staatskommissar in der Tasche. Von diesem Moment an steht die Autonomie Württembergs zwar in der Verfassung, in Wirklichkeit aber wird die Regierung des Landes, einschließlich der Polizei, der Kontrolle des Nazikommissars unterstellt.

Ähnliches geschieht auch in München. Während der drei Tage, an denen Gerlich und seine Freunde in Stuttgart weilten, ist einiges passiert. Am Morgen des 8. März ist Heinrich Himmler mit General Franz Xaver Ritter von Epp, den Hitler zum Staatskommissar für Bayern bestellt hat, in der Stadt angekommen.[21] In einem Treffen mit Ministerpräsident Held geben die beiden ihm unmissverständlich zu verstehen, dass seine Regierung zugunsten des Kommissars zurücktreten müsse. Held versucht Zeit zu gewinnen: Um einen Beschluss zu fassen, muss er das Kabinett einberufen und die Sache mit den Ministern diskutieren. Derweil kommen in München ungeheure Scharen von Braunhemden zusammen. Am Abend strömen Banden bewaffneter Männer durch die Straßen der Stadt und fordern unter Drohungen den Rücktritt Helds. Dieser wendet sich, dem Rat der Minister folgend, an General Joseph von Leeb, Kommandant der 7. Division der

Streitkräfte, die in Bayern stationiert ist. Es steht in der Macht des Ministerpräsidenten, im Notfall die Streitkräfte einschreiten zu lassen. Der General sucht Ausflüchte; in die Enge getrieben, lässt er Held ein Schreiben des Reichswehrministers aus Berlin überbringen, das „befiehlt, die Reichswehr aus rein innenpolitischen Auseinandersetzungen völlig fernzuhalten." Er weigert sich also, etwas zu unternehmen. Held bleibt nur noch die Polizei. Aber auch im Falle, dass sie ihm die Treue hält, was alles andere als sicher ist, könnte sie es nie mit den Tausenden der SA aufnehmen, welche die Stadt besetzt halten.

Am Morgen des 9. März trifft der Stabschef der Braunhemden, Ernst Röhm, von Berlin kommend, in München ein. Er präsentiert sich als der Sonderbeauftragte des Präsidenten Hindenburg. Zusammen mit Himmler tritt er Held entgegen und erteilt mit der für ihn charakteristischen Brutalität seine Befehle: Er habe Epp unverzüglich zum Staatskommissar zu ernennen und dann samt seiner Regierung abzutreten. Aber Held lässt sich nicht einschüchtern: Wenn man einen Kommissar für Bayern wolle, solle Berlin ihn nominieren; er, Held, werde das nie tun! Der bayerische Ministerpräsident hat aber noch eine kleine Hoffnung. Hindenburg hat sein Ehrenwort darauf gegeben, es jedem zu verwehren, die Verfassung zu verletzen; die Autonomie Bayerns ist von der Verfassung garantiert.

Held macht einen letzten verzweifelten Versuch: Mit einem Telegramm an den Präsidenten gibt er kund, Bayern brauche keinen Sonderkommissar. Die Lage ist ruhig, jetzt müssen nur die Braunhemden aus München abziehen und Ruhe und Ordnung werden wieder die Oberhand haben.

Die Antwort lässt nicht auf sich warten: Kurz nach 20 Uhr kommt am 9. März das Telegramm aus Berlin mit der offiziellen Nominierung Franz von Epps zum Staatskommissar für Bayern.[22] Hat Hindenburg also sein Ehrenwort gebrochen? Als am

10. März, am Tag danach, Bayerns Botschafter in Berlin (man vergesse nicht, dass Bayern ein „Freistaat" ist) Hindenburg aufsucht, um zu protestieren, kommt ihm der Chef des Sekretariats, Otto Meissner, einer von denen, die am schnellsten auf den Karren des Siegers gesprungen sind, aufgeregt entgegen und fleht ihn an: „Sagen Sie ja dem alten Herrn nichts von dieser Einsetzung: Er weiss noch gar nichts!"[23]

„Jetzt hammer'n g'fund'n"

Animiert durch die Anwesenheit ihres Anführers Röhm in München, beginnen die Braunhemden am Nachmittag des 9. März mit ihren Übergriffen, ohne die offizielle Einsetzung des Kommissars abzuwarten. Als erstes machen sie sich über die Räumlichkeiten von Gewerkschaften und Linksparteien her, verwüsten sie und werden handgreiflich gegen alle, die sie dort vorfinden. Die Polizei schaut untätig zu. Am nächsten Tag wird sie dem Befehl Himmlers unterstellt und macht von nun an gemeinsame Sache mit der SA.

Nach den Parteien und Gewerkschaften richtet die SA ihre Wut gegen die gegnerische Presse. Der „Gerade Weg" wird zur ersten Zielscheibe.[1] Eine anonyme Frauenstimme warnt am Morgen telefonisch, nachmittags auf der Hut zu sein. Ein Redakteur des Blattes ruft Gerlich in Stuttgart an, berichtet von dem Telefonat und erbittet Handlungsanweisungen. Der Chefredakteur lässt alle weiblichen Mitarbeiterinnen nach Hause schicken, die Männer sollen an der nächsten Ausgabe, die für den 12. März vorgesehen ist, weiterarbeiten. Man möge ihm drei Seiten für den Leitartikel reservieren. Gegen 18 Uhr werde er da sein. Um 17.45 Uhr ein erneuter Anruf in der Redaktion: der Angriff stehe unmittelbar bevor. Schriftleiter Hell benachrichtigt die Polizei und bittet um Schutz. Die Antwort lautet: „Wenn etwas eintreten sollte, rufen Sie die Nummer des Überfallkommandos an." Gegen 18 Uhr treffen Gerlich und Bell von Stuttgart in der Redaktion ein. In einer Versammlung mit den engsten Mitarbeitern berichtet Gerlich von seiner Mission in Stuttgart, informiert sich über den Stand der Vorbereitungen der neuen Ausgabe und setzt sich dann, „als wenn nicht das Geringste vorgefallen wäre" – erinnert sich ein Mitarbeiter –, an den Schreibtisch und beginnt an seinem Leitartikel zu arbeiten. Er holt die letzten, von Bell besorgten Unterlagen aus der Ledermappe: den Vertrag von Röhm mit dem niederländisch-englischen Ölmagnaten Deterding, dann ein Dokument zu den Hintergründen des Reichstagsbrandes, ein drittes mit den Zeugenaussagen hinsichtlich Röhms geplantem Mordanschlag gegen Hitler und schließlich auch die Liste der Kronzeugen für den Mord an Hitlers Nichte Geli. Das sind die Informationen, die Gerlich der öffentlichen Meinung unterbreiten will. Der Artikel, den er in den folgenden zwei Stunden in die Maschine tippt, wird nie erscheinen.

Während der Chefredakteur sich ruhig und ausgeglichen zeigt, sind seine Mitarbeiter aufgeregt und machen sich Sorgen um ihn. Alle Vorbereitungen sind getroffen, damit Gerlich in die Schweiz flüchten kann: Ein Auto (Chrysler) steht vollgetankt vor dem Haus, darin sind Koffer mit Kleidung, Lebensmittel und Geld. In der Schweiz werden ihn Freunde aufnehmen. Gerlichs Reaktion ist eindeutig: „Und Sie alle soll ich hierlassen? Dass Sie für mich büßen müssten? Versuchen Sie also nicht, mich zu überreden! Ich habe das heute früh auch unseren Freunden abgeschlagen. Denn ich bin bereit, für das, was ich geschrieben habe, mit meinem Leben einzustehen! Ich werde den Schreibtisch nicht verlassen!"

Alle kehren ermutigt an die Arbeit zurück. Die letzten Fahnen sind zu korrigieren, damit man am anderen Tag in Druck gehen kann. Kurz nach 21 Uhr kommt die Hausmeisterin schreiend die Treppen hochgestürmt: „Die Hitler kommen!" (So werden die Anhänger des Führers im Volksmund genannt). Bell geht ans Fenster und erkennt unter der SA, einer halben Hundertschaft, Röhms Adjutanten, Standartenführer Hans Erwin von Spreti-Weilbach: Die Aktion war also vom Stabschef der SA organisiert worden.[2] Während Bell sich auf den Speicher flüchtet, sind die

Braunhemden vor der Redaktion angelangt. Innen hört man das Gepolter ihrer Stiefel gegen die Tür und die Rufe: „Aufmachen oder wir schlagen die Türe ein!"

In der Redaktion sind außer Gerlich sein Neffe und Sekretär Ludwig Weitmann, der Schriftleiter Hell, die Redakteure Jochner, Strachwitz, Mallinckrodt und Fischer; später kommt der Metteur Stahl dazu. Dann noch der Verlagsleiter Steiner und, als einzige Frau, Gerlichs Sekretärin Amalia Breit, die ihn nicht verlassen wollte. Breit, Steiner und Strachwitz ist der Bericht des Übergriffs zu verdanken. „Ich öffnete", erzählt Steiner, „und wurde sofort von dem ersten gerammt: ‚Weg da, wir haben Befehl, hier zu stürmen und auszuräumen. Wo ist Gerlich, die Sau?' Allgemeines Schweigen. Mit den Rufen ‚Wir werden ihn schon kriegen, los' ergossen sich ungefähr 50 teils mit Pistolen bewaffnete SA-Männer in die Räume". Es wurde tatsächlich „ausgeräumt", das heißt alles geschriebene und gedruckte Material von Redaktion und Verlag auf Lastkraftwagen geschüttet und abgefahren. Verschlossene Schreibtische und Schränke wurden aufgesprengt oder aufgetrampelt. Alle Anwesenden wurden für verhaftet erklärt.

Gerlich hat sich in seinem Zimmer eingeschlossen, im Dunkeln. Bei ihm sind Strachwitz und Breit. Der Chefredakteur holt zwei Pistolen aus der Schreibtischschublade. Er reicht eine dem Freund mit der Frage, ob es nicht angebracht sei, davon Gebrauch zu machen. Strachwitz rät ihm ab: Bewaffneten Widerstand zu leisten würde bedeuten, dass sie alle ermordet würden. Im besten Fall könnten sie beide ein halbes Dutzend Braunhemden niederstrecken, aber die seien so zahlreich, dass immer genügend da wären, um die Oberhand zu behalten.

Gerlich sieht ein, dass Strachwitz Recht hat und legt die Pistolen in die Schublade zurück. Gegen 21.30 Uhr entdeckt die SA das Versteck des Chefredakteurs. Sie drohen, die Tür einzuschlagen. Strachwitz öffnet. An die zwanzig Braunhemden, darunter nicht wenige sehr junge Männer, dringen mit gezückter Pistole, als machten sie Jagd auf gefährliche Banditen, in das Zimmer ein. Strachwitz wird ins Nebenzimmer gedrängt, Gerlich und die Sekretärin bleiben allein. Er wird brutal mit Fußtritten und Schlägen traktiert. Als Strachwitz mit Weitmann zu ihm kommen kann, blutet er aus Mund und Nase. Einer der Braunhemden tritt auf den Balkon und ruft seinen Kameraden, die im Hof Wache stehen, zu: „Jetzt hammer'n g'fund'n. I hob'n glei a so in d'Fotzen nei g'haut, dass eahm d'Soss owagrunna is!" Die Sekretärin Breit notiert: „Während ich mich bemühte, mittels Wasser und Handtuch die Blutflecken von Herrn Dr. Gerlich zu entfernen, traten immer wieder SA-Leute und auch Neugierige von der Straße ins Zimmer, wobei ihrerseits folgende Ausdrücke fielen: ‚Jetzt hat sie's, die alte Sau! Da hockt er jetzt, der Schweinekerl! An der Wand hat er's Madonnenbild – das ist doch das reinste Sakrileg', und anderes mehr."

Der Gefahr ins Auge sehend gelingt es Breit, Gerlichs Tasche mit den kompromittierenden Unterlagen in Sicherheit zu bringen. Ihr wurde erlaubt, die persönlichen Dinge zu behalten; unbemerkt schiebt sie Gerlichs Aktenmappe auf ihren Schreibtisch, öffnet sie, als wäre es die ihre, entnimmt ihr ein Butterbrot (das Abendessen des Chefredakteurs) und beginnt vor den Augen der Wachposten mit geheucheltem Appetit zu essen. Als diese einen Augenblick weggehen, nimmt Breit die Unterlagen aus der Mappe, legt den in Arbeit befindlichen Artikel, den sie geschickt aus der Schreibmaschine gezogen hat, dazu und reicht die Papiere Weitmann. Der versteckt die Blätter unter seiner Weste und lässt dieses gefährliche Material später verschwinden, als man ihm erlaubt, auf die Toilette zu gehen.

Wieder ist es Breit, die noch eine andere undankbare Aufgabe zu lösen hat: nämlich eine Erklärung zu unterschreiben, der zufolge die „Kontrolle" der SA nichts und niemanden geschädigt habe. Der Spott folgt dem Schaden gewöhnlich auf den Fuß. Die Sekretärin weigert sich zunächst spontan, auf Geheiß Gerlichs aber unterschreibt sie dann widerwillig. Die Anführer der Braunhemden werden vielleicht eher mit sich reden lassen, wenn man ihre Wünsche erfüllt – vergebliche Hoffnung.

Gegen 22 Uhr kommt Max Amann in Begleitung zweier Kameraden in die Redaktion. Als Verwaltungsdirektor der Gesellschaft, die den „Völkischen Beobachter" veröffentlicht, ist er wirtschaftlich mächtig und ein Nazi durch und durch.[3] Bei einem Jagdunfall hat er den rechten Arm verloren. Er tritt brüllend ein: „Wo ist der Gerlich, die Sau? Hat er seine Abreibung schon bekommen?" Ohne eine Antwort abzuwarten, beschimpft er ihn und schlägt ihn mit seinem einzigen Arm brutal ins Gesicht: Gerlichs Brille geht zu Bruch und verletzt ihn an einem Auge. Weitmann nähert sich seinem Onkel, der zu Boden gegangen ist, hilft ihm aufstehen und flüstert ihm dabei ins Ohr: „Es lohnen sich keine Worte." Diese Bemerkung ärgert die Schergen und so geht auch die Brille von Weitmann durch einen Fausthieb Amanns in die Brüche. Damit nicht genug: Beim Hinausgehen trifft Amann im Flur auf Hell und will wissen, wer er sei. „Ich heiße Hell, bin Schriftleiter beim „Geraden Weg", lautet die Antwort. „So, dann haben Sie Schwein auch dafür geschrieben?" „Gewiss! Und habe meine Pflicht getan." So bekommt auch Hell „seine Abreibung". Diesmal beteiligen sich die zwei Kameraden Amanns an der Schlägerei, bis Hell bewusstlos und blutend am Boden liegt.

Amann hat das Zimmer kaum verlassen, als Röhms Adjutant Spreti-Weilbach, den Bell unter den Angreifern erkannt hat, in Gerlichs Zimmer tritt, in der Hand eine Reitgerte. Er jagt alle hinaus, will mit dem Chefredakteur alleine sein. „Wo haben Sie das Material über Röhm her?" schreit er Gerlich an. „Das ist mein Redaktionsgeheimnis", lautet die Antwort. Die Frage wird in immer drohenderem Ton wiederholt, aber die Antwort bleibt immer dieselbe. Nach einer kurzen Pause sind auch von draußen sehr deutlich die Peitschenhiebe zu hören, die auf den Chefredakteur niedergehen. Dieser bleibt stumm und unerschütterlich. Und schon wieder klatschen Schläge auf Gerlich. Er schweigt jedoch beharrlich. „Das werden wir aus Ihnen schon herausholen", sagt Spreti-Weilbach, als er aus dem Zimmer kommt und mit seiner Rotte abzieht.[4]

Plünderung und Schlägereien gehen weiter. Der Übergriff ist auch von der Redaktion der „Münchner Neuesten Nachrichten" zu beobachten, im Gebäude gegenüber vom „Geraden Weg". Aretin, Gerlichs ehemaliger Mitarbeiter bei der Tageszeitung, berichtet, die Braunhemden hätten aus ihren Lastwagen voller beschlagnahmter Papiere aus der Redaktion des „Geraden Wegs" zu den Redakteuren hinaufgebrüllt, die an den Fenstern der „Münchner Neuesten Nachrichten" standen: „Nächsten Montag kommt ihr dran!" Der Sitz des „Gerade Weges", durchwühlt und jeglichen gedruckten Materials beraubt (einschließlich der Werbebroschüren des Touristikbüros, das dem der Zeitschrift angegliedert ist), wird geschlossen und unter Zwangsverwaltung gestellt. Kurz vor Mitternacht werden Gerlich und seine Mitarbeiter abtransportiert. Im Hof empfängt sie eine lärmende Menschenmenge mit Schimpf- und Spottrufen. Gerlich, Weitmann, Steiner, Hell, Jochner und Stahl werden auf die Polizeiwache gebracht. Amalia Breit darf nach Hause gehen. Auch Gerlichs Mitarbeiter werden sofort freigelassen. Um Mitternacht, als alles vorbei ist, kommt die Polizei: Sie kontrolliert, ob alles in Ordnung ist und keine Brandgefahr besteht, und zieht wieder ab.

Aber in Wirklichkeit ist nicht alles vorbei. Es gibt noch einen, der von Röhms Männern verfolgt wird: Georg Bell.[5] Beim Eintreffen der Nazikommandos ist es ihm gelungen, sich auf dem Dachboden zu verstecken. Aber er weiß, dass das kein sicherer Ort ist. So flüchtet er, während die Braunhemden den Dachboden stürmen, auf das Dach und gelangt von dort auf halsbrecherische Weise auf eine benachbarte Terrasse und in das Gebäude. Er läuft die Treppe hinab und begegnet zwei Mädchen, denen er sich geistesgegenwärtig anschließt und mit denen er, unter falschem Namen, scherzend durch die Ansammlung der Braunhemden hindurchgeht und sich dann unbemerkt unter die Passanten mischt. Fürs Erste ist er in Sicherheit. Bell ist sich bewusst, dass viele ihm Böses wollen oder ihn gar umbringen wollen. Er weiß zu viel über zu viele Personen: über Röhm insbesondere, aber auch über Hitler und die hohen Parteibonzen der Nazis. Die einen wollen ihn zum „Singen" bringen, andere ihn für immer mundtot machen. Röhm ist daran gelegen, ihn zu beseitigen, bevor er auspacken kann. Röhms Gegner in der Partei, Himmler und Heydrich vor allem, möchten ihn aus dem entgegengesetzten Grund in ihren Händen haben: um aus seinem Mund die Bestätigung des vom Chef der SA geplanten Komplotts gegen Hitler und die hohe Führungsriege der Partei zu bekommen. In diesem Moment sind alle drei, Röhm, Himmler und Heydrich, in München und jedem von ihnen stehen Tausende Bewaffneter zur Verfügung. Röhm ist Anführer der Braunhemden, Himmler hat das Kommando über die Polizei, Heydrich die Kontrolle über die SS und die politische Polizei. Bell läuft Gefahr, zwischen zwei, ja sogar drei Feuer zu geraten.

Im Moment geht die Gefahr vor allem von Röhm aus. Sein Adjutant, Standartenführer Spreti-Weilbach, der in Röhms Auftrag den Angriff der SA auf die Redaktion des „Geraden Wegs" leitete, wird nun von Röhm selbst beauftragt, Bell zu verfolgen. Der Standartenführer hetzt ihm seine Informanten nach. Er erfährt unter anderem, dass in Krottenmühl in der Nähe von Rosenheim Bells Verlobte Hilde Huber lebt. Dort hat der Flüchtige wahrscheinlich Unterschlupf gefunden, dort muss man ihn suchen. Als am Morgen des 10. März ein SA-Kommando in Zivil in die Villa Huber eindringt, ist Bell glücklicherweise noch nicht dort eingetroffen. Hilde erklärt dem Anführer des Kommandos, sie wisse, dass sich Bell in Berlin aufhalte. In Wirklichkeit aber weiß sie, dass er in München ist. Per Telefon warnt sie ihn: Er soll sofort ins Ausland flüchten, wenn er bleibe, würden sie ihn umbringen. Am selben Abend ist Bell schon in Österreich.

Hier ist er in Sicherheit, aber er macht sich Sorgen um seine Verlobte. Röhm und die anderen werden ihre Wut darüber, mit ihrer Hilfe von ihm hinters Licht geführt worden zu sein, an Hilde auslassen. Aus seinem Aufenthaltsort in Tirol telegrafiert er gleich an seinen besten Freund Paul Konrad (als „Herr Konrad" ist Bell beim „Geraden Weg" bekannt), damit er von seinem Wohnort Rosenheim nach Krottenmühl fahre, um Hilde durch seine Anwesenheit zu schützen. Die Sorge ist berechtigt. In der Nacht vom 11. auf den 12. März klopft dasselbe Kommando wie am Vortag, diesmal in Uniform, an die Tür der Villa Huber. Konrad öffnet. Da man ihn für Bell hält, wird er um ein Haar niedergemacht. Aber unter den SA-Leuten ist ein gewisser Uhl, der Bell gut kennt, was Konrad das Leben rettet. Sie durchwühlen das Haus auf der Suche nach Papieren, bedrohen Hilde, die den Aufenthaltsort des Verlobten nicht verraten will, und sie bedrohen Konrad. Aber sie erfahren nichts. Darüber benachrichtigt, schickt Bell von Innsbruck aus ein zorniges Protesttelegramm an Röhm. Der erste falsche Schritt: Nun weiß die SA, wo sich Bell aufhält. Allerdings wechselt er jeden Tag seinen Aufenthaltsort, von einer österreichischen Stadt in die andere. Inzwischen konnte sich auch Hell, Schriftleiter des „Geraden Wegs", mit Bell in Verbindung setzen. Am 14. März treffen sie sich im österreichischen Kufstein, kurz hinter der deutschen Grenze, und beschließen zusammenzubleiben, um sich gegenseitig zu schützen. Hell, ehemaliger Fliegermajor, hat Erfahrung in dieser Hinsicht. Gegen Ende des Monats kommen sie in ein kleines Dorf in den Tiroler Bergen, Durchholzen, in dem sie zu bleiben beschließen. Es scheint ein sicherer Ort zu sein.

Aber Röhm und Spreti-Weilbach geben sich nicht geschlagen. Am 2. April werden in Krottenmühl Bells Verlobte und ihre Mutter von der gleichen Rotte festgenommen und in das nahegelegene Gefängnis in Rosenheim eingeliefert. Man werde sie freilassen, sobald sich Bell der Polizei stelle. Konrad, der nichts gegen die bewaffnete SA ausrichten konnte, geht auf Anraten von Frau Huber, einer Freundin der Familie Hess, nach München, um über Ilse Hess, Ehefrau von Rudolf Hess, der Hitlers *Mein Kampf* niedergeschrieben hat, auf deren mächtigen Mann für die Freilassung der beiden Frauen einzuwirken.[6] Ilse versucht es, aber Rudolf Hess lässt Konrad ausrichten, er könne nichts machen: Für diesen Fall sei ausschließlich Röhm zuständig.

Röhm ist allerdings nicht der einzige, der sich mit dem Fall beschäftigt. Heydrich und Himmler haben ebenfalls Interesse daran. Heydrich, Chef der politischen Polizei und der SS, erteilt Hauptsturmführer Erich Sparmann, Befehlshaber eines Kontingents der in Rosenheim stationierten SS, Mitte März den Auftrag, Bells Spuren zu verfolgen. Zu diesem Zweck wird er auch eine Gruppe von SS mit der Funktion einer Grenzhilfspolizei betrauen müssen. Rosenheim liegt im Grenzgebiet zu Österreich. Ende März erhält Sparmann eine dringende Depesche von Heydrich: Verhaftungsbefehl für Bell, unterzeichnet von Heydrich selbst. Der Hauptsturmführer und seine Leute schreiten zur Tat. Sie durchsuchen die Villa Huber in Krottenmühl, ohne etwas für sie Interessantes zu finden. In Rosenheim hingegen finden sie Paul Konrad. Bells Freund ist in Sorge um die beiden Frauen. Sparmann verspricht, sie freizulassen, wenn Konrad ihm helfe, Bell zu finden und ihn zu überreden, sich der Polizei zu stellen. Nach einigem Zögern erklärt sich Konrad einverstanden unter der Bedingung, dass nur Sparmann und ein vertrauenswürdiger Polizeifunktionär aus München ihn zu Bell begleiten. Dies ist der zweite, fatale Fehler.

Als Konrad und seine zwei Begleiter am Nachmittag des 3. April Richtung Österreich fahren, folgt ihrem Auto in einiger Entfernung ein größerer Wagen mit fünf Insassen. Sie gehören zur Gruppe der SS mit der Funktion einer Grenzhilfspolizei und unterstehen dem Befehl von Ludwig Kuchler, der seinerseits Sparmann untersteht. An der österreichischen Grenze steigt ein sechster Mann in das Auto ein: derselbe Uhl, der an dem nächtlichen Überfall auf die Villa Huber beteiligt war. Auf der Fahrt nach Durchholzen brüstet sich Uhl vor seinen Mitfahrern mit einem Haftbefehl. „Darin stand geschrieben", präzisiert Kuchler in seiner Zeugenaussage, „dass Bell unbedingt verhaftet werden müsse." Wer aber ist diese Person, die so prahlerisch einen (vermutlich von Röhm unterschriebenen) Haftbefehl zur Schau trägt? Julius Uhl ist Sturmbannführer der SA. Er gehört zum Kreis der Vertrauten von Röhm. Vielleicht ist er homosexuell wie sein Vorgesetzter. In das Komplott gegen Hitler, wie ernst oder weniger ernst es auch sein mag, ist er zutiefst involviert. Laut Bell ist er derjenige, der das Attentat konkret ausführen soll.

Am späten Nachmittag treffen Konrad und seine Begleiter in Durchholzen ein. Sparmann will Bell ohne Gewalt herausholen: seine Vorgesetzten brauchen Bell lebend. Nach anfänglichen Schwierigkeiten kommen die Verhandlungen voran. Auch Hell ist dabei und unterstützt seinen Freund. Bell verlangt und bekommt eine Reihe von Sicherheiten für sich und die Familie seiner Verlobten. Inzwischen ist auch das zweite Auto eingetroffen. Die fünf Grenzhilfspolizisten und Uhl steigen aus. Bell und Hell sind gerade dabei, ihre Sachen einzupacken, um mit Sparmann abzufahren, als plötzlich die Tür aufgeht. Uhl stürmt herein, baut sich wortlos vor Bell auf, der gerade seine Schuhe bindet und feuert die ganze Ladung seines Revolvers auf ihn ab. Dann geht er rückwärts zur Tür hinaus, dreht sich um, schließt die Tür halb, zückt einen zweiten Revolver und schießt auf Hell. Der hat sich, dank seiner Erfahrung mit Waffen und Verteidigung, aus dem Schussfeld gebracht und auf den Boden geworfen. Ein Geschoss verletzt ihn am Oberschenkel, ein weiteres streift seinen Kopf. Bell liegt von Schüssen durchlöchert am Boden, tot. Hell kann sich retten. Aus seinem Bericht weiß man, wie sich die Dinge zugetragen haben.[7]

Hell sagt nichts darüber, wie Sparmann auf Uhls Schüsse reagiert hat. Auf Schüsse, die eine an sich schon höchst riskante Situation noch steigern, denn Sparmann und seine Männer operieren heimlich auf ausländischem Boden: Die österreichische Polizei, von den Schüssen alarmiert, kann jeden Moment eintreffen. Sie fahren sofort los, berichtet Hell, mit Vollgas. Sie haben es so eilig, dass sie an der deutschen Grenze in Kiefersfelden ohne anzuhalten den Schlagbaum durchbrechen und ihre rasende Fahrt fortsetzen, von den Schüssen der österreichischen und der deutschen Grenzpolizei verfolgt, die sie für Verbrecher halten. Der einzige, der von der österreichischen Gendarmerie festgenommen und bald wieder freigelassen wird, ist Paul Konrad, der im Zimmer neben der Leiche seines Freundes geblieben war, während sich Hell, obwohl verletzt, aus dem Staub machte. Uhl kommt nicht ungeschoren davon: Heydrich und die obere Führungsriege der Partei verwinden es nicht leicht, dass sie von ihm hintergangen und um eine wertvolle Beute gebracht wurden. Uhl wird einer Ermittlung unterzogen, die allerdings ohne schwerwiegende Folgen für den SA-Sturmbannführer verläuft; das Schlimmste steht ihm noch bevor.

Der Fall Bell ist abgeschlossen. Jetzt ist Gerlich an der Reihe.

Ein geduldiger Häftling

Als es vom Dom herab Mitternacht schlägt, befindet sich Gerlich im Polizeikommissariat Ettstraße in der Münchner Innenstadt. Die Straßen des Zentrums sind noch belebt von den Feiern zu Ehren des neuen Staatskommissars Franz von Epp, der auf dem Odeonsplatz, auf dem 1923 der Bürgerbräu-Putsch gescheitert war, im Fackelschein tausender fanatischer Anhänger eine hochtrabende Rede gehalten hat.[1]

Wenige Meter vom Odeonsplatz entfernt erhellen andere, weniger fröhliche Feuer die Stadt: Die Braunhemden haben alles angezündet, was sie an Brennbarem im Büro der sozialdemokratischen Zeitung „Münchener Post“ gefunden haben. Tief in der Nacht sind sie dort eingedrungen, haben alles kurz und klein geschlagen, die Rotationsmaschinen mit Hammerschlägen unbrauchbar gemacht, Schreibmaschinen, Möbel, Dokumente aus dem Fenster geworfen und dann alles in Brand gesteckt.[2]

In dieser schrecklichen Nacht wird Gerlich um 0.15 Uhr in das Häftlingsregister eingetragen. Ihm wird die Zelle Nr. 35 im dritten Stock des Polizeigebäudes, das zugleich Sitz des Gefängnisses ist, zugeteilt.[3] Mit einer kurzen Unterbrechung wird er über ein Jahr dort bleiben. In den frühen Morgenstunden des folgenden Tages, am 10. März 1933, wird auch die Privatwohnung des Chefredakteurs durchsucht, ohne Ergebnis. Am selben Tag treffen sich Gerlichs Freunde – Fürst Waldburg-Zeil, Strachwitz, Weitmann, Steiner, Hell – um zu beratschlagen, was man für ihn tun könne: im Moment nicht viel. Waldburg-Zeil und Hell begeben sich zum Innenministerium, wo sie sich nach dem körperlichen Befinden des verhafteten Freundes erkundigen. Der zuständige Kommissar Hermann Esser schließt aus, dass es Misshandlungen gegeben habe.[4] Daraufhin zeigt Waldburg-Zeil auf Hells verschwollenes Gesicht und fordert einen Arztbesuch für Gerlich, was ihm von Esser zugesagt wird.[5]

Unter den Mitarbeitern des „Geraden Wegs" ist Pater Naab als einziger von diesen Ereignissen verschont geblieben. Er war es, der die deutlichsten Worte gegen Hitler und Rosenberg geschrieben hat. Dass er für seine Gegner eine verlockende Beute wäre, weiß er. Dies wissen auch seine Vorgesetzten, die daher beschließen, ihn in Sicherheit zu bringen. Der langen Bart wird abgeschnitten, er bekommt nicht nur Zivilkleidung, sondern auch einen neuen Namen: Von nun an heißt er Pater Peregrin und mit einem falschen Pass wird er in die Schweiz geschickt. Dort wird er 1935, zwei Jahre später, sterben, einsam und in tiefer Sorge ob der Entwicklungen in seinem Vaterland. Auf seinen Grabstein lassen die Mitbrüder den schmerzerfüllten lateinischen Ausspruch von Papst Gregor VII. schreiben: „Amavi iustitiam et odi iniquitatem; propterea morior in exsilio – Die Gerechtigkeit habe ich geliebt und die Ungerechtigkeit gehasst, deshalb sterbe ich in der Verbannung."[6] Selten war ein Epitaph zutreffender.

Auch der „Gerade Weg", die Kanzel, von der aus Pater Naab und Gerlich den Landsleuten ihre „unbefolgten Predigten" gehalten haben, bekommt die Folgen des neuen Kurses zu spüren. Mit einem von Himmler unterzeichneten Beschluss wird am 13. März die Veröffentlichung des Blattes bis zum 10. April ausgesetzt. Am 10. April verbietet eine weitere Verordnung von Himmler endgültig die Veröffentlichung.[7] Hingegen werden die früher von Gerlich geleiteten „Münchner Neuesten Nachrichten" weiterhin erscheinen, obwohl die Artikel von Chefredakteur Büchner und von Aretin Hitlers Machenschaften anprangern. In diesem Fall setzt die Nazi-Spitze auf eine andere Vorgehensweise, nämlich die, das Blatt am Leben zu erhalten, aber seine politische Ausrichtung ins Gegenteil zu verkehren, eine aus den Diktaturen aller Zeiten und Färbungen sehr wohl bekannte Taktik: Die Verlagseigner, in diesem Fall die Gruppe Knorr & Hirth, Eigentümer der wichtigsten Zeitungen Bayerns, werden unter Druck gesetzt und mit Drohungen und Versprechungen dazu gebracht, sich mit dem neuen Gebieter zu arrangieren. Der Chefredakteur der Zeitung wird gezwungen, den Dienst zu quittieren, wenn notwendig durch eine Verhaftung, und sofort durch ein regimetreues Element ersetzt; in gleicher Weise verfährt man mit den Redakteuren, welche die Zusammenarbeit verweigern. Um das Ganze abzusichern, wird ein Regierungskommissar als Garant ernannt und das Spiel ist gewonnen.

Genau dies ist das Schicksal der „Münchner Neuesten Nachrichten". Am 13. März werden der Verlagsleiter der Gruppe, Anton Betz, und der Chefredakteur der Zeitung, Fritz Büchner, zusammen mit Aretin, dem besten Mitarbeiter, verhaftet. Die Tageszeitung wird den NS-Kommissaren SS-Sturmbannführer Leo Friedrich Hausleiter, einem ehemaligen Mitarbeiter der „Münchner Neuesten Nachrichten", und Paul Edmund Hahn, einem bis über beide Ohren verschuldeten Groschenromanschreiber, der im Kreis seiner Bekannten „der Halunke" genannt wird, übertragen. Ihnen wird mit Richard Wendler, Himmlers Schwager, ein „Rechtsberater" als gesetzlicher Garant an die Seite gestellt. Am Tag darauf wird Stefan Lorant verhaftet, der Chefredakteur der „Münchner Illustrierten Presse", die mit einer wöchentlichen Auflage von 600.000 Exemplaren erscheint. Eine Woche später ist Professor Cossmann an der Reihe, der Bevollmächtigte der Verlagsgruppe, der 1920 Gerlich die Leitung der „Münchner Neuesten Nachrichten" übertragen hatte.[8] In den kommenden Wochen werden nacheinander die übrigen unabhängigen Zeitungen von München, von Bayern, von ganz Deutschland aufgelöst oder zum Schweigen gebracht.

Von nun an ist man auf die ausländische Presse angewiesen, will man glaubwürdige Informationen über die Vorgänge im

Land haben. Zunächst beschäftigen sich vor allem Österreich und die Schweiz mit den Münchner Ereignissen. Bereits am 16. März erscheint in der „Neuen Zürcher Zeitung“ und dann in den wichtigsten Tageszeitungen der deutschsprachigen Schweiz an hervorgehobener Stelle eine „Nachschrift der Redaktion“ die von der Verhaftung Gerlichs und den gewalttätigen Übergriffen auf ihn und seine Mitarbeiter berichtet.[9] „Es ist dafür gesorgt, dass dieser Bericht weiteste Verbreitung findet“, präzisiert die Nachschrift. „Die deutsche Reichsregierung wird damit gezwungen sein, Stellung zu beziehen. Sie kann sich mit einer Ableugnung begnügen. Dann identifiziert sie sich mit den Leuten, die als Bestien zu qualifizieren sind. Und zudem ist der Zustand Dr. Gerlichs Beweis für die Barbarei der SA-Leute. Gibt sie Misshandlungen zu und distanziert sie sich von der Bestialität der Peiniger, stößt sie viele aus der SA aus und entzieht sie diese nicht dem Arm der Gerechtigkeit, dann wird man darin die Möglichkeit sehen, mit einem Regime diplomatischen Verkehr zu pflegen, das ernst genommen werden will. Andernfalls wäre es Pflicht der anständigen Presse des Auslandes, den Fall Gerlich nicht ruhen zu lassen! Die Barbarei würde sich zu nahe an unseren Grenzen breit machen, als dass uns das so gleichgültig sein könnte!“

So viel man weiß, ist die Aufforderung „Stellung zu beziehen“, welche die Schweizer Zeitung an die deutschen Machthaber gerichtet hat, ungehört geblieben. In denselben Schweizer Blättern erscheint auch die Nachricht, dass verschiedene einflussreiche Schweizer Freunde und Verehrer Gerlichs, darunter die katholischen Bischöfe von Chur und Sankt Gallen, sich für den Journalisten eingesetzt haben.[10]

Auch in München kann Gerlich auf einen einflussreichen Freund und Verehrer zählen: Kardinal Faulhaber, der ihn gefirmt hatte und seine Tätigkeit als engagierter Journalist stets verteidigte. Am 19. März, zehn Tage nach Gerlichs Verhaftung, schickt er an Hitler von Rom aus, wo er sich zu den Feierlichkeiten des außerordentlichen Jubeljahres 1933 aufhält (1900 Jahre sind seit dem Tod und der Auferstehung Jesu Christi vergangen) ein Telegramm, in dem er sich dringend für Gerlich und Aretin, ebenfalls ein ergebener Freund des Kardinals, einsetzt. Wieder in München, versucht Faulhaber mit allen ihm zur Verfügung stehenden Mitteln auf die Behörden Druck auszuüben, damit die politischen Gefangenen freigelassen oder zumindest menschlich behandelt würden.

Die Ergebnisse seines Engagements sind äußerst dürftig. Dem Führer liegt nichts mehr am Wohlwollen des Kardinals, falls ihm je etwas daran gelegen war: Er kann darauf verzichten, denn er fühlt sich als der absolute Herrscher des Landes und er ist es tatsächlich. Am 21. März hat ihm der Reichstag, in einer selbstmörderischen Entscheidung und zum Hohn der Verfassung, alle Vollmachten übertragen. Auch jene katholischen Abgeordneten der Zentrumsparteien, die den Wählern von Gerlich und Naab als Verfechter der mit dem Nazismus in Kontrast stehenden moralischen Werte empfohlen worden waren, stimmen für diese Entscheidung.

Am 24. Juli unternimmt Kardinal Faulhaber einen erneuten Versuch. Anlässlich der Unterzeichnung des Konkordats zwischen Deutschland und dem Heiligen Stuhl schickt er ein Telegramm an den Führer, das mit der Aufforderung schließt: „Krönen Sie die große Stunde mit einer großmütigen Amnestie für jene, die ohne Verbrechen, nur wegen einer politischen Gesinnung in Schutzhaft sind und mitsamt ihren Familien seelisch furchtbar leiden.“ Auch diese Forderung bleibt, wie die vorherige, unbeachtet.[11]

In der Zwischenzeit ist auch Rom tätig geworden. Am 14. April schreibt der Sekretär der Heiligen Kongregation für außerordentliche kirchliche Angelegenheiten, Monsignore Giuseppe Pizzardo, an die apostolische Nuntiatur in München und macht darauf aufmerksam, dass „an den Heiligen Stuhl die dringende Bitte gerichtet wurde, er möge sich mit dem Schicksal des Publizisten Gerlich befassen, dessen Fall dem Nuntius gewiss bekannt ist".[12] Der Nuntius wird gebeten, dem Absender die erforderlichen Informationen zu übermitteln und zu klären „ob und auf welche Weise man zugunsten Gerlichs etwas unternehmen könne".

Der Nuntius Monsignore Alberto Vassallo di Torregrossa antwortet am 22. April. Dieses den Historikern bisher nicht bekannte Schreiben verdient, in voller Länge wiedergegeben zu werden, denn es ist bezeichnend für die klare und zugleich behutsame Haltung der offiziellen Kirche gegenüber dem, was der Nuntius als die „nationalsozialistische Revolution" bezeichnet:

„Dr. Gerlich, Bewunderer und Verteidiger der Phänomene von Konnersreuth, Publizist mit Charakter, hat sich, wie man glaubt, durch den Einfluss von Therese Neumann zum Katholizismus bekehrt. In ihm sind jedoch noch Spuren des alten calvinistischen Geistes erhalten, weshalb er ohne Zögern die Gegner angreift, was manchen Katholiken nicht gefällt. Nachdem er die Geschäftsleitung der ‚Münchner Neuesten Nachrichten' verlassen hatte, gründete er eine eigene Zeitung mit dem Titel ‚Der gerade Weg', in welchem er seinen Kämpfergeist realisierte, indem er sich insbesondere gegen die Nationalsozialisten wendete und mithilfe eines Spions entdeckte, welche nicht immer zur Veröffentlichung geeigneten geheimen Dinge in deren zentralem Sitz, dem ‚Braunen Haus', vor sich gingen.

Am Tag der nationalsozialistischen Revolution war Gerlich, wie es heißt, unter den ersten, die misshandelt wurden; er, der am schwersten Misshandelte, wurde verwundet und blutend verhaftet. Zurzeit befindet er sich noch im Untergeschoß des Polizeikommandos in der Ettstraße, in der Nähe der Michaelskirche. Nach den Gewalttätigkeiten der ersten Zeit wird Gerlich nun normal behandelt, wie die anderen Häftlinge der Revolution; es heißt, es gebe vergebliche Versuche, seine Freilassung zu erwirken. Auch in weniger schweren Fällen haben sich die Nationalsozialisten unflexibel gezeigt. Man hat erreicht, dass Gerlich und Baron von Aretin, Redakteur der ‚Münchner Neuesten Nachrichten' zum Osterfest von einem Priester aufgesucht wurden, durch den sie die heiligen Sakramente empfingen. Dieser Priester durfte ihn aber nicht noch ein zweites Mal besuchen. Man müsste eben diesen Weg zu beschreiten versuchen, wenn man wünscht, Gerlich Erleichterungen zukommen zu lassen. Für die Nuntiatur ist es nicht opportun, in dieser Angelegenheit in Erscheinung zu treten."

„Gerlich wird normal behandelt", schreibt der Nuntius, der dem „Kämpfer" Gerlich unfreiwillig das schönste Lob ausgesprochen hat. In der Tat wird der Häftling einige Wochen in seiner Zelle im dritten Stock und nicht „im Untergeschoß", wie der Nuntius schreibt, in Ruhe gelassen. Die Unterbringung ist dennoch alles andere als komfortabel: die Zelle, etwas mehr als vier Quadratmeter groß, bekommt wenig Licht von einem kleinen, hochgelegenen Fenster mit mattierten Scheiben. Sie liegt nach Norden, weshalb selbst im Sommer kein Sonnenstrahl hineinfällt. Eine hölzerne Pritsche, ein Strohsack, ein Eimer sind anfänglich die ganze Ausstattung. Später stellen ihm die Aufseher, es sind noch die alten, harmlosen Gefängniswärter, aus Mitleid einen kleinen Tisch und einen Stuhl hinein. Der Rundgang im Hof ist nicht vorgesehen; es ist lediglich erlaubt, im Korridor zwischen den Zellen auf und ab zu gehen, während die Zellen gesäubert werden.[13] Übereinstimmend bezeugen Gerlichs Leidensgenossen seine immer ausgeglichene, gelassene Haltung. Ja, durch seine starke Persönlichkeit, seinen trockenen Humor, die Ausstrahlung, die ihm sein unerschütterlicher Glaube verleiht, flößt er allen Mut und Vertrauen ein. Die Wächter, gutmütige Männer, lassen es zu, dass der Häftling nach zwölftägiger Haft endlich zum ersten Mal mit der Außenwelt in Kontakt kommt.

Am 21. März schreibt er einen zärtlichen, rührenden Brief an seine Frau:

Liebste Sophie!

Es geht mir gut. Ich durfte heute die hl. Kommunion empfangen und bin getröstet. Ich lese fleißig im Neuen Testament. Das Messbuch habe ich erhalten, besten Dank, ebenso die Wäsche. Krägen bräuchte ich. Schau, dass kein von der Wäscherei eingerissener dabei ist. Bring auch wieder Schnupftabak (Saarbrücker). Ich hoffe, dass es Dir gut geht. Halte Dich am Gebet und vertraue weiter fest auf den Heiland. Denen, die Gott lieben, dienen alle Dinge zum Besten. In der Gegenwart erkennen wir es nur oft nicht um unserer Schwachheit willen. Sei herzlich gegrüßt und geküsst! Grüße auch die Freunde, Ludi, Dr. Steiner, dem ich für seinen Gruß danke, und alle anderen, den Xaver und auch den Pfarrer, den Benefiziaten und die bei ihnen.

Herzlichst Dein Fritzl [14]

Auch wenn sichere Zeitangaben fehlen, ist anzunehmen, dass der Empfang der Eucharistie vom 21. März mit den „Heiligen Sakramenten" anlässlich des Osterfestes übereinstimmt, von denen der Nuntius spricht. Aus dem Brief geht auch hervor, dass Gerlich Kenntnis hat von der baldigen Besuchserlaubnis für seine Frau. Von einem nicht näher bestimmten Zeitpunkt an, wahrscheinlich Ende März oder Anfang April, erhält Sophie die Genehmigung, ihren Mann alle vierzehn Tage zu sehen und mit ihm, in Anwesenheit der Gefängnisaufseher, einige Minuten zu sprechen. Da sie krank ist und sich wegen einer allmählich fortschreitenden Lähmung nicht alleine aufrecht halten kann, wird ihr gestattet, sich begleiten zu lassen. Der Neffe Weitmann, die Freunde Waldburg-Zeil, Steiner, Wutz wechseln sich als ihre Begleiter ab und können so wenige Minuten mit Gerlich sprechen. Dies ist möglich dank der wohlwollenden Zerstreutheit der Wächter, die vorgeben, die Identität der Begleiter, allesamt Regimegegner, nicht zu kennen.

Die Gefängniswärter zeigen Verständnis für die Häftlinge und besorgen ihnen gegen Bezahlung Kleidung, Wäsche, Essen, Getränke und Zigaretten; auch Bücher und Zeitungen dürfen sie bekommen. Für Menschen wie Gerlich, Aretin, Büchner, Lorant, Cossmann, die immer von gedrucktem Papier gelebt haben, ist dies von großem Trost. Auf diese Weise stehen Gerlich die Bibel und die *Nachfolge Christi* zur Verfügung, von nun an seine Lieblingslektüre.

Die Leitung des Polizeigefängnisses will glaubhaft machen, dass sie den Gefangenen willkürliche Gewalttätigkeiten erspare. So wird den Wächtern laut Dienstanordnung untersagt, die Schlüssel zu den Zellen an Kommandos der SA oder der SS auszuhändigen, selbst wenn sie einen Auftrag ihrer Vorgesetzen vorweisen. Die Häftlinge werden davor gewarnt, solchen Kommandos Folge zu leisten, falls es ihnen doch gelingen sollte, in die Zellen einzudringen. Das sind, gelinde gesagt, groteske Anweisungen. Es ist schwer vorstellbar, dass sich ein Gefangener erfolgreich einer Gruppe von Bewaffneten widersetzen kann.[15]

Am 10. Mai 1933 veröffentlicht die Innsbrucker Zeitung „Volksruf" einen gewichtigen Artikel unter dem Titel „Wo ist Dr. Gerlich?" – mit einer entschiedenen Anklage gegen Methoden, Mentalität und Ziele des Nazismus, der die Verneinung jeglicher moralischer Werte darstelle. Gerade wegen seines heldenhaften Eintretens zum Schutz dieser Werte ist Gerlich „vom Hakenkreuzterror gefällt". „Gewiss geht es ihm gut", schließt die Zeitung, „wenn er tot ist; denn dann befindet er sich nicht mehr in den Händen seiner Peiniger. Ist er aber nicht tot, warum lässt man ihn dann nicht frei, dass er sich der Welt zeigt? Warum lässt man ihn nicht selber schreiben, ob er lebt und wie es ihm geht? Da man das von Hakenkreuzseite nicht tut, so straft man die amtlichen Aussprengungen, Dr. Gerlich gehe es gut, selbst Lügen. Wir werden nicht ruhen und rasten, bis wir Klarheit in den Fall Dr. Gerlich gebracht haben, bis wir wissen, ob aus dem Zeugen der katholischen Wahrheit ein Blutzeuge des Glaubens und der Gerechtigkeit geworden ist. Ist Dr. Gerlich tot – und alles spricht dafür –, dann ist er ein Märtyrer der katholischen Kirche.“ [16]

Auf den Artikel, der von der internationalen Presse aufgegriffen wird, reagiert die deutsche Regierung mit Irritation. Die bayerische Staatskanzlei weist den deutschen Konsul in Innsbruck an, die Meldung zu widerlegen und zu verlangen, dass die Zeitung sie öffentlich widerrufe. Das geschieht am 16. Mai.

„Gerlichs Gesundheitszustand ist gut“ hatte die bayerische Kanzlei mitgeteilt. In der Tat entbehrt die Nachricht vom Tod Gerlichs jeder Grundlage, nicht unbegründet sind hingegen die Anschuldigungen blinder Gewalt und brutalen Terrors, den die österreichische Zeitung gegen die Folterbanden der Nazis erhebt.

Die Vorkommnisse in der Nacht vom 16. Mai liefern dafür den Beweis. Der Bericht stammt von Stefan Lorant, dem ehemaligen Chefredakteur der „Münchner Illustrierten Presse“. Als Gefangener in einer der Nachbarzellen von Gerlich war Lorant Zeuge der Ereignisse. Seiner Erzählung zufolge treten gegen ein Uhr nachts zwei Braunhemden vor die Wächter und erkundigen sich nach Gerlich. Sie befehlen, ihn vorzuführen, da sie ihn verhören müssen. Ohne weitere Fragen führt der Wächter den Befehl aus und übergibt den Häftling den beiden Gestalten. Diese verbinden ihm die Augen und zwingen ihn, in den Korridoren hin und her zu gehen, treppauf und treppab, damit er das Gefühl für die Umgebung verliert, in der er sich befindet: Er könnte auch nicht mehr in dem Polizeigebäude sein. Dann wird ihm die Augenbinde abgenommen. Der Gefangene schaut um sich, er befindet sich in einem großen, unbekannten Raum. Er hat nicht die Zeit, sich zu orientieren, denn er wird vom Licht starker, auf ihn gerichteter Scheinwerfer geblendet. Im Dunkel hinter den Scheinwerfern stehen Männer, die er hört, aber nicht sehen kann. Es ist wie auf einer Bühne: Der Schauspieler im vollen Licht, die Zuschauer im Dunkel. Aus dem Hintergrund herrscht ihn eine Stimme an: „Woher hattest du die Informationen über das Braune Haus?" Gerlich nennt keine Namen: „Für alle Aufsätze, die in meinem Blatt erschienen sind", antwortet er ruhig, „trage ich allein die Verantwortung". „Du willst also deine Helfer nicht verraten", brüllt der Mann wieder. „Nein!" erwidert Gerlich mit fester Stimme. Augenblicke lang geschieht nichts. Grabesstille. Dann wird das Verhör mit anderen Mitteln fortgesetzt. Der Gefangene wird gepackt und mit Gewalt über einen Tisch gelegt. Ein Gummiknüppel schlägt fünfundzwanzig Mal auf ihn ein; dies ist die Standardzahl der SA-Kommandos.[17] Der Unglückliche beißt die Zähne zusammen und gibt keinen Ton von sich. Er wird aufgerichtet und auf einen Stuhl gesetzt.

Das Verhör geht weiter. Gerlich schweigt. Die gleiche Stimme schreit ihm wiederholt ins Ohr: „Hast du deine Informationen von Dr. Bell bekommen?" Gerlich bleibt stumm. „Wir werden dich schon weich kriegen, du Hund!" brüllen jetzt mehrere Stimmen gleichzeitig. Dieselbe Aktion wie vorher: noch einmal 25 Knüppelschläge. Halb bewusstlos wird er wieder auf den Stuhl gesetzt. „Willst du endlich gestehen?" Der Gefangene ist in sich gekrümmt und gibt keinen Laut von sich. Pause. Die unsichtbaren Gestalten hinter den Scheinwerfern flüstern miteinander, dann schleudert einer eine Pistole auf den Tisch neben Gerlich und schreit gebieterisch: „Hier: Erschieß dich, du Schuft!" Jetzt spricht der Gefangene: „Ich erschieße mich nicht. Ich bin Katholik." Danach kniet er nieder und beginnt zu beten. Er bereitet sich auf das Sterben vor. Er nimmt nicht mehr wahr, was um ihn geschieht. Er ist allein mit Gott. Betend wartet er auf den Schuss, der seinem Leben ein Ende bereiten würde.

Diese Bezeugung des Glaubens macht Eindruck auf die Menschenschänder der SA: Sie sind Bluthunde, aber auf dem Grund ihrer verrohten Gemüter gibt es ein eigenartiges Gefühl von Aberglauben, wo nicht von Glauben. Es würde Unglück bringen, auf einen zu schießen, der betet. Sie beratschlagen und beschließen, das Verhör zu beenden. Nicht aber die Gewalttätigkeiten: Sie führen Gerlich mit verbundenen Augen ab und stoßen ihn, auf dem letzten Treppenabsatz angekommen, über die Stufen hinab. Gerlich hält sich so gut er kann am Geländer fest. Einer der Schergen tritt mit seinen schweren, eisenbeschlagenen Stiefeln auf die Hände des Häftlings, bis er loslässt. Während der Unglückliche die Treppe hinabstürzt, schreit er ihm nach „Verrecken sollst du, du Hund!“

Endlich kann Gerlich in seine Zelle zurück. Er ist blutüberströmt, die Hände halb zerquetscht. Den Rest der Nacht verbringt er in benommenen Zustand. In den Momenten vollen Bewusstseins dankt er Gott, dass er mit dem Leben davongekommen ist. Als der Gefängnisdirektor den übel zugerichteten Gefangenen am Morgen sieht, lautet sein Kommentar: „Diese Abreibung haben Sie redlich verdient!“ Man ruft den Gefängnisarzt und lässt die Wunden versorgen. Später kommt ein Beamter der politischen Polizei. Er will von Gerlich einen schriftlichen Bericht über den Vorfall. Gerlich ist nicht imstande zu schreiben. Er bittet darum, den Bericht diktieren zu dürfen: Lorant wird gerufen, der nach Diktat drei Seiten niederschreibt. Diese Erfahrung prägt sich sehr deutlich in Lorants Gedächtnis ein, der nach wiedererlangter Freiheit zunächst nach London, dann nach Amerika auswandert. Dort veröffentlicht er 1935 in englischer Sprache sein Gefängnistagebuch mit dem Titel *I was Hitler's prisoner*. Das Buch hat in den englischsprachigen Ländern großen Erfolg und findet bei der „New York Times“ und bei anderen wichtigen amerikanischen Zeitungen große Anerkennung: Es hat die öffentliche Meinung der Angelsachsen in anti-nazistischem Sinne außerordentlich beeinflusst.[18]

Nur unter großen Anstrengungen kann Gerlich seine Unterschrift unter den von Lorant redigierten Bericht setzen. Der Funktionär erklärt, er werde ihn dem Oberbefehlshaber der bayerischen Polizei, Himmler, überbringen, damit eine Untersuchung eingeleitet werde. Es ist nicht bekannt, ob und welchen Fortgang die Initiative des Funktionärs gehabt hat. Sicher ist, dass offiziell nichts geschieht: Keine Untersuchung, keine Bemühungen, damit sich Dinge dieser Art nicht mehr wiederholen. Auch die Versprechungen der Gefängnisleitung, die Unversehrtheit der Gefangenen zu schützen, haben sich als das herausgestellt, was sie in Wirklichkeit waren: ein tragischer Hohn. Die Schergen der SA konnten ihre Aktion durchführen, ohne dass jemand auch nur einen Finger gerührt hätte, um dies zu verhindern.

Als dann Ende Mai in der ausländischen Presse erste Informationen über die Misshandlungen von Gerlich erscheinen – Aretin hat diese Nachricht aus dem Gefängnis geschmuggelt – wird Gerlich obendrein gezwungen, eine Erklärung zu unterschreiben, der zufolge es ihm gut gehe und ihm nie ein Haar gekrümmt worden sei.[19]

Gefährliche Geheimnisse

Warum so viel Wut, könnte man sich fragen, so viel Verbissenheit der Schergen, soviel Grausamkeit gegen Gerlich, um seine Informationsquellen herauszubekommen? Und warum steht der Name Bell im Mittelpunkt? Die plausibelste Antwort ist die, dass man nach der Ausschaltung Bells herausfinden will, ob, in welchem Umfang und in wessen Händen sich nun die von ihm stammenden Dokumente und Informationen befinden. Das Problem liegt darin, dass sowohl Röhm als auch Heydrich und Himmler daran interessiert sind. Die Tatsache, dass Gerlich im Gefängnis von zwei Gestalten in SA-Uniform angegriffen wurde, lenkt den Verdacht auf Röhm als Auftraggeber dieser Misshandlung. Aber auch das Gegenteil ist nicht auszuschließen: Die Männer in Uniform könnten verkleidet gewesen sein. Denn sowohl die Gruppe Röhms als auch die seiner Gegner bewegen sich in dieser Zeit oft im Untergrund, auf so verschlungenen Pfaden, dass es fast unmöglich ist, das Geflecht ihrer Züge und Gegenzüge zu entwirren. Beide Gruppen wissen von der Zusammenarbeit zwischen Bell und Gerlich, beide wissen, dass Gerlich von Bell kompromittierende Dokumente erhalten hat: Daher ist Gerlich eine wichtige Zielscheibe.

Gerlich seinerseits ist sich des Risikos bewusst, das durch Bells vertrauliche und hochbrisante Mitteilungen für ihn entstanden ist. Das bestätigt die Erklärung, die er wenige Tage nach seiner Festnahme einem Mitgefangenen gegenüber abgibt: „Ich weiß, man wird mich ermorden. Ich weiß durch Georg Bell, dass Hitler erklärt hat, ich würde zu denjenigen zählen, die, wenn er an die Macht kommt, aufgehängt werden. Geben Sie mir das feierliche Versprechen, falls ich hier den Tod finde und falls Sie lebend aus dieser Hölle kommen, die Öffentlichkeit über Folgendes aufzuklären: ‚Ich weiß durch Georg Bell, Nachricht vom 5. März 1933, dass Goebbels den Reichstagsbrand inszeniert hat und dass Göring die Idee verwirklicht hat. Ferner weiß ich durch Dr. F. H. [...], dass Hitler mit eigener Hand seine Nichte Geli erschossen hat. Geben Sie mir Ihr Ehrenwort, in der Öffentlichkeit zu erklären, dass ich, wie immer die Nachricht von meinem Tod lauten möge, als überzeugter Katholik den Selbstmord verabscheue und niemals Selbstmord begehen werde.“[1]

Dieses Bekenntnis erklärt vieles: Die Informationen, über die Gerlich verfügt, betreffen die Parteispitze, angefangen bei Hitler selbst. Alle Naziführer, nicht nur Röhm, vermuten, dass Gerlich vieles über sie und ihre Schandtaten weiß. Es liegt ihnen also daran herauszufinden, was er tatsächlich weiß und aus welcher Quelle er seine Informationen bezogen hat.

Falls Bell der einzige Informant ist, kann man beruhigt sein, denn er wurde in der Zwischenzeit eliminiert. So erklärt sich auch die wütende Reaktion der Folterer, als der Gefangene schweigt und sich somit weigert zu bestätigen, dass er die Informationen von Bell hat. Und andererseits zeigt es auch, dass die Auftraggeber der Folterer den Enthüllungen Bells einen hohen Grad an Glaubwürdigkeit zumessen.

Was Gerlich seinem Mitgefangenen über den Reichstagsbrand anvertraut hat, bestätigt die „Professionalität“ des Spions Bell. Kaum eine Woche nach den Vorkommnissen – der Brand war am 27. Februar, die „Nachricht“, von der Gerlich spricht, trägt das Datum vom 5. März – war er schon in der Lage, dem Chefredakteur des „Geraden Wegs“ die Unterlagen zu liefern, denen die wahren Verantwortlichen des Brandes zu entnehmen sind. Und dies in eindeutigem Widerspruch zu der Version der Nazis, der zufolge der Brand von einem holländischen Kommunisten gelegt worden sei, dem halbidiotischen Mythomanen Marinus van der

Lubbe, den man im Gebäude mit Papier und Streichhölzern hantierend entdeckt haben will.

Die Zeugenaussagen beim Nürnberger Prozess werden Bells Informationen Wort für Wort bestätigen: Goebbels hat den Brand ersonnen und geplant, Göring, Präsident des Reichstags, hat ihn mithilfe eines von Karl Ernst befehligten Kommandos der SA in die Tat umgesetzt. Derselbe Karl Ernst ist auch für die angeblich „gefälschte" Mobilmachung der SA in Berlin zuständig.[2]

Einer anderen Quelle scheint hingegen entnommen, was Gerlich seinem Mitgefangenen über seine Kenntnisse bezüglich Hitlers Nichte mitteilt. Aus Sicherheitsgründen, um dem Informanten Probleme zu ersparen, werden lediglich die Initialen genannt: F. H. Alles deutet jedoch daraufhin, dass es sich dabei um Franz von Hörauf handelt, der zur oberen Führungsriege der SA zählt, mit Röhm in enger Beziehung steht und dessen ehrgeizige Pläne kennt. Hörauf hat lange mit Bell zusammengearbeitet, die beiden waren befreundet. Es ist schwierig zu sagen, ob Gerlich die Enthüllungen über Hitlers Nichte von Hörauf direkt oder über Bell zugetragen wurden. In jedem Fall ist es eine Nachricht, die in deutlichem Gegensatz steht zu der von den Nazis verbreiteten offiziellen Version.

Die Geschichte von Geli ist sehr traurig. Angela (Geli) Raubal ist die Tochter einer Stiefschwester Hitlers. Sie ist zwanzig Jahre alt, als sie 1928 von ihrem Wohnort Wien mit der Mutter nach Berchtesgaden zieht, in Hitlers grandiose Villa in den Bergen. Sie ist hübsch, lebhaft und fröhlich. Der 39jährige Onkel verliebt sich in sie. Es ist vielleicht die erste große Liebe seines Lebens. Geli fühlt sich geschmeichelt, gibt seinem Drängen nach, ohne seine Gefühle zu erwidern. Oder sie erwidert sie nicht in der Weise, wie es der eifersüchtige, besitzgierige, tyrannische Liebhaber möchte. Vielleicht stößt sie auch die eine oder andere abnorme Forderung des Liebhabers ab. Aus dieser Zeit stammt, Konrad Heiden zufolge, ein langer, leidenschaftlicher Brief Adolfs an seine Geliebte, voll peinlicher und kompromittierender Andeutungen – ein Brief, der aber seine Adressatin nie erreichte, denn er wurde von der Hausmeisterin abgefangen, aber auf einigen Umwegen in die Hände des Journalisten und Priesters Bernhard Stempfle gelangte, eines Freundes des Führers.[3]

Die Beziehung zwischen Adolf und Geli ist keine Idylle. Zwischen den beiden kommt es häufig zu heftigen Streitereien. Hitler tyrannisiert sie. Er will sie immer bei sich haben, auch bei den Parteiversammlungen. Sie darf ohne ihn nicht aus dem Haus, vor allem darf sie sich mit keinem anderen Mann sehen lassen. Geli will ihr Gesangsstudium in Wien wieder aufnehmen, Hitler verbietet es ihr. Nach einer der zahlreichen heftigen Auseinandersetzungen wird die junge Frau am Morgen des 17. September 1931 tot in der Wohnung des Führers in München aufgefunden, durch einen Revolverschuss getötet. Eine rasche Untersuchung des zuständigen Richters befindet, es handle sich um Selbstmord. Hitler erschien am Boden zerstört vor Schmerz, er habe mit Selbstmord gedroht, wochenlang sei er nicht wiederzuerkennen gewesen, sagen seine Freunde.[4]

Der Fall ist also offiziell *ad acta* gelegt. Aber in München kursieren Stimmen, die den Vorfall anders darstellen als die offizielle Version: Die lebenslustige Geli habe nicht Selbstmord begangen, sie sie vielmehr ermordet worden: vielleicht von Himmler, um dem Führer aus einer für ihn peinlichen und für die Partei schädlichen Situation zu helfen, oder, noch wahrscheinlicher, von Hitler selbst, während einer seiner bekannten Wutattacken. Was kann wahr sein an diesen Gerüchten? Wichtige Historiker tendieren dahin, der dem Volksmund entstammenden Version des Geschehens Recht zu geben, da ihrer Einschätzung nach keine überzeugenden Beweise für das Gegenteil gegeben sind.[5] Ohne auf die abgedroschene Formel „Volkes Stimme ist Gottes Stimme“

zurückzugreifen, scheint es doch berechtigt, der Volksversion einigen Glauben zu schenken oder sie zumindest in Betracht zu ziehen. Es stimmt zwar, dass eindeutige Beweise für Hitlers Schuld fehlen, aber es gibt diesbezüglich nicht ungewichtige Indizien und Zeugenaussagen. Vor allem ist die Erklärung von Gerlich nicht zu unterschätzen, dessen Ehrlichkeit und Vertrauenswürdigkeit ja bekannt sind. Laut Aretin waren die Unterlagen mit den Namen der Zeugen, die Hitlers Schuld am Tod der Nichte beweisen, bereits am 7. März in Gerlichs Besitz. Er hatte die Absicht, sie zum Thema eines Artikels für den „Geraden Weg" zu machen.[6]

Damit nicht genug: In seinen Memoiren behauptet Aretin selbst unmissverständlich, der Selbstmord sei nur eine Inszenierung gewesen, um den Mord zu bemänteln. Er führt eine Reihe von Umständen an, die dies beweisen: die Kürze der richterlichen Untersuchung, das von oben verhängte Stillschweigen der Presse, vor allem aber die ihm von Gelis Klavierlehrer gemachte vertrauliche Mitteilung.[7] Dieser Klavierlehrer heißt Adolf Vogl und ist während des ganzen Sommers 1933 Aretins Zellengenosse. Die beiden werden Freunde und der Musiker erklärt Aretin den Grund seiner Gefangenschaft. Er ist deshalb in Haft, weil er etwas weiß, was er nicht wissen dürfte, nämlich, wie Geli Raubal gestorben ist. Außerdem war er so unvorsichtig, dieses Etwas in seinem Tagebuch festzuhalten, das sich jetzt in den Händen der politischen Polizei befindet. Für hundert Mark monatlich hat Maestro Vogl Geli Klavierunterricht erteilt, bei ihm zu Hause oder häufiger in der luxuriösen Wohnung des Führers am Prinzregentenplatz in München.

Zwischen dem alten Musiklehrer und seiner jungen Schülerin hatte sich eine vertrauensvolle Beziehung entwickelt. Eines Tages kommt Geli in Tränen aufgelöst in seine Stunde. Sie ist voller Verzweiflung und vertraut ihm an, sie sei schwanger, von Hitler. Der Musiker versucht sie zu trösten, steht ihr bei. Er sammelt ihre vertraulichen Mitteilungen und nach ihrem Tod auch die des Dienstpersonals im Haus des Führers. So erfährt er, dass Hitler die Nichte und Geliebte erbarmungslos ermordet hat, als sie schwanger wurde, um den Skandal und den politischen Schaden abzuwenden, der daraus entstanden wäre. Für die Glaubwürdigkeit von Vogls Erzählung, die Aretin wiedergibt, existieren keine weiteren Bestätigungen. Es gibt jedoch zu denken, dass der Klavierlehrer der unglücklichen Geli im Gefängnis gelandet und über ein Jahr dort geblieben ist, und erst nach einer radikalen „Umerziehung" seitens der politischen Polizei, „vollkommen gebrochen" entlassen wurde, wie Aretin schreibt. Die Werke Vogls, der auch Musikwissenschaftler und ein tüchtiger Komponist war, bleiben bis zum Sturz der Naziherrschaft auf der schwarzen Liste.

Nach der „Behandlung" durch die SA wird Gerlich in Ruhe gelassen. Es braucht mehrere Wochen, bis er wieder zu Kräften kommt. Während der ganzen Zeit seiner „Rekonvaleszenz" ist die Besuchserlaubnis für seine Frau und ihre Begleiter aufgehoben. Im Juni werden er und seine Freunde ins Gefängnis Stadelheim im Südosten Münchens verlegt.[8] Stadelheim ist eine harte Strafanstalt, die Lebensbedingungen – Gemeinschaftszellen, sehr schlechtes Essen, kein Einkauf und keine Versorgung von außen, strenge Überwachung – sind weit schlechter als im Polizeigefängnis in der Ettstraße. Gerlich tut sich sehr schwer, dort zurechtzukommen; der einzige Trost: Er trifft Cossmann. Sie waren vor fünf Jahren nach einem heftigen Streit auseinandergegangen und hatten sich nicht wieder versöhnt. Nun begegnen sie sich im Gefängnis, lächeln sich zu und umarmen sich mit Tränen in den Augen: „So also finden wir uns wieder!" Jede Zwistigkeit ist vergessen, die alte Freundschaft blüht wieder auf.[9]

Für Gerlich ist Stadelheim unerträglich. Er ersucht darum, in die Ettstraße zurückkehren zu dürfen, was ihm vor allem dank der guten Dienste von Fürst Waldburg-Zeil zugestanden wird.

Waldburg-Zeil versucht über seine zahlreichen und sehr einflussreichen Beziehungen, den Freund wieder frei zu bekommen, zumindest aber Informationen darüber zu erhalten, welche Anklagen gegen ihn erhoben werden. Die Antwort lautet, die Akten seien zur Prüfung beim Richter, um den Prozess einzuleiten. Erst gegen Ende des Jahres wird offiziell mitgeteilt, gegen Gerlich liege dem Tribunal kein strafbarer Tatbestand vor. Trotzdem müsse er im Gefängnis bleiben, „aus Gründen der öffentlichen Sicherheit". Im Übrigen, führt die Verfügung weiter aus, „kann man draußen sein Leben nicht garantieren."[10]

Gegen Gerlich liegt also keinerlei Anklage vor, aber das Gericht ist in Sorge um seine Unversehrtheit. Das mutet wie ein übler Scherz an und ist es auch teilweise. Aber nur teilweise, denn zur gleichen Zeit kursiert ein ähnlicher Gedanke in Kreisen, die weit entfernt sind von den Nazis und der zunehmend nazifreundlichen Justiz.

Wieder einmal ist die Rede von dem Münchner Nuntius Monsignore Vassallo di Torregrossa. An ihn wendet sich am 29. Dezember der Nuntius von Berlin, Monsignore Cesare Orsenigo, und teilt ihm mit, dass die drei katholischen Schweizer Bischöfe von Basel, Chur und Sankt Gallen ihn um Informationen zum Fall Gerlich ersucht und ein Eingreifen zu dessen Gunsten erbeten hätten. Der Nuntius von München antwortet zwei Tage später. Er gibt dem Kollegen in Berlin eine zusammenfassende Charakterisierung des Journalisten, die mit den Worten schließt: „In einem ähnlichen Fall haben sich Initiativen, auch von höchster Seite, als nutzlos erwiesen; im vorliegenden Fall wäre es auch nicht anders aufgrund der außerordentlichen Bedingung der Polizeimacht. Das Beste ist, zu beten und zu Ruhe und Unterwürfigkeit zu raten."[11] Die aus den verworrenen diplomatischen Umschreibungen des Nuntius herauszulesende Botschaft lautet: Für den Gefangenen ist im Moment das Gefängnis das kleinere Übel.

Was letztlich mit der Einschätzung des Münchner Gerichtshofs übereinstimmt.

Andere Amtspersonen haben Gerlich in der Zwischenzeit ins Visier genommen. Obwohl strafrechtlich nicht zu belangen, fällt er doch unter das Richtbeil des Verwaltungsgerichts, das in Hitlers Machtsystem integriert ist. Mitte Januar 1934 kommt das gegen den Journalisten und Archivar eingeleitete Disziplinarverfahren zum Abschluss. Gerlich wird seines Dienstverhältnisses zum bayerischen Staatsarchiv für enthoben erklärt, seine Pensionsansprüche werden annulliert. Interessanterweise wird dies alles vom Verwaltungsgericht München beschlossen, dessen Vorsitzender Richter, Georg Neithardt, für Hitler schon einmal das Recht beugte: Es ist nämlich derselbe Richter, der 1924 nach dem Bürgerbräu-Putsch „vergessen" hat, die Ausweisungsverfügung für Hitler in die Tat umzusetzen.[12]

Gerlich erträgt alles mit christlicher Ergebenheit. „Wer sich als katholisch bekennt", sagt er einem Gefängnisgefährten, „muss auch den Mut finden, die Folgen seiner Lebensauffassung auf sich zu nehmen und mit freudigem Herzen die Leiden ertragen."[13] Von dieser Haltung der gelassenen Hinnahme der eigenen Lage und des unerschütterlichen Gottvertrauens ist Sigisbert Greinwald, der Geistliche, der ihm wöchentlich die Heilige Kommunion bringt und eine halbe Stunde mit ihm sprechen kann, tief beeindruckt. „Von Politik redete er fast nie", erzählt er später, „selbst dann nicht, wenn die Zeitungen, die er regelmäßig erhielt, dazu Gelegenheit geboten hätten. Auch kam ihm nie ein Wort des Hasses über seine politischen Gegner über die Lippen. Was sie ihm angetan hatten, war seinerseits längst schon verziehen. Der ehemals so starke politische Kämpfer war im Gefängnis ein demütiger, kreuztragender Jünger Jesu geworden".[14]

Der „demütige Jünger Jesu" ist sich bewusst, dass er seinen Weg bis zum Ende wird gehen müssen: Aus dem Gefängnis wird er nicht lebend herauskommen. Aus diesem Grund sorgt er dafür, dass seine finanziellen Angelegenheiten geregelt sind, damit die Zukunft seiner Frau gesichert ist. Er setzt sein Testament auf und gibt es dem Freund Wutz zur Verwahrung, begleitet von folgenden Zeilen: „Dir schicke ich es, um Sophie nicht zu beunruhigen. Hebe es bitte gut auf.“ [15] Es ist dies eines der letzten Schriftstücke Gerlichs, die man kennt. Das letzte stammt vom April 1934, an den Freund Steiner adressiert, der ihm am Karsamstag einen Strauß blühender Forsythien und, nach bayerischer Tradition, ein Körbchen geweihter Osterspeisen ins Gefängnis gebracht hat: bunte Eier, Osterbrot und Schinken. Gerlich hat sie mit seinen Mitgefangenen geteilt. „Mit Ihren lieben Ostergaben“, schreibt er, „haben Sie nicht nur mir eine große Freude bereitet. Ich gedenke Ihrer und Ihrer Angehörigen täglich im Gebete.“ [16]

Im Laufe der ersten Monate des Jahres 1934 werden die im Vorjahr verhafteten Journalisten nach und nach wieder auf freien Fuß gesetzt. Der letzte, der aus dem Gefängnis kommt, ist Aretin, der im November des Vorjahres nach Dachau verlegt wurde, das Konzentrationslager, in dem die Regimegegner eingeschlossen wurden. Am Tag nach seiner Freilassung, am 17. Mai, trifft sich Aretin mit Fürst Waldburg-Zeil und Professor Wutz. Gemeinsam überlegen sie eine Strategie, Gerlich aus dem Gefängnis zu befreien, was heißt, seinen Tod zu vermeiden.[17] Waldburg-Zeil, der auf viele wohlsituierte Bekanntschaften in politischen und militärischen Kreisen zählen kann, zeichnet den Freunden ein düsteres Bild der Lage: Im ganzen Land geht die Vereinnahmung der Institutionen seitens der Nationalsozialisten mit forciertem Tempo voran; im Innern der Naziorganisation selbst braut sich etwas zusammen. Zwischen Hitler und Röhm gibt es Spannungen. Die Abrechnung wird nicht mehr lange auf sich warten lassen. Ein hoher Offizier und früherer Mitarbeiter Röhms hat Waldburg-Zeil gestanden, er habe den Führer der SA ausrufen hören: „Wenn wir erst an der Macht sind, den Hitler, dieses Rindvieh, werden wir bald abgetakelt haben". Der Offizier fügte hinzu, er wisse, dass der Führer von diesen Worten Kenntnis habe, und es ist bekannt, dass er nicht der Mann ist, der diese Drohungen auf die leichte Schulter nimmt. Diese Dinge berichtet Waldburg-Zeil auch Gerlich, als er ihn Mitte Juni als Begleiter von Gerlichs Frau besucht. Das Wohlwollen der Wächter ausnutzend, die sie alleine lassen, legt Waldburg-Zeil Gerlich auch die Pläne dar, ihn aus dem Gefängnis zu befreien. Sie besprechen sie gemeinsam. Gerlich ist zu intelligent, um sich Illusionen zu machen. Am Ende muss auch der Fürst eingestehen, dass seine Pläne zum Scheitern verurteilt sind.[18]

Im Sommer 1934 ist es in der bayerischen Hauptstadt ungewöhnlich heiß. Die kleinen Zellen der Gefangenen – Gerlich ist seit kurzem in den vierten Stock, Zelle 46, verlegt – sind schwül und stickig. Die Wächter, dem gesunden Menschenverstand gehorchend, schließen sie nur nachts. Tagsüber bleiben die Türen offen, die Gefangenen können auf die Gänge und an die geöffneten Fenster, sie können umhergehen, sich treffen, miteinander sprechen. Zu Ehren Gerlichs und seiner Zeitschrift ist der lange, gerade Gang von den Gefangenen umgetauft worden in „Der Gerade Weg".[19] Hier lernt Gerlich am Morgen des 29. Juni einen Neuankömmling kennen, Pfarrer Alfons Beer von der Pfarrei Heilig Kreuz in Giesing, einem Stadtteil von München. Dank seinem Bericht wissen wir, was sich in den letzten Stunden von Gerlichs Aufenthalt in der Polizeistation Ettstraße zugetragen hat.

Die Verhaftung des Geistlichen am Tag zuvor ist ein typisches Beispiel für die Vorgehensweise des Regimes. Da alle nicht streng nazistisch strukturierten Vereinigungen, einschließlich der religiösen, aufgelöst wurden, traf sich Pfarrer Beer mit den jungen Leuten der Katholischen Aktion im Wald außerhalb der Stadt. Jemand hat spioniert. Ein Trupp Braunhemden kreist den Versammlungsort ein. Die Jugendlichen werden zurechtgewiesen und freigelassen, der Geistliche verhaftet.[20] So kommt es, dass er am 29. Juni, am Fest Sankt Peter und Paul, dem Jahrestag seiner Priesterweihe, auf dem „Geraden Weg" des Gefängnisses auf und ab geht. Er kennt den Journalisten vom Hörensagen, hat seine Artikel gelesen und gehört zu jenem „örtlichen Klerus", der, wie Kardinal Faulhaber erklärt hat, begeistert ist von dem Mut, mit dem der „Gerade Weg" sich den Mächten des Bösen entgegenstellt. Jetzt unterhält er sich gerne mit Gerlich. Sie vertrauen sich ihre Erfahrungen an. Dank der Sensibilität, die ihm aus seinem seelsorgerischen Wirken erwächst, erkennt der junge Priester die innere Reife seines Gesprächspartners, dessen Spiritualität auch durch die Leiden und Entbehrungen der langen Monate der Gefängnishaft einen hohen Grad der Vollendung erreicht hatte.

Später wird Pfarrer Beer sagen, jener 29. Juni habe ihm in gewissem Sinne mehr gegeben als der 29. Juni seiner Priesterweihe. Am Samstag, 30. Juni, gehen die beiden Gefangenen wieder im Gespräch den Korridor auf und ab, als gegen Mittag ein Wächter angerannt kommt und aufgeregt berichtet, was außerhalb des Gefängnisses vor sich geht: Festnahmen, Verhaftungen, Erschießungen. Das Massaker, das unter dem Namen „Nacht der langen Messer" in die Geschichte eingehen wird, ist in vollem Gange. Gerlich ahnt, dass nun geschieht, was Fürst Waldburg-Zeil vorausgesehen hat. Die Rechnung zwischen Hitler und Röhm wird beglichen. Der Gefangene verliert Augenblicke lang die Fassung: vielleicht schlägt auch bald seine Stunde. Dann fängt er sich wieder und zieht sich zum Gebet in seine Zelle zurück. Am Nachmittag ist er wieder bei den anderen im Korridor und kommentiert mit den Freunden die von den Wächtern überbrachten Neuigkeiten. Er ist wieder ganz Herr seiner selbst und kann mit seiner starken Persönlichkeit auch die Gefährten beruhigen. Als am Abend vom nahen Dom das „Engel des Herrn"-Läuten herüberschallt, zieht Gerlich sich in seine Zelle zurück. Von Pfarrer Beer verabschiedet er sich mit den Worten: „Heute nacht sterben viele! Man muss für sie beten!“ [21]

Eine halbe Stunde vor Mitternacht hält ein Auto im Hof der Polizeistation; dann hört man eilige Schritte die Treppe heraufkommen. Ein Wachtmeister kommt schreckensbleich angerannt: „Schaugn's, dass neikomma in ihre Zellen“, ruft er allen zu, die sich in der heißen Sommernacht noch im Korridor aufhalten. Zwei Männer in Zivil sind aus dem Auto gestiegen und in das Büro von Gefängnisdirektor Hans Kopp gegangen. Sie verlangen die Auslieferung des Gefangenen Gerlich. „Infolge der ungewöhnlichen Zeit“, berichtet Kopp, „habe ich den beiden Beamten gesagt, dass ich den Gefangenen nur dann herausgebe, wenn sie einen schriftlichen Auftrag zur Abholung vorweisen können. Daraufhin zeigten sie mir ein Schriftstück, das von dem damaligen Leiter der Geheimen Staatspolizei, Regierungsrat Dr. Beck, unterzeichnet war, inhaltlich dessen die beide Beamten den Auftrag hatten, Dr. Gerlich aus dem Polizeigefängnis abzuholen. Ich habe das Schriftstück selbstverständlich gelesen und ich entsinne mich noch, dass es die beiden Namen der Beamten und auch den Namen des Gefangenen Dr. Gerlich enthielt. Da ich selbst Interesse daran hatte zu erfahren, wohin Dr. Gerlich verbracht werden sollte, habe ich die beide Beamten ausdrücklich gefragt, und sie erklärten mir, dass er nach Dachau verbracht werden muss“.[22]

Alles den Regeln entsprechend, also alles „legal“: Kopp übergibt die Schlüssel. Beer, dessen Zelle der von Gerlich gegenüber liegt, sieht zwei Männer in Begleitung eines Wächters, Josef Fischer, der Gerlich immer mit Wohlwollen behandelt hat, in die Zelle des Gefangenen gehen. Nach wenigen Minuten kommen sie mit Gerlich heraus. Er trägt ein Köfferchen mit seinen Habseligkeiten. Als die beiden Funktionäre mit dem Gefangenen Richtung Dachau abfahren, schlägt die Domuhr Mitternacht.

Röhm-Putsch oder Nacht der langen Messer?

In der Nacht vom 30. Juni auf den 1. Juli vollzieht sich in ganz Deutschland das Blutbad, das der Führer und seine engsten Mitarbeiter wollten, um sich endgültig von der Gefahr zu befreien, die Röhm und die ihm unterstehenden Millionen von SA-Leuten darstellen. Dabei verdankt Hitler den Braunhemden, wie die SA im Volksmund genannt wird, einen großen Teil seines Erfolges. Sie haben das Land unter Kontrolle gebracht und die Widersacher mundtot gemacht. Die SA war ursprünglich ein Geschöpf Hitlers, der sie im Jahr 1921 ins Leben gerufen und 1923 unter den Befehl Hermann Görings gestellt hat. Seit 1931 unterstehen sie Ernst Röhm.[1]

Röhm ist im ersten Weltkrieg Hauptmann der Armee und von der ersten Stunde an Kamerad Hitlers. Ein gewalttätiger Soldat, keinem Laster abgeneigt und zu allen Exzessen fähig. Allerdings hat er auch Organisationstalent: Unter seiner Leitung vergrößert sich die Zahl der Mitglieder der SA, die ihre Präsenz von Bayern auf ganz Deutschland ausweitet. Auch ihre organisatorische Struktur verbessert sich: Aus den bewaffneten Banden werden paramilitärische Einheiten mit hierarchischer Struktur. Zu Beginn des Jahres 1933, also kurz vor der Machtübernahme Hitlers, gelingt es Röhm, die Macht der SA zu ihrem Höhepunkt zu führen: Die Zahl der aktiven Mitglieder stieg auf 3.000.000; sie verfügt über eigene „private" Gefängnisse (die also der Kontrolle seitens der regulären Polizei entzogen sind), über eigene Konzentrationslager für die Gegner (1933 sitzen schätzungsweise etwa 100.000 Gefangene dort ein), sie genießt völlige Handlungsfreiheit und, was am schlimmsten ist, absolute Immunität.[2]

Nach der Ernennung Hitlers zum Kanzler am 30. Januar 1933 kennt der Ehrgeiz Röhms keine Grenzen mehr. Dieser Grobian von plumper, untersetzter Statur, mit bulligem Hals und verunstaltetem Gesicht (eine Kugel hatte ihm im Ersten Weltkrieg einen Teil der Nase weggefetzt), mit seinem impulsiven Temperament, unnachgiebig, hartherzig – und wie etliche andere Nazis der ersten Zeit homosexuell – glaubt, eine Mission erfüllen zu müssen. Er kann sich einer ganzen Reihe von Verdiensten rühmen: Noch vor Hitler ist er der Deutschen Arbeiterpartei beigetreten, er hat 1920 zusammen mit Hitler die NSDAP gegründet, mit ihm 1923 am gescheiterten Putsch in München teilgenommen und ist zusammen mit ihm er ins Gefängnis gekommen. In den Jahren darauf gibt es kein legales oder illegales, kein gewaltsames oder nicht gewaltsames von der Partei angezetteltes Unternehmen, in das Röhm nicht verwickelt ist und dem er nicht in entscheidendem Maße zum erfolgreichen Ausgang verhilft. Die Tatsache, dass er Hauptmann und Mitglied des Generalstabs der Armee ist, erlaubt es ihm außerdem, fruchtbare Verbindungen zu militärischen Kreisen aufrechtzuerhalten, die ihm – und durch seine Vermittlung den Nazis – Schutz, Unterstützung, Waffen und Geldmittel liefern.[3]

Bei all diesen Verdiensten ist Röhm alles andere als befriedigt, als ihm Hitler, an die Macht gekommen, eine Stellung zweiten Grades in der neuen Regierung anvertraut. Und seine Enttäuschung ist umso größer, als er sehr bald einsehen muss, dass seine wichtigsten Bestrebungen in Kontrast stehen zu der neuen Richtung, die Hitler seiner Politik gibt. Röhm verfolgt im Wesentlichen zwei Pläne: Der erste und dringlichste ist der, seine SA in die Reichswehr oder, besser gesagt, die Reichswehr in seine SA zu integrieren. Er, Röhm, würde ihr oberster Chef sein.[4] Die Sturmabteilungen waren der Antriebsmotor der nationalsozialistischen Revolution. Dank der von ihr ausgeübten, feinmaschigen Kontrolle der deutschen Zivilgesellschaft konnte Hitler die Macht ergreifen; jetzt stellen sie ein kompaktes und hochmotiviertes Korps dar, das unter dem Kommando von Männern steht, die auf Straßen und Plätzen gekämpft und gesiegt haben. Warum sollte dieses Volksheer, das im Übrigen 30mal größer ist als das reguläre Heer, nicht den Kern der neuen deutschen Armee bilden? Und warum sollten ihre Anführer, die auf den Straßen Deutschlands triumphiert haben, nicht an die Stelle der alten reaktionären Generäle treten, „die alten Schuster", „die alten Böcke", wie Röhm sie verächtlich nennt, die im Krieg einen so schlechten Beweis ihrer selbst geliefert hatten? [5]

Das zweite Ziel, das Röhm und seine braunen Prätorianer anstreben, ist ideeller Natur. Röhm ist einer der vielen, die vorbehaltlos an die vagen sozialistischen Inhalte des nationalsozialistischen Parteiprogramms geglaubt haben. Er stammt aus einer armen Familie und verabscheut alles, was mit der kapitalistischen Rechten zu tun hat: die großen Unternehmen, die Hochfinanz, die Adeligen, die Reaktionäre, die preußischen Junker und damit die aristokratischen Großgrundbesitzer, aus denen traditionsgemäß die obere Militärführung stammt. Seine Befürchtung ist nun, dass nach Beseitigung der Linken die Rechte ihre Privilegien aufrechterhalten könnte. Diese muss daher durch eine „zweite Revolution" liquidiert werden – so lautet das von ihm selbst geprägte Schlagwort. „Es ist in der Tat hohe Zeit, dass die nationale Revolution aufhört und dass daraus die nationalsozialistische wird!"[6] Nach Ansicht Röhms muss die geschichtliche Sendung der SA, die darin besteht, die nationalsozialistische Revolution zu vollenden, noch in die Tat umgesetzt werden: Der nationale Anteil ist erfüllt; nun geht es darum, das soziale Engagement zu realisieren.

Über beide Probleme denkt Hitler, der abgebrühte Politiker, das exakte Gegenteil. Der Führer hat langfristig die Stärkung des militärischen Apparates im Blick und ist sich bewusst, dass man dabei einen so traditionsgeprägten und hochprofessionellen Organismus wie die Reichswehr nicht leichtfertig demontieren kann. Das würde heißen, ihn durch einen Haufen lärmender Fanatiker zu ersetzen, sicherlich gute Schlägertypen, aber nicht geeignet, ein modernes, gut ausgebildetes und diszipliniertes Heer zu bilden. Die Kampfgruppen der Braunhemden waren ein wertvolles Mittel, um die Macht zu erobern; nach der Eroberung der Macht aber hört ihre Funktion auf, ja ihre Existenz wird unerwünscht. Zudem weiß Hitler nur zu gut, dass ohne die Unterstützung oder zumindest die wohlgesinnte Neutralität der Militärspitze sein Aufstieg zum Kanzleramt wenig Erfolgsmöglichkeiten gehabt hätte. Und auch jetzt, da er Kanzler geworden ist, ist er auf die Unterstützung des Heeres angewiesen. Die hohen Generäle und ihr oberster Befehlshaber, Feldmarschall von Hindenburg, erwarten vom Führer, dass er den gewalttätigen Übergriffen und Unruhen, welche die öffentliche Ordnung noch immer bedrohen, rasch ein Ende setzt – Gewalttätigkeiten und Unruhen, deren Urheber vor allem die SA ist. Wenn er nicht alles Erreichte aufs Spiel setzen will, darf Hitler die von Röhm gewollte totale Veränderung der Strukturen des Militärs nicht akzeptieren.[7]

Und noch weniger kann er dem unzeitgemäßen zweiten Projekt des SA-Stabschefs zustimmen, nämlich dem einer zweiten revolutionären Phase zur Verwirklichung der sozialen Inhalte des nationalsozialistischen Programms, mit welchem die Privilegien des verhassten Adels und des „niederträchtigen und korrupten Bürgertums“ hinweggefegt werden sollen, um die „gesunden Volkskräfte“ aufzuwerten. Für Hitler waren die sozialistischen Programmpunkte des Nazismus nur Lockvögel, propagandistische Slogans, um die Gunst der Massen für sich zu gewinnen. Jetzt, wo das Spiel geglückt ist, kann man das Spielzeug wegwerfen. Aber jenseits aller Metaphern muss der Führer nun zusehen, dass das deutsche Wirtschaftssystem nach den Zerrüttungen der letzten Jahre wieder voll funktionsfähig wird. Und um das zu erreichen, müssen Ordnung und sozialer Frieden wieder hergestellt werden. Eine Art „permanente Revolution", wie Röhm sie predigt, wäre das genaue Gegenteil von alledem und hätte den Effekt, dass sie „nur zum Chaos führen wurde", wie Hitler selbst am 1. Juli 1933 in einer Rede vor den Anführern der Braunhemden behauptet. Das einzige Kriterium, an das man sich auf wirtschaftlichem Gebiet zu halten habe, sei, wie der Führer einige Tage später unterstreicht, Kompetenz und nicht die Zugehörigkeit zu der einen oder anderen politischen Gruppierung. Und diesen Worten folgen Taten.[8]

In den schwierigen Jahren auf seinem Weg zur Macht hat Hitler im Geheimen enge Kontakte zu den großen deutschen Bankchefs und Industriellen gepflegt und von ihnen – selbstverständlich im Geheimen – beträchtliche Subventionen erhalten (Fritz Thyssen, der rheinländische Magnat der Eisen- und Bergbauindustrie, gesteht in seinen Memoiren mit dem aufschlussreichen Titel *I paid Hitler*, er habe dem Nazi-Chef eine Million Mark aus den Kassen seines Unternehmens überwiesen)[9]. Für Hitler ist nun der Moment gekommen, diese Gunstbeweise zu erwidern. Einer Reihe von Maßnahmen des Kanzlers in der zweiten Hälfte des Jahres 1933 gibt ganz eindeutig darüber Aufschluss, welche neuen Richtlinien er in sozialer und wirtschaftlicher Hinsicht verfolgt: Zum Wirtschaftsminister wird Kurt Schmitt berufen, ein überzeugter Liberaler und Generaldirektor der „Allianz", der größten deutschen Versicherungsgesellschaft. Banken und andere Unternehmen, die der Kontrolle der Nazis unterstellt waren und in einigen Fällen von ebenso fanatischen wie inkompetenten Nazi-Leuten in gewissem Maße konfisziert worden waren, werden an ihre legitimen Besitzern zurückgegeben; an die Spitze des Arbeitgeberverbandes, der ebenfalls der Kontrolle von Nazi-Kommissionen unterstellt worden war, kehren die Exponenten der Großindustrie zurück: Der bereits erwähnte Thyssen und der König der Stahlindustrie Gustav Krupp von Bohlen und Halbach.[10]

Sowohl bei der militärischen Frage als auch im Bereich der sozialwirtschaftlichen Ordnung befindet man sich also, wie man sieht, meilenweit entfernt von den Hirngespinsten Röhms. Vielleicht auch im Vertrauen auf die jahrelange enge Freundschaft mit Hitler (er ist in der Nazi-Führung der einzige, der sich mit ihm duzt), bemerkt er in seinem hartnäckigen Fanatismus nicht – oder will es nicht wahrhaben –, dass ihm der Boden unter den Füßen schwindet. Ganz im Gegenteil, er besteht uneingeschüchtert auf seinem Plan, die Sturmabteilungen zu verstärken, indem er die Zahl der Angehörigen erhöht (von den 3.000.000 zu Beginn des Jahres 1933 auf über 4.000.000 im Jahre 1934; dabei ist nicht zu vergessen, dass das reguläre Heer, gemäß dem Friedensvertrag, auf 100.000 Streitkräfte beschränkt bleiben muss) und die militärische Ausbildung intensiviert: Er besorgt sich große Mengen von Waffen, schafft eine eigene Polizei („SA-Feldpolizei") und gründet sogar eine eigene SA-Gerichtsbarkeit.[11] Gleichzeitig intrigiert er, nimmt auch mit früheren Gegnern der Nazis oder abtrünnig Gewordenen Kontakt auf, etwa mit General von Schleicher und mit der ehemaligen rechten Hand Hitlers, Gregor Strasser, um auf die Verwirklichung seines Traumes von einer „zweiten Revolution" hinzuarbeiten.[12]

Die Historiker sind nach Jahren intensiver Recherchen und Forschungen auch heute noch uneins darüber, ob Röhm tatsächlich einen echten Militärputsch organisiert oder zumindest geplant hat, um den „Sozialstaat der SA" zu gründen. Tatsache ist, dass, verglichen mit den sozialistischen Slogans, die in den Kreisen der Braunhemden zirkulieren, die wenigen Ideen Röhms und seiner engsten Mitarbeiter und Kameraden in wirtschaftlicher und sozialer Hinsicht eher konfus sind: Keiner von ihnen wäre imstande, ein sinnvolles Programm für die Strukturen und Eigenschaften des Staates aufzustellen, der aus der „zweiten Revolution" erwachsen soll. „Über einen derben, unreflektierten

Krieger-Kommunismus", schreibt Joachim Fest in seiner Hitler-Biographie, „der bei Röhm selber und seiner engeren Umgebung noch durch das soziale Cliquenbewusstsein der Homosexuellen gegen die feindselige Umwelt verschärft worden ist, hat dieser Sozialismus nie herausgereicht"[13]

Röhm und seine Clique sind sich jedenfalls im Klaren darüber, dass Hitler der erste Gegner ist, der beiseite geräumt werden muss, wenn sie ihre Ideen verwirklichen wollen. Denn er war es, der die Revolution „lahmgelegt" hat, der in seiner Gier, die politische Situation des Landes „normalisieren" zu wollen, um sich die Sympathien Hindenburgs zu sichern (dessen Nachfolge er anstrebt), Verrat an der nationalsozialistischen Revolution begangen hat. „Adolf ist gemein", brüllte Röhm auf einer Versammlung mit seinen engsten Kameraden, wie Hermann Rauschning in *Gespräche mit Hitler* berichtet, „er verrät uns alle. Er geht nur noch mit Reaktionären um. Seine alten Genossen sind ihm zu schlecht: Da holt er sich diese ostpreußischen Generäle heran".[14]

Und der Führer strebt tatsächlich eine Zusammenarbeit mit den „ostpreußischen Generälen" an. Er braucht ihren Rückhalt, um zwei für ihn lebenswichtige Ziele realisieren zu können: Das erste ist, Nachfolger des alten Präsidenten von Hindenburg zu werden, dessen Tage gezählt sind; das zweite ist die geheime Wiederaufrüstung des Landes (deshalb geheim, weil sie gegen den Vertrag von Versailles verstößt, welcher die Aufrüstung verbietet). An beiden Plänen liegt Hitler sehr viel und er ist bereit, jeden Preis dafür zu zahlen. Mit der Unterstützung des Reichswehrministers Werner von Blomberg gelingt es dem Kanzler, die Zustimmung des Generalstabs zu seinen Plänen zu erlangen.

Und der Preis, den er dafür bezahlen muss, ist alles in allem bescheiden und ihm nicht ganz unlieb: General Walter von Brauchitsch, der an den Verhandlungen teilgenommen hat, kommentiert: „Die Wiederaufrüstung war eine zu ernste und schwierige

Sache, als dass man die Beteiligung von Kassendieben, Trunkenbolden und Homosexuellen hätte dulden dürfen."[15]. Mit diesen Schimpfwörtern sind offensichtlich Röhm und seine Genossen gemeint. Und Röhm und die Braunhemden sind es, die bei der Vereinbarung als Tauschware dienen: Der Führer verpflichtet sich, Röhm unter Kontrolle zu bringen und die Stoßtruppen der SA mit dem Ziel einer totalen Auflösung beträchtlich zu reduzieren.

Damit sind die Würfel gefallen: Einer von beiden – Hitler oder Röhm – muss nachgeben und sich dem Willen des anderen unterstellen oder aber unterliegen; von diesem Moment an vollzieht sich ein Drama, das nach einem vorgezeichneten Drehbuch abläuft. Die einzige Variante, die den Epilog beschleunigt, aber nicht ändert, ist er Auftritt dreier bekannter Personen: Himmler, Reichsführer SS, Göring, Preußischer Ministerpräsident und Reichsminister der Luftfahrt (die spätere Luftwaffe), und der Chef der Gestapo, Reinhard Heydrich. Diese drei Nazi-Größen haben verschiedene Rechnungen mit Röhm zu begleichen. Als Exponenten des „gemäßigten" Flügels der NSDAP stehen sie den Positionen des militärischen Establishments nahe (Göring kommt aus einer Familie, die der Militär-Kaste angehört) und ertragen es nur schwer, dass jemand wie Röhm, der für sie zum „Abschaum des Volkes" gehört, im Besitz nahezu uneingeschränkter Machtwerkzeuge ist.

Röhm seinerseits zahlt es den Gegnern heim, indem er sie als „dumme und gefährliche Subjekte" bezeichnet, die den „Schwächling" Hitler als Geisel halten.[16] Es ist an dieser Stelle interessant zu beobachten, wie gerade Hitler, der die Braunhemden in Wirklichkeit auf dem Altar des Paktes mit der Reichswehr geopfert hat, nun versucht, mit Röhm eine Kompromisslösung zu finden. Vielleicht deshalb, weil Röhm innerhalb der nationalsozialistischen Bewegung sein ältester Freund ist, vielleicht aber auch, weil Hitler genau weiß, welchen grundlegenden Beitrag die Braunhemden zu seinem Erfolg geleistet haben, zögert er lange, bevor er sich dazu durchringt, die Ratschläge von Himmler, Göring und Heydrich zu akzeptieren, die rasch zum Ziel kommen möchten.

Anders als Hitler besitzt Röhm nicht die politische Intuition, die es ihm erlauben würde, sich den jeweiligen Situationen anzupassen, sie auszunutzen und zum eigenen Vorteil zu wenden, und daher verschmäht er den Rettungsanker, den ihm der Führer im Februar 1934 zuwirft. Auf einer Versammlung mit den oberen Befehlshabern der Reichswehr und den SA-Anführern betont Hitler zwar, dass die Reichswehr das einzige Verteidigungsorgan und die einzige bewaffneten Einheit der Nation ist, erkennt aber auch die Wichtigkeit und Verdienste der Braunhemden an. Diese haben nach seinen Worten noch eine sehr wichtige Funktion: Sie sind zuständig für die politische Erziehung der Nation.

Röhm akzeptiert zunächst diese neue, vom Führer zugewiesene Rolle oder tut wenigstens so. Aber schon bald erklärt er, auch auf Druck seiner Genossen (die desto aufdringlicher und chaotischer werden, je mehr ihnen der Boden unter den Füßen zu schwinden droht), dass er nicht die geringste Absicht hat, sich an die Abmachung zu halten: „Was der lächerliche Gefreite erklärte, gilt nicht für uns. Hitler ist treulos und muss mindestens auf Urlaub. Wenn nicht mit, so werden wir die Sache ohne Hitler machen." Er werde seinen eigenen Weg gehen.[17] Und tatsächlich intensiviert er seine Kontakte und nimmt seine Machenschaften wieder auf, die zwar aus der Luft gegriffen und ziellos sind, aber seinen Gegnern die Gelegenheit bieten, ihn beim Führer in immer schlechteres Licht zu rücken.

Es sind Gerüchte im Umlauf – die von hohen Exponenten der Reichswehr noch absichtlich genährt werden –, Röhm plane ein Komplott, um Reichswehrminister zu werden und seine Sturmabteilungen in die Reichswehr einzugliedern. Aber Himmler, Göring und Heydrich gehen noch weiter und berichten Hitler (der ihnen, misstrauisch wie er ist, Glauben schenkt), der Chef der Braunhemden organisiere zusammen mit der SA-Spitze einen Putsch: Er habe vor, die Hauptstadt zu besetzen und im Laufe einer „äußerst grausamen und mehrere Tage währenden Aktion" Hitler selbst zu beseitigen. Dieser beauftragt für alle Fälle von diesem Moment an den Chef der preußischen Gestapo, Rudolf Diels, „den Herrn Röhm und seine Freundschaften" ausspionieren zu lassen und dabei möglichst viele Beweismittel zu ihren Lasten zu sammeln.[18] Dennoch möchte der Führer ein letztes Mal versuchen, Röhm zu überzeugen.

In den ersten Junitagen des Jahres 1934 (und somit weniger als einen Monat vor dem tragischen Epilog) trifft er sich mit ihm mit dem Ziel, wie Hitler später selbst sagen wird, „der Bewegung und meiner SA die Schande einer solchen Auseinandersetzung zu ersparen und die Schäden ohne schwerste Konflikte zu beseitigen". Nach Hitlers Aussage hat Röhm ihm beim Abschied versprochen, „er werde alles tun, um nunmehr nach dem Rechten zu sehen".[19] Es ist schwer zu sagen, ob diese Versicherung Hitlers ehrlich gemeint war. Jedenfalls tut Röhm daraufhin das Schlimmste, was er machen konnte: Er beschließt, sich einen Urlaub zu gönnen und begibt sich nach Bad Wiessee (einem Kurort am Tegernsee), um seinem Rheumaleiden Linderung zu verschaffen. Gleichzeitig verfügt er, dass große Teile der SA für die folgenden Wochen beurlaubt werden. Somit gibt er sich, isoliert und unbewaffnet, den Mordabsichten seiner Gegner preis.[20]

Naivität? Unwissenheit? Berechnung?

Es ist schon auf die Schwierigkeit hingewiesen worden, diese Ereignisse mit absoluter Sicherheit zu rekonstruieren, auch deshalb, weil fast alle Dokumente, die auf darauf Bezug nehmen, vielleicht sogar die aussagekräftigsten, aus den Archiven entwendet wurden. Vermutlich von den Gegnern Röhms; aber auch das lässt sich nicht beweisen. Was die Kernfrage angeht, ob es sich nun um einen Röhm-Putsch gehandelt hat (wie er in der deutschen Geschichtsschreibung noch heute genannt wird), das heißt, um einen von Röhm und seinen Gefolgsleuten organisierten Putsch, um Hitler zu beseitigen, oder ob es umgekehrt ein mit Hitlers Wohlwollen von Göring, Himmler und Heydrich organisierter Putsch war, um sich ein für allemal des gefährlichen Gegners und seiner Anhängerschaft zu entledigen, – darüber gehen die Meinungen bis heute noch auseinander. Die in der Vergangenheit vorherrschende Hypothese, die auch von hochrangigen Historikern des Nationalsozialismus vertreten wird, ist die zweite.

Allerdings ist man kürzlich zu der Erkenntnis gekommen, dass die „offizielle", also die von der Nazipropaganda verbreitete Version, die besagt, dass Röhm selbst ein Komplott geplant habe, nicht von vorneherein auszuschließen ist.[21] Da es sich um eine noch immer kontroverse Frage handelt, scheint es an dieser Stelle angemessen, die Vorgänge in ihren beiden Versionen darzustellen, angefangen bei der bekannteren, der gemäß Röhm das Opfer einer „präventiven", von den Machthabern gewollten Rache ist. Dieser Version zufolge wird dem Führer bei dem Treffen Anfang Juni klar, dass Röhm jenseits aller konventionellen inhaltslosen Zusicherungen nicht bereit ist nachzugeben. Hitler weiß, dass die hohe Führungsriege des Militärs, der er versprochen hat, die Braunhemden unschädlich zu machen, die Geduld verliert; und er weiß auch, dass Präsident Hindenburg, dessen Tage, oder besser Stunden mittlerweile gezählt sind, sich auf seinem Sitz in Neudeck mit dem Gedanken trägt, einen Nachfahren aus dem Hause Hohenzollern zu seinem Nachfolger zu bestimmen, und dass er darin von den monarchietreuen hohen Militärangehörigen unterstützt wird. Dadurch würde die Absicht Hitlers, zugleich auch das Amt des Reichspräsidenten zu übernehmen, unmöglich.[22]

Von Göring und Heydrich kommen unterdessen „alarmierende" Nachrichten. Sie haben beschlossen, dass Röhm und seine

Freunde beseitigt werden müssen. Mit Schlauheit und List lenken sie ihre Taktik daher in verschiedene Richtungen: Sie versichern sich der Unterstützung der Reichswehr, indem sie das Gerücht verbreiten, dass die SA vorhabe, alle höheren Offiziere „kaltzumachen"; sie erstellen eine schwarze Liste (die so genannte „Reichsliste") mit den Namen der Personen, die zu beseitigen sind (anfänglich enthält die Liste sieben Namen, nachdem die Liste jedoch von Hand zu Hand gereicht wurde, sind es am Ende über hundert); daneben provozieren sie in Berlin und München unter simulierten Vorwänden Demonstrationen spärlicher Gruppen von Braunhemden, über die sofort als Anzeichen für einen bevorstehenden Putsch berichtet wird, und beeilen sich, den Führer darüber in Kenntnis zu setzen.

Es ist der Abend des 29. Juni 1934. Hitler, der sich in Bad Godesberg befindet, zögert noch. Aber um Mitternacht erreicht ihn eine höchst beunruhigende Mitteilung Himmlers, das Berliner Kommando der SA habe für den folgenden Tag die Stürmung und Besetzung der wichtigsten Ministerien beschlossen. Diese Nachricht war notwendig, um Hitler zur Entscheidung zu treiben. „Unter diesen Umständen", erklärt er später, „konnte es für mich nur noch einen einzigen Entschluss geben [...]: Nur ein rücksichtloses und blutiges Zugreifen war vielleicht noch in der Lage, die Ausbreitung der Revolte zu ersticken."[23] Er beauftragt sofort Göring, die Revolte in Berlin zu verhindern, und Himmler, dasselbe in München zu tun. Noch in derselben Nacht nimmt Hitler in Bad Godesberg ein Flugzeug und landet am Samstag, dem 30. Juni, um vier Uhr morgens in München. Hier werden ihm im Innenministerium sofort die verhafteten Ortsgruppenführer der Braunhemden vorgeführt: Die Verängstigten werden vom Führer misshandelt, der ihnen in einem Wutanfall die Abzeichen der Partei herunterreißt und befiehlt, sie im Gefängnis Stadelheim einzusperren. Anschließend begibt er sich nach Bad

Wiessee, wo Röhm und zahlreiche andere SA-Führer gerade Urlaub machen.

Als Hitler dort ankommt, schlafen noch alle.[24] „Mit der Peitsche in der Hand", so hat sein Fahrer, Erich Kempka, den Vorgang beschrieben, betrat Hitler „das Schlafzimmer Röhms, hinter sich zwei Kriminalbeamte mit entsicherter Pistole. Er stieß die Worte hervor: ‚Röhm, du bist verhaftet!'. Verschlafen blickte Röhm aus den Kissen seines Bettes und stammelte: ‚Heil, mein Führer!' ‚Du bist verhaftet!', brüllte Hitler zum zweiten Male, wandte sich um und ging aus dem Zimmer."[25] Röhm wird ebenfalls in Stadelheim inhaftiert und am folgenden Tag von zwei SS-Offizieren erschossen. (Man sagt, Hitler habe ihm als letztes Zeichen seiner „Freundschaft" eine geladene Pistole in die Zelle legen lassen, die zu benutzen Röhm sich allerdings weigerte; wenn er umgebracht werden solle, „das soll Adolf selbst tun.")[26] Aus dem Bett gerissen und sofort in einen Kugelhagel geraten sind hingegen Edmund Heines, SA-Obergruppenführer von Schlesien, und sein junger Freund, der bei ihm schlief (wie Röhm, ist auch Heines ein bekannter Homosexueller).[27]

Inzwischen trägt die Razzia auch im Rest Bayerns ihre Früchte: Am Ende des Tages sind zweihundert hohe SA-Männer in Stadelheim inhaftiert. Ähnliches geschieht in Berlin und in den anderen Teilen Deutschlands: Alle Personen, die auf der „Schwarzen Liste" stehen, ob sie nun der SA angehören oder nicht, werden verhaftet, in der Militärschule Lichterfelde bei Berlin zusammengepfercht und in einem schnelleren Verfahren als in München einfach an die Wand gestellt und erschossen. Das Blutbad geht den ganzen Samstag über erbarmungslos weiter und endet erst am Sonntagabend, dem 1. Juli. Die wahnwitzige Mordgier kennt keine Schranken mehr und begnügt sich nicht mit den Braunhemden, sondern bietet Heydrich, Himmler, Göring und vielen anderen ranghohen Nazis die Gelegenheit, alte Rechnungen zu begleichen und ihre persönliche Rache auszutragen. Ermordet wird auch General von Schleicher zusammen mit seiner Gemahlin. Gregor Strasser wird in Berlin verhaftet, in das Gefängnis der Gestapo gebracht und auf persönlichen Befehl Görings erschossen. Von Papen, dem Vizekanzler und Liebling Hindenburgs, gelingt es, dem Massaker zu entkommen, aber dafür werden seine engsten Mitarbeiter und Freunde beseitigt, darunter Erich Klausener, der Vorsitzende der Katholischen Aktion.[28]

Hitler selbst steht seinen Prätorianern nicht nach und ergreift die Gelegenheit beim Schopf, um die in der Vergangenheit erlittenen, wirklich geschehenen oder vermuteten Affronts mit Zinsen zu vergelten und eventuellen zukünftigen vorzubeugen. Gustav von Kahr, der 1923 als bayerischer Ministerpräsident gegen den von Hitler und Ludendorff angezettelten Putschversuch opponiert hat, wird in einem Teich in der Nähe von Dachau tot aufgefunden, erschlagen. Das gleiche Schicksal erleidet der Priester und Journalist Bernhard Stempfle, der seinerzeit das Pech hatte, einen kompromittierenden Brief Hitlers an seine Nichte Geli Raubal in die Hände zu bekommen. Stempfle konnte den Mund nicht halten, was ihm jetzt das Leben kostet: Er wird im Wald von Harlaching bei München tot aufgefunden, mit gebrochenem Genick und drei Kugeln im Leib.[29] Eigenhändig unterzeichnet der Führer auch das Todesurteil für Spreti-Weilbach, den Adjutanten Röhms, der ein Jahr zuvor Gerlich misshandelt hatte.[30]

Von den Hunderten von Opfern des Erschießungskommandos sollen noch zwei Fälle in Erinnerung gebracht werden: Der eine hat eine fast tragikomische Dimension, der andere beruht auf einer entsetzlichen Verwechslung:

Karl Ernst ist Chef der Berliner SA. Mit weniger als 35 Jahren hat dieser ehemalige Rausschmeißer eines Berliner Homo-Clubs dank seiner „Freundschaft“ mit Röhm den Höhepunkt seiner Karriere erreicht: 250.000 Braunhemden stehen unter seinem

Kommando. Er ist ein gut aussehender junger Mann, aber ohne viel Verstand. Und er hält sich für allmächtig. Für ihn ist aber die Lage brenzlig. Sein Name steht auf der schwarzen Liste, natürlich ohne dass er davon weiß. Er ist frisch verheiratet und an diesem Samstagabend befindet er sich auf Hochzeitsreise mit seiner Braut in Bremen. Beide werden verhaftet. Ernst ist überzeugt, dass es sich dabei um einen Scherz seiner Kameraden handelt, zwar um einen sehr plumpen, aber jedenfalls um einen Scherz. Er macht sich keine großen Sorgen und im Flugzeug, das ihn nach Berlin bringt, macht er sich einen Spaß daraus, sich über seine Begleiter lustig zu machen. Erst als er in Lichterfelde vor das Exekutionskommando geführt wird, gehen ihm die Augen auf. Er schafft es gerade noch, „Heil Hitler" zu schreien, bevor er von einer Gewehrsalve niedergestreckt wird.[31]

Willi Schmid ist Cellist und ein bekannter Münchner Musikkritiker. Am Abend des 30. Juni spielt er seinen drei kleinen Kindern gerade etwas auf dem Cello vor, als vier SS-Männer seine Wohnung betreten und ihn ohne Erklärung abführen. Acht Tage später wird er der Familie zurückgegeben. In einem Sarg. Willi Schmid stand nicht auf der Schwarzen Liste; er hatte sich niemals für Politik interessiert. Seine einzige Schuld war es, den gleichen Vornamen und einen ähnlichen Nachnamen wie Willi Schmidt zu tragen, der Ortsführer der SA.[32]

Es existiert keine sichere Statistik über die Zahl der Personen, die bei dieser zweitägigen Mordaktion eliminiert wurden. Nach einem Bericht, den Hitler in einer Rede vor dem Reichstag gibt, sollen es 77 Opfer gewesen sein, einige Selbstmorde mit eingerechnet.[33] Glaubwürdigere Schätzungen deuten darauf hin, dass die Zahl der Ermordeten zwischen 150 und 200 lag.[34]

Nun zur zweiten Version, die Röhm die mehr oder weniger bewusste Verantwortung zuteilt. Vor der Darstellung der einzelnen Tatsachen dieser Hypothese, sind einige Vorbemerkungen notwendig. Die Publizistik des Nationalsozialismus zum Röhm-Putsch hat sich stets die Version zu eigen gemacht, nach der es sich um eine Maßnahme gehandelt habe, um einen im Entstehen begriffenen gefährlichen Aufstand, dessen Ergebnis die Beseitigung der Spitze der NSDAP und insbesondere Hitlers sein sollte, im Keim zu ersticken. Die Geschichtswissenschaft der Nachkriegszeit hat dieser Version keinen Glauben geschenkt, wobei jedoch betont werden muss, dass die skeptische Haltung der Historiker hierbei nicht oder nur am Rande durch das Beweismaterial bedingt ist (das weitgehend vernichtet wurde), sondern durch Überlegungen allgemeineren Charakters, welche die geringe Vertrauenswürdigkeit Hitlers und seiner Entourage sowie des gesamten Informationsapparates der Partei in Betracht ziehen.

Dieses Urteil ist plausibel, allerdings darf man nicht davon ausgehen, dass alles, was dieser Apparat hervorgebracht hat, notwendigerweise falsch ist. Einerseits ist es zwar berechtigt, die Entscheidung, sich auf hinterhältige Weise gefährlicher Gegner zu entledigen, – und das waren Röhm und die Anführer der Braunhemden zweifellos für sie – der Skrupellosigkeit Hitlers und seiner Leute anzulasten. Allerdings kann man dieselbe Argumentation erst recht für Röhm heranziehen, der – wenn überhaupt möglich – noch weniger moralische Skrupel hatte als Hitler und der umgekehrt genug Motive hatte, den Führer und sein Umfeld zu verabscheuen. Grundsätzlich besteht mit die gleiche Wahrscheinlichkeit, dass es Hitler war, der den Ruin Röhms wollte, wie dass Röhm den Ruin Hitlers gewollt hat.

All das sei als abstrakte, theoretische Betrachtung dahingestellt. Existieren aber konkrete Hinweise darauf, dass Röhm, jenseits seiner Wutanfälle (er war von Natur aus cholerisch) und Schimpftiraden gegen Hitler, wirklich ein Komplott geplant hat? Wenn man unter Komplott nicht so sehr einen in seinen Absichten und organisatorischen Einzelheiten gut durchdachten Plan versteht, sondern eher ein konfuses, uneinheitliches, ehrgeiziges und zugleich hoffnungsloses Vorhaben, dann muss man zugeben, dass Röhm und Genossen tatsächlich an etwas Ähnliches gedacht haben. Die entsprechenden Informationen, die erst in letzter Zeit mit erhöhter kritischer Aufmerksamkeit erforscht und analysiert wurden, gehen auf das Jahr 1931 zurück, als der Kampf um die Macht noch offen war. In ihrem Werk *Geheimakte Gerlich/Bell* mit dem aufschlussreichen Untertitel *Röhms Pläne für ein Reich ohne Hitler* haben die beiden Autoren H.-G. Richardi und K. Schumann zum ersten Mal die Notizen Georg Bells veröffentlicht, welche die Beziehungen dieser ungewöhnlichen Persönlichkeit zu Röhm und zu der obersten Führung der Braunhemden dokumentieren.[35]

Es lohnt sich, einige wesentliche Elemente zu erwähnen. Bell kennt Röhm seit 1919, aber erst ab 1931 arbeitet er mit ihm und für ihn, also seit dem Zeitpunkt, als Röhm zum Stabschef der SA nominiert wird. Röhm weiß, dass Bell viele fruchtbare Beziehungen unterhält, sowohl innerhalb Deutschlands als auch im Ausland. Am 21. April 1931 schließen die beiden einen regelrechten Vertrag ab. „Dabei wurde vereinbart", so schreibt Bell, „dass ich jede persönliche politische Tätigkeit aufgebe und alle meine Beziehungen und Verbindungen Röhm zur Verfügung stelle und einzig und allein für ihn arbeite." Röhm verkündete feierlich, dass sie auf Gedeih und Verderb zusammenhalten müssten und dass diese Zusammenarbeit auf Lebensdauer gelte. „Er betonte", fügt Bell hinzu, „dass ich mit ihm stehe und falle".[36]

Ende April präzisiert Röhm in einem langen und detaillierten „Memorandum" die Initiativen, die Bell realisieren soll. In seinem Tagebuch fasst Bell die ihm anvertrauten Aufträge wie folgt zusammen:

1) Aufstellung und Ausbau eines großen Nachrichtendienstes der SA im In- und Ausland;

2) Errichtung einer eigenen Pressestelle für die SA mit Einführung einer eigenen Zeitung;
3) Errichtung einer Propaganda-Stelle für Röhm persönlich und die SA (Ausland und Inland);
4) Beschaffung von Geld für diese Zwecke bzw. Umleitung der bisher an die Politiker der Partei geflossenen Mittel an die SA aus der Industrie.[37]

Nach Auffassung Bells entsprechen diese Initiativen dem Plan Röhms, die SA in so perfekter Weise neu zu organisieren, dass diese unabhängig von der Partei bestehen kann, oder besser, praktisch selbst die Partei darstellt, und damit die Politiker, die für Röhm nur „Demagogen" sind, ausschaltet.

Von diesem Zeitpunkt an entwickelt Bell eine hektische Tätigkeit: In den Monaten April und Mai des Jahres 1931 reist er nach Genf, nach Bern, Zürich, Paris und Genua. Er trifft sich mit Journalisten und Politikern, mit schweizerischen, französischen und englischen Finanzgruppen. Seine perfekten Sprachkenntnisse kommen ihm dabei sehr zugute. Er verfolgt zwei Ziele: Er will die Gesprächspartner davon überzeugen, dass man mit Röhm, anders als mit Hitler, verhandeln und vorteilhafte Verträge abschließen kann und dass es sich lohnt, das zu tun, weil Röhm schon bald der Protagonist der deutschen Politik sein werde. Und er will Sponsoren finden, um die gähnend leeren Kassen der SA zu füllen. Nach zähen Verhandlungen gelingt es ihm, Mitte Mai des Jahres 1931 mit einem Konsortium englischer und französischer Unternehmer ein Abkommen zu erzielen. Unter gewissen Bedingungen wird Röhm uneingeschränkter Kredit zugesichert; sie lauten wie folgt: Er muss

1) sich innerhalb von zwei bis drei Monaten in der NSDAP an die Spitze setzen,
2) die Presse der NSDAP unter englischen Einfluss bringen,

3) ein außenpolitisches Büro gründen, dessen Tendenz noch festzulegen ist,
4) sowie ein militärpolitisches Büro, das die wehrpolitischen Fragen in einem noch zu erörternden Sinn behandelt.[38]

Wie man sieht, handelt es sich um Bedingungen, die eine direkte Konfrontation zwischen Hitler mit Röhm unvermeidbar machen, eine Konfrontation, die der Stabschef der SA ohne Zögern akzeptiert. Am 29. Mai, so fährt Bell fort, „habe ich dann nach persönlicher Rücksprache Paris und London verständigt, dass Röhm die Bedingungen annimmt und versuchen wird, sie zu erfüllen". Während Bell seine Auslandsprojekte weiter vorantreibt und zwischen dem Sommer des Jahrs 1931 und dem Frühling des folgenden Jahres noch mehrere Male nach Paris und London fliegt, um Einzelheiten des Vertrages zu präzisieren, und sich außerdem drei Wochen lang bei der Genfer Völkerbundtagung aufhält („um bei den dort Anwesenden ausländischen Politikern und Journalisten für Röhm zu wirken, bzw. außenpolitische Informationen für Röhm zu erhalten"), macht sich unter den engsten Mitarbeitern Röhms – denen, die als einzige von den Verhandlungen Bells wissen – der Gedanke breit, man könne den Aufstieg ihres Chefs innerhalb der Partei garantieren, indem man auf eine radikale Lösung zurückgreife, die darin besteht, das größte Hindernis, also Hitler selbst, einfach zu beseitigen. Auch Bell ist mit dem Vorschlag der Verschwörer einverstanden. Sie legen fest, wer das Attentat ausführen soll: der Sturmbannführer Julius Uhl, ein exzellenter, kaltblütiger Scharfschütze.

Zur gleichen Zeit, also ab Mai des Jahres 1932, hören die aus den Aufzeichnungen Bells hervorgehenden Informationen auf.[39] Aus Gründen, die Bell sich nicht erklären kann, lässt ihm Röhm, der zu dieser Zeit innerhalb der Partei hart angegriffen wird, mitteilen, dass er seine Dienste nicht mehr nutzen will. Und mehr noch, er will in Zukunft keinen Kontakt mehr zu ihm haben. Was ist passiert? Es ist wahrscheinlich, dass jemand aus den Kreisen Röhms den Mund nicht gehalten hat, dass die Gerüchte über die Machenschaften Bells und insbesondere über das internationale, von Bell aufgebaute Beziehungsnetz bis zur Parteispitze durchgedrungen sind. Der SA-Stabschef ist noch nicht bereit, den entscheidenden Schlag zu führen; es ist daher für ihn besser zurückzurudern, um größeren Schwierigkeiten vorzubeugen.

Auch aus anderen Quellen lassen sich die mehr oder weniger riskanten Pläne Röhms bestätigen. Es braucht in diesem Zusammenhang nur an die wichtigsten Episoden erinnert zu werden, über die schon berichtet wurde: so die Aufdeckung der Bestrebungen Röhms, unter seinem Kommando alle Polizeikräfte zu konzentrieren, die im „Geraden Weg" vom 19. und 26. Februar erschienen ist; die „Deterding-Affäre", also das Abkommen mit dem Erdölmagnaten der Royal Dutch-Shell; dann der Mobilisierungsbefehl der SA für die Nacht vom 5. auf den 6. März 1933, der vermutlich aufgrund eines vor diesem Termin erschienenen Artikels im „Geraden Weg" vom 1. März scheiterte; die Informationen über die Absichten Röhms, Hitler zu liquidieren, die von einem hohen Offizier dem Fürsten Waldburg-Zeil anvertraut wurden.

Von außerordentlicher Wichtigkeit ist außerdem die Person Julius Uhl, Sturmbannführer der SA, dem es am 3. April 1933 unter einem Vorwand gelungen ist, sich Bell zu nähern und ihn dann kaltblütig zu erschießen, um einen gefährlichen Zeugen für ihn und Röhm zu beseitigen. Derselbe Uhl wird am 1. Juli 1934 verhaftet und gesteht wenige Stunden vor seinem Tod (noch am selben Tag wird er im KZ Dachau erschossen), dass er seinerzeit den Befehl erhalten hatte, Hitler umzubringen und dass er dazu bereit war.[40] Ein Geständnis, das von SA-Major Martin Schätzl aus München, einem der Verschworenen, bestätigt wurde: Kurz bevor auch er am 1. Juli in Dachau erschossen wurde, erklärt

Schätzl: „Unter dieser Gruppe war bereits das Los gezogen worden, wer Hitler ermorden soll, und das Los war auf den Standartenführer Uhl gefallen, der auch fest zur Tat entschlossen war."[41]

Eine weitere Zeugenaussage, die auch Bell einbezieht, ist die des Anwalts Max Zerkiebel aus Rosenheim. Bell hatte sich mehrmals an ihn gewandt, um juristische Ratschläge von ihm zu bekommen; sie waren Freunde geworden und Bell hatte Zerkiebel seine Geheimnisse anvertraut. Nach dem Krieg gibt Zerkiebel 1957 in München bei einem Prozess folgende Erklärung ab: „Über die mir in der damaligen Zeit bekanntgewordenen Vorgänge und Planungen, darf ich wohl wegen des mir durch das Gesetz auferlegten Berufsgeheimnisses nichts Näheres aussagen. Es handelte sich im wesentlichsten um Pläne zur gewaltsamen Beseitigung des Adolf Hitler."[42]

Aufgrund all dieser Geständnisse, Zeugenaussagen und Erklärungen liegt die Vermutung nahe, dass Röhm und Genossen tatsächlich ein Komplott gegen Hitler entworfen und es, wenn auch nur annäherungsweise, organisiert haben. Warum, wird man sich fragen, sind sie auf halber Strecke stehen geblieben? Es gibt keine sichere Antwort: Aber alles weist darauf hin, dass der Stabschef der Braunhemden gebremst hat, als er einsehen musste, dass die Parteispitze, die über ein hocheffizientes Spionagenetz verfügte, über seine Absichten Bescheid wusste. Wenn aber dem so war, warum hat man dann die angezettelte Verschwörung nicht sofort gemeldet und die Verschwörer verfolgt? In diesem Zusammenhang muss man sich vor Augen halten, dass in den Jahren 1931/32 die Nazis noch weit von ihrem Ziel entfernt sind. Ihre Stellung konsolidiert sich allmählich, aber es mangelt nicht an ernsten Hindernissen. Die Sturmabteilungen mit ihren 3.000.000 und mehr aktiven Kräften besaßen, wie grobschlächtig, gewalttätig und fanatisch sie auch immer sein mochten, die Fähigkeit, Straßen und Plätze zu erobern und die Gegner zum Schweigen zu bringen, und sind damit eine unverzichtbare Ressource für den Führer auf dem Weg der Machtergreifun g. Eine Fehde im Inneren mit der Beseitigung der obersten Führung der Braunhemden wäre politischer Selbstmord gewesen.

Ganz anders ist die Situation im Jahre 1934, als die Macht fest in den Händen Hitlers verankert ist. Der Führer, der sich darauf versteht, Zeit zu gewinnen, hat den geeigneten Moment abgewartet, um die Rechnung zu begleichen. Und er tut es, als er in der Position des Reichskanzlers nicht nur über SS und Gestapo verfügt, sondern auch über die regulären Polizeikräfte und die Unterstützung der Armee. Auf der anderen Seite kann sich Röhm, dem es nicht gelungen war, seine Pläne in den Jahren 1931/32 zu verwirklichen, als Hitler alles in allem noch ein privater Bürger war, sicher keine Illusionen machen, es jetzt zu schaffen, wo der Führer Regierungschef ist. Und so schließt sich im Sommer 1934 der Kreis: Röhm, der zwei Jahre zuvor eine Verschwörung geplant hat, ohne die Folgen tragen zu müssen, muss nun die Folgen einer Verschwörung tragen, die er nicht geplant hat.

Wenn man die beiden Thesen gegenüberstellt, das heißt, diejenige, die ausschließlich Hitler und seinen Männern die Initiative zur Nacht der langen Messer zuschreibt und Röhm losspricht, und die andere, die in dem Anführer der Braunhemden den Urheber des Komplotts gegen den Führer sieht, kommt man zu dem Schluss, dass beide Thesen einen Teil der Wahrheit enthalten. Sie widersprechen sich nicht, sondern sind komplementär. Die Verantwortung muss wohl gleichmäßig aufgeteilt werden. Zu unterschiedlichen Zeitpunkten haben sowohl die eine als auch die andere Gruppe komplottiert. Beide Gruppen hatten das Ziel, die gegnerische Führungsriege zu beseitigen – nur dass Röhm es aufgrund seiner Unentschlossenheit nicht geschafft hat, seine Pläne umzusetzen, Hitler aber mit seinem überlegenen Sinn für Taktik seinen Plan verwirklicht hat.

Tod in Dachau

Röhm und seine Rotte sind jedenfalls vernichtet. So wäre zu erwarten, dass bei der Mordaktion diejenigen verschont bleiben, welche Übeltaten oder sogar Komplotte Röhms und seiner Banden angezeigt haben – was für Gerlich zutrifft. Aber es kommt anders. Zu groß ist die Wut Hitlers gegen den Journalisten, der offengelegt hat, auf welchem Fundament der Barbarei seine Ideologie errichtet ist, zu groß ist der Grimm Heydrichs und Rosenbergs gegen den Bannerträger des Katholizismus, der einzigen moralischen Instanz, die sich dem Nationalsozialismus energisch zu widersetzen vermag. Zu groß ist also der Hass all dieser Leute, als dass es für Gerlich die Möglichkeit einer Rettung geben könnte. Und so kommt es zu einem der paradoxen Zufälle, die sich die Geschichte manchmal erlaubt: dass nämlich der Herausgeber des „Geraden Weges", der von Röhm verfolgt und von seinen Banden verhaftet und dann von den Schergen Röhms bis aufs Blut gefoltert worden war, schließlich das gleiche Todesschicksal erleiden sollte wie Röhm und dessen Gefolgsleute.

Von den letzten Stunden Gerlichs in Dachau gibt es zwei verschiedene Versionen: Die eine stammt von einem Wächter, der als Augenzeuge dabei war, die andere von einem Lagerinsassen, der den Bericht der Vollstrecker des Mordes aufgeschrieben hat.

Die Erzählung des Wächters, Julius Steinbrenner, ist konfus und widersprüchlich. In seiner Zeugenaussage, die er 1949 vor einem Untersuchungsausschuss ablegt, scheint Steinbrenner sich vor allem um das Verschwinden von Geld und Wertgegenständen in jener Nacht zu sorgen. „An Dr. Gerlich kann ich mich auch erinnern", sagt er. „Wann er in das Lager kam, weiß ich nicht. […] Empfindungsmäßig glaube ich, dass Dr. Gerlich vor

Kahr […] erschossen wurde. […] Im Arrest befanden sich zur damaligen Zeit Kantschuster, Unterhuber und Blank. Andere Männer hatten zum Arrest keinen Zutritt. Aus diesem Grunde ist ersichtlich, dass die Erschießungen nur von diesen Männern ausgeführt werden konnten […] Die Leiche des Uhl habe ich damals […] gesehen. Das Geld, das Uhl hatte, soll er für die Ermordung Hitlers erhalten haben. Wohin dieses Geld gekommen sein soll, ist mir unbekannt. Gerlich soll ein großes goldenes Kreuz gehabt haben. Dieses Kreuz habe ich noch vor der Erschießung von Dr. Gerlich gesehen, weil er dieses auf der Brust getragen hatte. Wohin dieses Kreuz gekommen ist, ist mir gleichfalls unbekannt." (Es war das Kreuz, das ihm Therese Neumann zur Firmung geschenkt hatte.)

Was Gerlich betrifft, spricht der Wächter also von einer Erschießung, die durch drei Gefängniswärter vollstreckt worden sei, alles SS-Männer: Kantschuster, Blank und Unterhuber. Er weiß auch, dass in derselben Nacht ein gewisser Dr. *Schmidt* in Dachau erschossen wurde. In Wirklichkeit handelt es sich dabei aber um den Cellisten Willi *Schmid*, während der SA-Obergruppenführer Willi Schmidt schon um 19.30 Uhr im Gefängnis von Stadelheim erschossen worden war. Soweit die Zeugenaussage von Steinbrenner.[1]

Die zweite Zeugenaussage stammt von Hugo Fritz Lübben, der in Dachau interniert war, weil er einen Nazi-Kommandanten beleidigt hatte. Sie stellt Ungenauigkeiten der ersten Aussage richtig und ergänzt Lücken und offen gebliebene Einzelheiten. Lübben berichtet: „Am Tage des Röhmputsches (30. Juni 1934) wurde zur Siegesfeier noch Freibier gespendet, insgesamt wurden am Abend 14 Hektoliter Bier ausgeschenkt, und wir Gefangenen wurden erst gegen zwei Uhr ins Gefangenenlager zurückgeführt. Am anderen Tage ging es natürlich sehr lebhaft zu, man unterhielt sich nicht nur über die Ereignisse, sondern man stöberte auch die

Postkartenbestände, die Sammlungen von Zigarettenbildern usw. durch, um alles von den ermordeten Verbrechern (Röhm usw.) zu säubern, wobei das große Porträt Röhms im Offizierskasino natürlich den Anfang gemacht hatte. Nachmittags hatten sich an dem Tisch in meiner Nähe eingefunden die berüchtigte Schwester Pia, der Stabsführer Kollas, der Arrestverwalter Kantschuster [...] und Hörmann von der Kantinenverwaltung. Die Unterhaltung drehte sich natürlich um die Ereignisse des 30. Juni, und es ist verständlich, dass ich dieser Unterhaltung mit besonderer Aufmerksamkeit folgte. Es interessierte mich zwar weniger, wie sich das Schicksal der norddeutschen Nazibonzen abgespielt hatte, als aber das Schicksal von Kahrs und Dr. Fritz Gerlichs erwähnt wurde, wurde meine Aufmerksamkeit besonders angeregt. Während von Kahr anscheinend schon auf dem Transport ermordet wurde, hat Dr. Fritz Gerlich aber nach den Angaben des Arrestverwalters Kantschuster das Lager Dachau noch lebend erreicht.

Neben den SS-Scharführern unter dem Spitznamen der ‚Boxer' und 'Iwan der Schreckliche' war der Arrestverwalter Kantschuster für mich der scheußlichste Begriff des brutalen Sadisten. Unauslöschlich hat sich mir auch der Eindruck eingeprägt, als er dann schilderte, wie er zum Wagen gegangen sei, in dem Dr. Gerlich eingeliefert wurde, und zu ihm gesagt habe: ‚So, jetzt musst du arbeiten, du Hund!', worauf Dr. Gerlich ‚ganz frech' gesagt hat: ‚Ich bin ja froh, wenn ich arbeiten kann!' Kantschuster schilderte dann mit entsprechenden Gebärden: ‚Na ham mir 'n aussi aus'm Wag'n und in d'Zelln eini, und na ham mir draufbrennt, und zsammgsackt is 'r wiar a Mehlsack!'

Übel ist mir geworden bei dieser Schilderung und bei den Eindrücken, mit welcher Befriedigung die Zuhörer diese Schilderung zur Kenntnis nahmen. Als Kantschuster mit Kollas und Hörmann fortgegangen war, habe ich das Geschirr vom Tisch geräumt und wurde dabei [...] ins Gespräch gezogen. Ich konnte es nicht unterlassen, in vorsichtiger Form darauf hinzuweisen, dass das Ausland den Fall Dr. Gerlich doch wahrscheinlich als vorsätzlichen Mord bezeichnen würde. Auf die Frage der Schwester Pia: ‚Warum?' bemerkte ich, dass Dr. Gerlich doch von der ersten Stunde an in der Ettstraße gesessen habe und darum nichts mit dem Röhmputsch zu tun haben könne. Noch nie in meinem Leben habe ich einen solch würgenden Ekel, eine solche Abscheu verspürt, als ich dann aus dem Munde einer 42-jährigen Frau, der ‚Schwester Pia', die Bemerkung hörte: ‚Das war doch die beste Gelegenheit, ihn umzulegen!'"[2]

Die Zeugenaussage Lübbens wirkt ehrlich und plausibel. So wie auch der Bericht von Karl Höss ehrlich und plausibel ist, bei dem es um die sterblichen Überreste der Ermordeten geht.[3] Karl Höss, Oberinspektor am Münchner Ostfriedhof, sagt, dass die Leichen, ungefähr zwanzig, alle zusammen verbrannt und in Urnen ohne Namen gefüllt wurden. Als Höss beauftragt wird, sich damit zu befassen, fragt er seinen Vorgesetzten, den Friedhofsdirektor, was er mit den Urnen machen soll. Es gebe eine Anordnung der Gestapo, so die Antwort, nach der die Urnen den Hinterbliebenen zu übergeben sind, wenn sie darum bitten, und zwar gegen Erstattung der Verbrennungskosten. Höss weist darauf hin, dass die Urnen anonym sind. „Wir dürfen nicht darüber sprechen", befiehlt der Direktor, „sondern müssen irgendeine Urne hinausgeben".

Höss ist ein anständiger Mensch und es widerstrebt ihm, die Familien zu betrügen, die um ihre ermordeten Angehörigen trauern. Er wendet sich deshalb an einen befreundeten Priester, Pater Greinwald, den Gefängniskaplan, der Gerlich gut gekannt hat. Die beiden diskutieren gemeinsam das Problem: In diesen anonymen Urnen, die jetzt alle nebeneinander stehen, sind sowohl die sterblichen Reste eines Mörders wie Uhl als auch diejenigen eines Märtyrers wie Gerlich, den Pater Greinwald für würdig hält, dereinst zur Ehre der Altäre erhoben zu werden. Es wäre ein Sakrileg, sie zu vertauschen. Der Priester informiert Sophie, die Witwe Gerlichs, die wenigstens die Asche ihres „Fritzl“ zurückhaben möchte, über die Umstände. Sophie, die, wie ihr Ehemann, die Seherin von Konnersreuth kennt und verehrt, bittet den Freund Wutz, bei Therese anzufragen, was zu tun sei. Therese rät ihr, auch auf diesen letzten Trost zu verzichten, denn es bestünde dann immer der Zweifel, dass sie die Überreste eines Fremden aufbewahre.[4]

So traurig endet der irdische Weg Gerlichs, des „Kämpfers“, wie ihn der Nuntius genannt hatte: nach dem Maß des sofortigen Erfolges ein gescheitertes Leben; historisch betrachtet aber ein heroisches Zeugnis. Wie jedes menschliche Schicksal, so waren auch Leben und Werk Gerlichs nicht frei von Schattenseiten. Seine rechtsextremen Gegner haben ihm vorgehalten, des Öfteren seine politischen Ansichten geändert zu haben. Allerdings war es in einer so turbulenten Situation wie im Deutschland der zwanziger und dreißiger Jahre ohnehin schwer, wenn nicht unmöglich, auf ein und demselben Standpunkt zu verharren. Und: Nur der Dumme ändert niemals seine Meinung. Außerdem geht es nicht darum, ob dieser Mann zu verschiedenen Zeiten und unter verschiedenen Umständen unterschiedliche Meinungen vertreten hat, sondern darum, ob diese Meinungen zu dem Zeitpunkt, zu dem sie geäußert wurden, richtig waren. Und man muss anerkennen, dass bis auf einige nebensächliche Unsicherheiten die von Gerlich vertretenen Positionen die richtigen waren. Und vom Jahre 1927 an – mit anderen Worten, seit der Begegnung mit Therese Neumann – waren sie nicht nur richtig, sondern auch mutig und hellsichtig. Und diese vom Licht der Konversion erhellten mutigen und hellsichtigen Positionen und Einschätzungen von Personen und Tatsachen lassen manche frühere Schattenseite vergessen.

An dieser Stelle scheint es angebracht, den bewegenden Vergleich in Erinnerung zu rufen, den Pater Naab gebrauchte, um das moralische Engagement Gerlichs und seiner Mitarbeiter bei der Zeitschrift zu charakterisieren: den Vergleich mit den Propheten. Wie für die von Naab zitierten Propheten, so war es auch die Mission von Fritz Michael Gerlich, dem modernen Propheten, in einer Epoche furchtbarer Katastrophen mit unerschütterlichem Mut vor sein Volk zu treten. Wie die Propheten, so war auch er einsam, weil er unbequeme Dinge sagte, mit denen er die breite Masse störte, die ungestört sein wollte und jederzeit bereit war, auf den Karren des Siegers aufzuspringen.

Auch Gerlich hat entgegen allen Hoffnungen gehofft. Und ohne sich um Zustimmung oder Ablehnung zu kümmern, hat er für seinen Mut, den „geraden Weg“ zu Ende zu gehen, mit dem Leben bezahlt.

Gedenktafel vor der Katholischen Akademie in Bayern, München, Mandlstraße 23. Der Text lautet: „‚Die Freiheit verteidigen.‘ Dieser Löwe · 1848 · befand sich einst vor dem Wittelsbacher Palais, der späteren Gestapo-Zentrale. Seit 1970 steht der Löwe ‚SWAPO‘ vor der Katholischen Akademie in Bayern. Er soll erinnern an den kath. Publizisten Fritz Gerlich †, der am 1. Juli 1934 in Dachau von den Nazis ermordet wurde.“

Gedenktafel im Verlag der Süddeutschen Zeitung für Fritz Gerlich, Chefredakteur der Münchner Neuesten Nachrichten von 1920-1928.

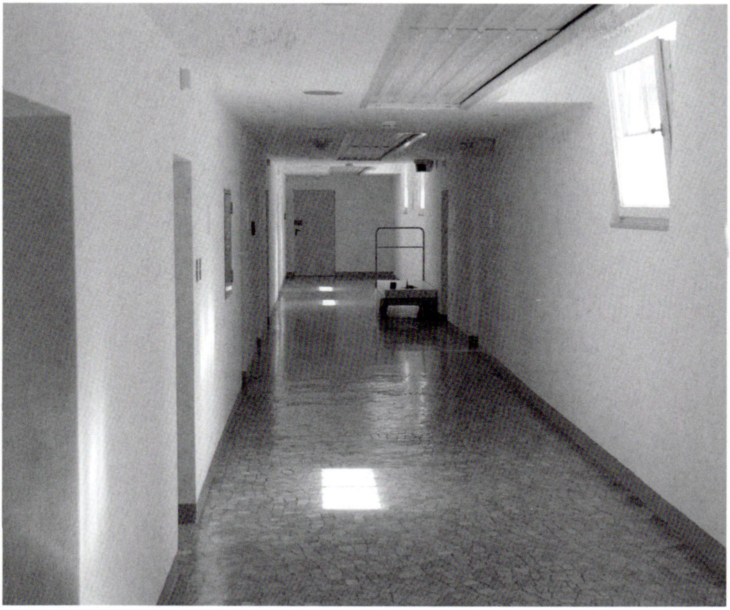

Fritz Gerlich wurde, nachdem er am 9. März 1933 von der SA in „Schutzhaft“ genommen worden war, in das Polizeipräsidium an der Ettstraße zum Verhör gebracht. Über ein Jahr war er dort interniert. Der lange, gerade Gang mit den Zellen wurde von den Gefangenen in Anspielung auf Gerlichs Zeitung in „Der Gerade Weg“ umgetauft (Foto vom 25. Juni 2009).

Das Wohnhaus Fritz Gerlichs in der Münchner Richard-Wagner-Straße 27, Ecke Gabelsbergerstraße.

Gedenktafel am Wohnhaus Fritz Gerlichs.

Hitler am Schreibtisch im Hotel Kaiserhof, Wilhelmplatz in Berlin, aufgenommen am 17. Januar 1932. Auf dem Schreibtisch liegt die Zeitung „Der gerade Weg", Ausgabe vom gleichen Tag. Durch die regelmäßige Lektüre des „Geraden Wegs" wusste Adolf Hitler sehr genau, welche Gefahr für ihn von der Zeitung des Fritz Michael Gerlich ausging.

Deutschlands „Befreiung“ im Anmarsch

Wir bringen unseren Lesern hier das eindrucksvolle Titelbild einer Broschüre von Ernst Niekisch „Hitler ein deutsches Verhängnis“. Die Zeichnung von A. Paul Weber spiegelt das wahre Gesicht von Hitlers Vormarsch zur Befreiung Deutschlands wieder. Wir bringen es, obwohl wir den Inhalt der Broschüre, die süddeutsches und katholisches Wesen völlig verkennt, entschieden ablehnen, denn diese Zeichnung beweist, daß nachdenkliche Menschen auch von einem ganz entgegengesetzten Gesichtspunkte aus zum gleichen Endergebnis bezüglich Hitlers Persönlichkeit gelangen.

Aus „Der gerade Weg" vom 24. April 1932 (Titelseite). Die Zeichnung von A. Paul Weber ist das Titelbild einer Broschüre von Ernst Niekisch „Hitler – ein deutsches Verhängnis“ (Widerstandsverlag, Berlin 1932).

Schön, dem Paradiese gleich / wird es sein im Dritten Reich:
Wenn Hitler „große Wäsche" hat / dann wäscht er nur sein Feigenblatt

Karikatur aus „Der gerade Weg" vom 5. Juni 1932. Der Rechtsruck unter dem von Hindenburg zum Reichskanzler ernannten Franz von Papen führte direkt zur Machtübernahme durch Hitler.

Heute neue Russenberichte
Siehe Seite 9

Der gerade Weg

Deutsche Zeitung für Wahrheit und Recht.

HERAUSGEBER: DR. FRITZ GERLICH
Schriftleitung und Verlag: München, Hofstatt 5, 2. Stock
Postscheckkonto München Nr. 2426 / Telephon 93378/93379

Sonntag

Einzelverkauf: 20 Pf., 30 Oesterr. Gr., 30 Schw. Rappen
Bezugspreis monatlich 90 Pfennig einschließlich Zustellgebühr und kostenloser Unfall- und Sterbegeldversicherung

Nummer 29 — München, den 17. Juli 1932 — 4. Jahrgang

Hat Hitler Mongolenblut?

Eine rassewissenschaftliche Untersuchung über den Erwecker der nordischen Seele

In der vorigen Nummer dieses Blattes legten wir unseren Lesern die beiden untenstehenden Bilder vor, und zwar das von Adolf Hitler als Redner und das von einer Negerhochzeit in Amerika. Am Tag darnach wurde uns das nebenstehende Bild übergeben, das durch die Einfügung von Hitlers Kopf in das Bild des Negerhochzeitspaares hergestellt war. Wir müssen unseren Lesern gestehen, daß dieses Bild uns außerordentlich verblüfft hat. Denn es ist in ihm unverkennbar eine innere Harmonie vorhanden. Das Gesicht Hitlers in dieser Umrahmung wirkt, als ob zwischen ihm und der Negerin, also der Vertreterin einer „Minderrasse" irgendwie eine innere Uebereinstimmung bestünde. Daß uns dieser Eindruck stark beschäftigte und nach seinen Gründen suchen ließ, ist sicher wohlverständlich, zumal wenn der Leser berücksichtigt, daß wir unser Universitätsstudium mit dem der Anthropologie — also auch der Völker- und Rassekunde — begannen und auf diesem Gebiete auch ein Examen gemacht haben. Wir fragten uns daher zunächst, ob die hier benützte Photographie von Hitler nicht irgendwie in entstellendem Sinne überarbeitet ist. Deswegen nahmen wir das Buch „Hitler, wie ihn keiner kennt" zur Hand, das von Heinrich Hofmann, dem „Photoberichterstatter bei der Reichsleitung der Nationalsozialistischen Deutschen Arbeiterpartei" herausgegeben ist.

„Was nicht gute Rasse ist auf dieser Welt, ist Spreu"
Hitler: „Mein Kampf", S. 324

Verkleinerte Wiedergabe

Ruhpolding (Bayern). Stärkerer mongolischer Einschlag, vermutlich mongolisch-dinarisch.

Chemnitz, Sachsen. Vorwiegend ostisch — mit geringem innerasiatischem Einschlag.

Hier fanden wir nun eine Reihe von Aufnahmen, die in einem starken Gegensatz zu dem offiziellen Parteibild Hitlers stehen und ihn folgendermaßen zeigen:

Der Leser ersieht aus diesen Bildern, daß die merkwürdige Nase, die Hitler auf dem Bilde als Redner zeigte, seine wirkliche Nase ist. Nun werden wir aus der Rassekunde jener Wissenschaftler, die sich zu dem völkischen Gedanken bekennen, dahin belehrt, daß die Nase des nordisch-arischen Menschen einen schmalen Rücken und schmalen Ansatz hat, ferner gradlinig oder in der Form der Adlernase geschwungen ist. Wir bringen jetzt aus der „Rassenkunde des deutschen Volkes" von Dr. Hans F. K. Günther — der bekanntlich von dem thüringischen nationalsozialistischen Minister Frick zum Professor für Rassenkunde an der Universität Jena gemacht worden ist — zwei Abbildungen von Menschen mit nordischen Nasen.

Links: Nordische Nasenform mit dem Höcker an der Knorpelknochengrenze. Vater badisch, Mutter bayerisch.
Rechts: Nordische Nasenform mit dem Höcker an der Knorpelknochengrenze. (Nase etwas zu kurz.) Aus schlesischem Adel, 18jährig.

Unter den Abbildungen finden unsere Leser gleich die erklärenden Unterschriften aus der Feder von Günther selbst, so daß wir uns jede weitere Erklärung ersparen können und unsere Leser diese Nasen nur mit der Hitlers in den obigen Bildern zu vergleichen brauchen. Um ihnen die Kenntnis der rassischen Bedeutung der besonderen Hitlerschen Nase zu erleichtern, bringen wir ebenfalls aus Günthers „Rassenkunde des deutschen Volkes", in der Mitte unten zwei Bilder: (Fortsetzung siehe Seite 3.)

Titelseite der Ausgabe vom 17. Juli 1932. Diese Fragestellung musste Hitler aufs Äußerste provozieren (vgl. S. 108 ff).

München,den 25. Juli 1932

Herrn

Dr. Fritz G e r l i c h

Schmierfink beim Geraden Weg,

H i e r

Wir warnen Sie ! Die nächsten Tage wird Ihnen Ihr schmutziges Handwerk gelegt werden.- Sie erbärmlicher Schmutzfink. Seien Sie überzeugt,daß die Stunde bald schlägt,wo Deutschland von Ihnen und Ihresgleichen befreit wird. Wir werden an Ihnen und Ihrer schwarzen Sippe ein besonderes Exempel Statuieren, indem wir einen Scheiterhaufen aus allen in Deutschland befindlichen Christenkreuzen nebst den darauf befindlichen Christusfiguren- jenes Christus,welcher von einer jüdischen Hure geboren wurde,errichten,worauf Sie nebst dem übrigen Pfaffengesindel einschliesslich der ganzen Marxistenbrut geschmort werden.

Wenn dan die Befreiungsfeuer zum Himmel steigen,hat die Geburtsstunde der neuen arischen Religion begonnen,dann wird das Deutsche Volk dem einzigen auf Erden wandelnden Gott ,Adolf Hittler auf den Knieen dafür danken,daß er es von jüdisch-christlich-marxist=ischen Pest befreit hat.

Heil H i t l e r

Blut und Tod all^n Marxisten und Pfaffen !

Eine der vielen Zuschriften an den Herausgeber des „Geraden Wegs", die für sich selbst spricht. Eine bessere Empfehlung des Dritten Reiches könnte nicht geschrieben werden.

Abdruck eines der zahlreichen anonymen Drohbriefe als exemplarisch für die Geisteshaltung der Nationalsozialisten auf der Titelseite des „Geraden Wegs" vom 31. Juli 1932 ab (vgl. S. 114f).

Der Nationalsozialismus ist eine Pest!

Dem Kriege des Mittelalters folgte die Pest als eine Geißel der Menschheit. Aber diesem Kriege, den wir alle erlebt und gefühlt haben und dessen Spuren und Folgen

Revolution, Inflation, Wirtschaftskrise und Arbeitslosigkeit

heißen, folgte eine geistige Pest: der Nationalsozialismus. Die Uebel, unter welchen die Völker leiden, können allein geheilt werden durch

Verständigung, Versöhnung, Abrüstung und Frieden.

Nationalsozialismus aber bedeutet:

Feindschaft mit den benachbarten Nationen, Gewaltherrschaft im Innern, Bürgerkrieg, Völkerkrieg.

Nationalsozialismus heißt:

Lüge, Haß, Brudermord und grenzenlose Not.

Adolf Hitler verkündigt das Recht der Lüge.

In der 1. bis 11. Auflage seines Buches „Mein Kampf" schrieb er auf Seite 202: „Er (der Deutsche) hat keine blasse Ahnung, wie man das Volk beschwindeln muß, wenn man Massenanhänger haben will."

Ihr, die Ihr diesem Betruge eines um die Gewaltherrschaft Besessenen verfallen seid, erwacht! Es geht um Deutschlands, um Euer, um Eurer Kinder Schicksal.

Nicht das Volk, welches von den Generalen und von Hitler, der ihr Trommler ist, beschuldigt wird, hat den Krieg verloren: Die Kaiserliche Regierung mit Hindenburg und Ludendorff verloren ihn.

Nicht die Parteien, welche von Hitler beschuldigt werden, sind für den Frieden und die Reparationslasten verantwortlich, sondern alle diejenigen, welche den Krieg begünstigten und 1917 einen Frieden vorsätzlich verhinderten. Und das sind diejenigen, welche heute durch Hitler wieder zur Macht kommen wollen und Euch in neue Kriege stürzen werden.

Die Parteien, welche von Hitler und seinen militärischen und schwerindustriellen Hintermännern mit Verleumdungen überschüttet werden, haben das deutsche Volk, das vor seinem völligen Untergang stand, vor der Vernichtung gerettet. Das ist die Wahrheit.

Wir kämpfen um einen neuen Staat: um die Rechte des Volkes, um soziale Gerechtigkeit, um die Freiheit des deutschen Volkes, um eine Versöhnung und Verständigung mit Frankreich, die uns allein zu einem neuen Aufschwung helfen kann. Wir kämpfen um eine gerechte Justiz, um

Frieden, Arbeit und Volkswohlfahrt,

um den Staat der wahren christlichen Gerechtigkeit.

Wir, die hier zu Euch sprechen, wollen nicht an die Macht, wir dienen keiner Partei, wir sind niemandens Sprachrohr als unseres Gewissens. Aber wir sagen Euch:

Wer nicht zur Wahl geht, versündigt sich vor Gott, er versündigt sich an seinen Kindern und Kindeskindern.

Und wir sagen Euch:

Es ist eine Gewissenspflicht jedes Katholiken, jene Parteien zu wählen, die die unverlöschlichen Rechte seiner Kirche zu verteidigen entschlossen sind:

Zentrum oder Bayerische Volkspartei.

Diesen Parteien darf sich heute auch jeder Nichtkatholik anvertrauen, denn sie vertreten die Rechte des Volkes gegen eine friedensstörende Gewaltherrschaft.

Wer sich aber dazu nicht entschließen kann, der gebe seine Stimme der Sozialdemokratie oder der Deutsche Staatspartei oder dem Christl.-Sozialen Volksdienst.

Der kommende Sonntag ist ein Tag des Kreuzzuges:

Ununterbrochen, bis der letzte Wähler an die Urne gebracht ist, seid tätig. Die Lahmen und die Kranken müssen zur Wahl. Jedes Versäumnis verwandelt sich zur Schuld, wenn die Parteien der Lüge, des Hasses und der Zerstörung zur Macht gelangen. Lauheit ist hier Sünde. Jeder katholische Wähler muß einen zweiten, unentschlossenen mit an die Urne bringen. Ihr sollt an diesem Tage der Politik des „Geraden Weges" zum Siege verhelfen. In den Kampf!

Ebenfalls auf der Titelseite vom 31. Juli, neben dem Drohbrief, steht der dringende Apell Gerlichs, an der Wahl teilzunehmen und einen Erfolg der NSDAP zu verhindern (vgl. S. 115ff).

Riesen-Massenkundgebung in der Lüneburger Heide

Günzburg, Weiden, Nürnberg, alles flog wie ein Traum an uns vorbei. Unendlich war die Zahl der Menschen, die begeistert aus Hütte und Palast, aus Gastwirtschaft und Warenhaus, aus Kinderbettstellenfabriken und Brauereien, aus allen Wirtschaftsbetrieben herbeiströmten, um Adolf zu huldigen.

Im Hannoverschen waren die Zelte zu klein, um die Massen und Klassen zu fassen und so beschloß man in letzter Stunde, auf der Lüneburger Heide eine Kundgebung zu veranstalten, die alle Menschen im Raum Hamburg, Bremen, Hannover und Magdeburg erfassen und vereinen sollte!

Zwischen Uelzen und Verden, wo die Rönne und Ortze entspringen, wo die bekannten Haidschnucken, die herrlichen niederdeutschen Fettschafe gezüchtet werden, war der Platz ausersehen, auf dem Adolf der Einzige Stimmung und Begeisterung wecken würde, wie sie Wilhelm der Zweite selbst in seinen besten Tagen nicht erlebt hatte.

Die Vorbereitungen waren schnell getroffen. Adolf, in Begeisterung die Dinge des Alltags übersehend, in verzückter Blindheit für die Realitäten der Welt, raste zu der auf nachmittags 4 Uhr angesetzten Versammlung über die Altmark nach der Heide!

Wie im Traum schritt er zu der Rednertribüne, als ihn auf einmal

ein brausendes Jubelmäh

aus seinem Siegesrausch weckte.

Und nun kommt die größte Ueberraschung meines Berichtes: Adolf merkte gar nicht, vor welcher Menge er sprach!

Psychologisch ist das aus verschiedenen Gründen erklärlich: Der gefeierte Held, sei es Redner, Tenor, Boxer oder Trommler, sieht die Menge nur in verschwommenen Umrissen. Er lebt sich selbst, hört nur, wie im Traum, seine eigene Stimme, berauscht sich an seiner eigenen Existenz und hat das Wahrnehmungsvermögen für äußere Dinge verloren.

Bei Adolf aber kommt als weitere Erklärung noch hinzu, daß die Mengen, die ihm zuströmen, das gleiche Bild in seiner Seele auslösen, wie das, das ihm jetzt entgegentrat.

Karikatur aus „Der gerade Weg" vom 23. Oktober 1932 mit dem Untertitel: „Wenn er nur nicht platzt!“

Seite 232: Ein satirischer Bericht über „Adolfs Siegesflug“ durch Deutschland im Vorfeld der Wahlen vom 6. November 1932 (aus „Der gerade Weg" vom 23. Oktober 1932).

Nehmen oder nicht nehmen — das ist die Frage

Karikatur aus „Der gerade Weg" vom 18. Januar 1933: Alfred Hugenberg, Parteivorsitzender der Deutschnationalen Volkspartei (DNVP) und einflussreicher Wegbereiter der nationalsozialistischen Herrschaft, will Reichspräsident von Hindenburg Hitler als Reichskanzler andienen.

Unruhige Nächte

SA-Karikatur aus „Der gerade Weg" vom 26. Februar 1933.

Gesetz über Maßnahmen der Staatsnotwehr.
Vom 3. Juli 1934.

Die Reichsregierung hat das folgende Gesetz beschlossen, das hiermit verkündet wird:

Einziger Artikel

Die zur Niederschlagung hoch- und landesverräterischer Angriffe am 30. Juni, 1. und 2. Juli 1934 vollzogenen Maßnahmen sind als Staatsnotwehr rechtens.

Berlin, den 3. Juli 1934.

Der Reichskanzler
Adolf Hitler

Der Reichsminister des Innern
Frick

Der Reichsminister der Justiz
Dr. Gürtner

Reichsgesetzbl. 1934 I

Am 3. Juli wurden die Geschehnisse im Zusammenhang mit dem sog. „Röhm-Putsch“ durch ein von Hitler (nach den Bestimmungen des Ermächtigungsgesetzes) erlassenes „Gesetz über Maßnahmen der Staatsnotwehr vom 3. Juli 1934“ (Reichsgesetzblatt I S. 529) nachträglich legalisiert. Deutschland war damit zu einem Staat mit Willkürherrschaft geworden, in dem die Meinung des Führers Gesetz war.

Anmerkungen

Die Lehrjahre

1 Die Informationen über Gerlichs Jugendjahre sind dem Werk von E. von Aretin, *Fritz Michael Gerlich. Lebensbild des Publizisten und christlichen Widerstandskämpfers*, Schnell & Steiner, München-Zürich, 1955, entnommen. Die Zitate beziehen sich auf die Edition von 1983, die der Sohn des Autors K. O. von Aretin besorgt hat und mit einem Nachwort versehen hat, das zahlreiche neue Informationen enthält.

2 W. Treue, *Deutsche Geschichte*, Alfred Kröner Verlag, Stuttgart, 1971, S. 707-709.

3 W. Shirer, *Aufstieg und Fall des Dritten Reiches,* Kiepenheuer &Witsch, Köln Berlin, 1961, S. 58-61.

4 Die Freikorps stehen unter dem Kommando des Generals Franz von Epp, der während des Zweiten Weltkriegs mit zahlreichen Orden ausgezeichnet wurde. Von Epp wird 1933 von Hitler zum Reichsstatthalter von Bayern ernannt. Vgl. G. Knopp, *Hitlers Helfer*, Bertelsmann, München, 1996, S. 205.

5 J. Fest, *Hitler*, Ullstein, Frankfurt/M - Berlin, 1987, S. 49-53.

6 I. Kershaw, *Hitler 1889-1936*, Deutsche Verlags-Anstalt, Stuttgart, 1998, S. 159-170. I. Kershaw ist der neueste Biograph Hitlers. Die dem vorliegenden Werk über Gerlich zugrunde liegenden geschichtlichen Informationen sind außer den schon zitierten klassischen Werken von W. Shirer und J. Fest vor allem dieser vollständigen und zuverlässigen Biographie von Kershaw entnommen.

Die „Münchner Neuesten Nachrichten"

1 W. Shirer, ebd., S. 33.

2 J. Fest, ebd., S. 208-213. Hier ist zu erwähnen, dass auch die Links-Parteien über eigene paramilitärische Truppen verfügten, darunter die besonders aktiven Truppen des sozialdemokratischen „Reichsbanners" und des kommunistischen „Roten Frontkämpferbundes"; vgl. J. Fest, ebd., S. 383-384 und 466.

3 I. Kershaw, ebd., S. 201-202.

4 E. von Aretin, ebd., S. 82. Über diese Episode berichtet Gerlich in einem Artikel in der von ihm geleiteten Wochenzeitung „Illustrierter Sonntag“ (19. Juli 1931); dieser Artikel steht in der von J. Steiner besorgten Sammlung *Prophetien wider das Dritte Reich*, Schnell & Steiner, München, 1946, auf S. 83. J. Steiner, Freund und Mitarbeiter Gerlichs, sammelte in den *Prophetien wider das Dritte Reich* die vom ethischen und politischen Gesichtspunkt aus wichtigsten Seiten aus dem „Illustrierten Sonntag“ und dessen Fortführung „Der gerade Weg“. In Anbetracht ihres konsistenten Umfangs wurden die *Prophetien* (und nicht direkt die beiden Wochenschriften) den Zitaten zu grunde gelegt: nur in den Fällen, wo Steiner wichtige Artikel (wie z. B. den über das „Mongolenblut Hitlers“) nicht übernommen hat, sind die Zitate auf die Originalausgaben bezogen. Die Artikel wurden in jedem Fall von den Autoren im Originaltext der Zeitschriften eingesehen, die in der Bayerischen Staatsbibliothek in München unter der Signatur 2 Per. 53 q. 4-5 aufbewahrt sind.

5 J. Kershaw, ebd., S. 137. vgl. auch W. Shirer, ebd., S. 29-31.

6 E. von Aretin, ebd., S. 39-41.

Der Bürgerbräu-Putsch

1 Die wichtigsten Führungsfiguren des Dritten Reiches sind behandelt im Werk von J. Fest, *Das Gesicht des Dritten Reiches*, R. Piper & Co Verlag, München, 1963. Auch das bereits zitierte Werk von G. Knopp, *Hitlers Helfer* gibt ein Profil der wichtigsten Mitarbeiter von Hitler.

2 „Mit dem Duce hatten die Nationalsozialisten ein Bild, das sie kopieren konnten“, schreibt I. Kershaw (ebd., S. 230). Und er fügt hinzu: „Weniger als eine Woche nach dem Staatsstreich in Italien verkündete Hermann Esser am 3. November 1922 im vollbesetzten Hofbräuhausfestsaal: ‚Deutschlands Mussolini heißt Adolf Hitler‘“. Zu Esser, einem der ersten Anhänger von Hitler, vgl. Anm. 4 im Kapitel „Ein geduldiger Häftling“.

3 Die hier zusammengefasste Beschreibung der Ereignisse des 8. und 9. November 1923 basiert auf der präzisen Rekonstruktion von J. Dornberg, *Der Hitlerputsch. 9 November 1923*, Langen Müller, München, 1998.

4 J. Dornberg, ebd., S. 47-48.

5 Ibidem, S. 317.

6 I. Kershaw bezeichnet das Werk Hitlers als „kaum lesbar und weitschweifig“ (ebd., S. 301-302). Er fügt hinzu, dass es viele Helfer gab, die sich bemühten, es lesbar zu machen, darunter in erster Linie der Geistliche und Journalist Bernhard Stempfle, der ganze Passagen neu schrieb, mit dem Ergebnis, dass der Text „weit geschliffener als das Original“war. Der erste Band des Werkes erschien 1925; 1926 erschien der zweite Band. Die nachfolgenden Editionen enthielten ungefähr 2.500 Korrekturen. *Mein Kampf* erschien im Eher Verlag in München, dessen Leiter Max Amann ein langjähriger Freund Hitlers war.

Der Kampf beginnt

1 E.von Aretin, ebd., S. 44-47.

2 Das Problem ist ausführlich behandelt im Werk von Kurt Pritzkoleit: *Die neuen Herren. Die Mächtigen in Staat und Wirtschaft*, München-Wien-Basel, Desch, 1955, S. 68-76.

Die Geheimnisse von Konnersreuth

1 E. von Aretin, ebd., S. 50-51.

2 Ibidem, S. 53-54.

3 Dieses zweibändige Werk von Gerlich erschien bei J. Kösel & F. Pustet, München, 1929.

4 Über diese Tatsache berichtet W. J. Bekh, *Therese von Konnersreuth oder die Herausforderung Satans*, Ludwig, München, 1994, S. 76-77. Die Biographie von Bekh ist zum gegenwärtigen Zeitpunkt die umfangreichste und am besten dokumentierte über Therese Neumann. Das Werk von J. Steiner, *Theres Neumann von Konnersreuth. Ein Lebensbild nach authentischen Berichten, Tagebüchern und Dokumenten*, Schnell & Steiner, München-Zürich, 1988 ist weniger umfangreich, aber deshalb nicht von geringerer Bedeutung, da es aufgrund des direkten Kontaktes des Autors mit der Seherin verfasst ist.

5 Die Polemik mit Ewald, der im Jahre 1927 in München die Schrift *Die Stigmatisierte von Konnersreuth* veröffentlicht hatte, umfasst zahlreiche Seiten des zweiten Bandes (S. 297-317; S. 331-345) der von Gerlich verfassten Biographie Therese Neumanns.

6 Dies ist die Version der Dinge, wie sie in den oben angeführten Werken von W. J. Bekh (S. 103) und von J. Steiner (S. 226) wiedergegeben wird. Die Stellung Pater Gemellis, die aus den uns erhaltenen Schriftstücken (die bei den Bombardierungen des Zweiten Weltkrieges nicht dem Feuer zum Opfer gefallen waren) hervorgeht, ist weniger eindeutig: Auf der einen Seite weist er die von Professor Ewald formulierte Hysteriediagnose entschieden zurück, schließt „ohne weiteres jeglichen Betrug" aus und bewertet „den Fall Therese Neumann von höchstem wissenschaftlichem Interesse", aber gleichzeitig hält er es für gebührend, kein Urteil auszusprechen, insofern dies dem Zuständigkeitsbereich der kirchlichen Organe obliegt. All dies ist im Entwurf eines Briefes ohne Datum (aber wahrscheinlich aus dem Jahre 1928) enthalten, der an den Bischof von Regensburg Michael Buchberger adressiert ist (vgl. die Dokumente des Archivs der Katholischen Universität Mailand mit der Signatur Fondo Corrispondenza dell'UCSC, Cart. 36, Fasc. 43, Sottofasc. 407).

7 In der Bibliothek der Katholischen Universität Mailand ist unter der Signatur 7 XXIX-G-29 ein Exemplar von Gerlichs Werk aufbewahrt, mit der handschriftlichen Widmung auf der ersten Seite des ersten Bandes. Diese Widmung lautet folgendermaßen: „Seiner Hochwürden Herrn Prof. Dr. Gemelli in aufrichtiger Verehrung ergebenst zugeeignet, München, 15. Dezember 1929. Dr. Fritz Gerlich".

8 E. von Aretin, ebd., S. 66.

Die große Krise

1 W. Treue, ebd., S. 715-716.

2 I. Kershaw, ebd., S. 386-387.

3 E. von Aretin, ebd., S. 60-61.

4 Ibidem, S. 72-73.

5 Adolf Müller gehört in gewisser Weise zum Kreis der Mitarbeiter von Hitler. Er ist einigermaßen gebildet und hat auch mit Hand angelegt, um die erste Fassung von *Mein Kampf* ins Reine zu bringen (vgl. I. Kershaw, ebd., S. 301).

6 E. von Aretin, ebd., S. 74-75.

7 J. Fest, *Hitler*, ebd., S. 233.

8 K. Ploetz, *Auszug aus der Geschichte*, Ploetz, Würzburg, 1974, S. 491. I. Kershaw (ebd., S. 502) präzisiert: „Unter Einbeziehung der Kurzar-

beiter und der versteckten Erwerbslosigkeit betrug die wirkliche Zahl bereits in Oktober schätzungsweise 8.750.000. Das bedeutete, dass fast die Hälfte aller arbeitsfähigen Personen entweder ganz oder teilweise erwerbslos war."

9 I. Kershaw, ebd., S. 502.

10 Ibidem, S. 422. Vgl. auch W. Shirer, ebd., S. 132.

Der „Illustrierte Sonntag"

1 E. von Aretin, ebd., S. 75-76.

2 Das „Interview" ist auf den Seiten 76-81 der schon zitierten Sammlung von J. Steiner *Prophetien wider das Dritte Reich* wiedergegeben, die im Folgenden in der abgekürzten Form *Prophetien* zitiert wird.

3 Der Artikel steht auf S. 84-89 der *Prophetien*. Die zitierten Passagen befinden sich auf den Seiten 71-72 in *Mein Kampf*, 29. Ausgabe, Verlag Franz Eher Nachfolger, München, 1933.

4 Es handelt sich hierbei um ein kurzes Interview, welches Mitte Juli im „Völkischen Beobachter" erschien. Hitler bekräftigt darin die These, die er schon in *Mein Kampf* (S. 521) vertreten und anschließend in einer kleinen Abhandlung (*Die Tiroler Frage und das deutsche Bündnis-Problem*) wieder aufgegriffen hatte, die 1926 in München veröffentlicht wurde. Diese These besagt, dass die Freundschaft mit dem faschistischen Italien, „der einzige Lichtblick in dieser verkommenden Welt", es wert ist, 200.000 Deutsche jenseits des Brenners ihrem Schicksal zu überlassen. In derselben Passage von *Mein Kampf* werden Mussolini und der Faschismus verherrlicht als „der Mann und ein System, die es gewagt haben, sich wenigstens an einer Stelle der Erde der jüdisch-freimaurerischen Umklammerung zu entziehen und dieser internationalen Weltvergiftung entgegenzusetzen". Im letzten Teil von *Mein Kampf* (S. 711) kommt Hitler ausführlich auf das Problem von Südtirol zu sprechen, wobei er gegen die pseudonationalistischen Wortmacher polemisiert, die davon träumen, die jenseits des Brenners gelegenen Gebiete um jeden Preis zurück zu gewinnen, wenn es sein muss, auch mit Blutvergießen. „Ich glaube im Gegenteil, dass, wenn dieses Blut dereinst eingesetzt würde, es ein Verbrechen wäre, den Einsatz für zweihunderttausend Deutsche zu vollziehen, während nebenan über sieben Millionen unter der Fremdherrschaft schmachten." Eine Bestätigung für Hitlers Stellung ist zu lesen in der dokumentarischen Untersuchung

von L. Baratter, *Le Dolomiti del Terzo Reich*, Mursia, Milano, 2005, S. 100. Baratter zitiert diesbezüglich die Worte des Senators Ettore Tolomei, ehemals Beauftragter für die italienische Sprache und Kultur in Südtirol und unermüdlicher Verfechter der Italianisierung dieser Region. Nach einer Unterredung mit Hitler am 14. August 1928 berichtet Tolomei: „Eine der Grundvoraussetzungen der Pläne Hitlers war eine aufrichtige Einigung mit Italien. Aber damit eine aufrichtige Freundschaft zwischen den beiden Ländern entstehen konnte und damit sie sich vertiefen und vervollkommnen konnte, war ein totaler Verzicht auf Südtirol und somit ein totales Desinteresse nötig. Hitler stimmte kategorisch zu. Er wiederholte, dass die Zukunft Deutschlands zu stark mit Italien verbunden sei; deshalb müssten die Deutschen zu der Überzeugung gelangen, dass sie auf jene wenigen Bozner und Meraner verzichten müssten, die mit den Italienern in einem Gebiet jenseits des Brenners vermischt seien, in welchem die italienische Durchdringung unausweichlich sei". In diesem Zusammenhang sei auch hingewiesen auf M. Toscano, *Storia diplomatica della questione dell' Alto Adige*, Laterza, Bari, 1967, S. 127.

5 Aus dem Zusammenhang herausgelöst, waren die Worte des Papstes („ein Mann wie jener, den die Vorsehung uns hat begegnen lassen"), die er während einer aus dem Stegreif vor Professoren und Studenten der Katholischen Universität in Mailand gehaltenen Rede am 14. Februar 1929 gebrauchte, tatsächlich dazu geeignet, um in dem Slogan, „Mussolini Mann der Vorsehung", zusammengefasst zu werden, der daraufhin sofort von der regimenahen Presse geprägt wurde und von einer weit gefächerten Publizistik nicht ausschließlich faschistischer Prägung verbreitet wurde. Vgl. L. Salvatorelli, G. Mira, *Storia dell'Italia nel periodo fascista*, Einaudi, Torino, 1964, S. 485.

„Der gerade Weg"

1 Diesem mutigen Gegner des Nationalsozialismus und seiner unermüdlichen Tätigkeit ist folgendes Werk gewidmet: H. Witetschek, *Pater Ingbert Naab. Ein Prophet wider den Zeitgeist*. 1885-1935, Schnell & Steiner, München-Zürich, 1985. Die Biographie von Witetschek liefert auch interessante Informationen über Gerlich, dessen Freund und Mitarbeiter Naab war.

2 *Prophetien*, S. 151-157.

3 Das Zitat aus *Mein Kampf* steht in der Nummer 29 der Zeitschrift vom 19. Juli 1931 unter einer Karikatur, die Hitler mit erhobenem Arm inmitten einer Schafherde darstellt. In der zitierten Ausgabe von *Mein Kampf* steht der Absatz in der ursprünglichen Fassung auf Seite 197. Wir haben es hier vorgezogen, den von Gerlich verwendeten Text zu übertragen, welcher nach der ersten Ausgabe von *Mein Kampf* aus dem Jahre 1925 zitiert. Wie schon erwähnt, wurden an diesem Text im Nachhinein etliche Veränderungen vorgenommen (vgl. I. Kershaw, ebd., S. 301-302). Insbesondere in der zweiten Edition des Werkes, durchgesehen von dem Journalisten des „Völkischen Beobachters" Josef Czerny, wurden Wörter und Sätze, die als peinlich erachtet wurden, verändert oder komplett eliminiert. Vgl. Shirer, ebd., S. 83.

4 *Apostelgeschichte* 9, 11 : Im lateinischen Text der Apostelgeschichte, der Pater Naab geläufig war, wird dem Jünger Hananias aufgetragen, sich in den „Vicum qui vocatur Rectus", zu begeben, um nach Saulus zu fragen. Diese Formulierung entspricht exakt dem Ausdruck „Der Gerade Weg".

5 *Prophetien*, S. 201-203.

6 Ibidem, S. 211-234.

7 E. von Aretin, ebd., S. 84.

8 Ibidem, S. 85.

9 W. Shirer, ebd., S. 157.

10 Ibidem, S. 150-153.

11 *Prophetien*, S. 263. Dieselben Begriffe werden in einem anschließenden Artikel vom 18. September wieder aufgegriffen und weiter entwickelt (vgl. *Prophetien*, S. 484-493).

12 Ibidem, S. 266-267.

13 W. Shirer, ebd., S. 153. Vgl. auch I. Kershaw, ebd., S. 456. Um die absolute Mehrheit zu erreichen, fehlten Hindenburg 170.000 Stimmen.

14 J. Fest, *Das Gesicht des Dritten Reiches*, ebd., S. 56-57

15 E. von Aretin, ebd., S. 82.

16 *Prophetien*, S. 267-277.

17 Ibidem, S. 277.

18 W. Shirer, ebd., S. 154.

19 Ibidem, S. 149.

20 *Prophetien*, S. 301-322.

21 Ibidem, S. 256-262.

22 Ibidem, S. 330. Vgl. auch J. Fest, *Hitler*, ebd., S. 466-468.

23 Ibidem, S. 331-335.

24 I. Kershaw, ebd., S. 460.

25 *Prophetien*, S. 336-345.
26 W. Shirer, ebd., S. 159.
27 *Prophetien*, S. 345-361.

Das Kabinett der Barone

1 W. Shirer, ebd., S. 159-160.
2 *Prophetien*, S. 400.
3 Ibidem, S. 400-403.
4 Ibidem, S. 404-411.
5 Vgl. Jesaja, 40, 3, zitiert im Evangelium nach Matthäus 3, 3 und im Evangelium nach Johannes 1, 23.
6 *Prophetien*, S. 426-427.
7 An etwas Ähnliches muss J. Steiner, der Herausgeber der *Prophetien*, gedacht haben, der den Artikel aus seiner Sammlung ausgeschlossen hat. Auch E. von Aretin, der gut informierte Biograph Gerlichs, schenkte dem Artikel keinerlei Beachtung. W. J. Bekh, der in ebd., S. 207 diesbezüglich eine detaillierte Dokumentation liefert (Artikel von Gerlich, Reaktionen der regimenahen und unabhängigen Presse, Anzeige des Fotografen Hoffmann), hat sich hingegen nicht von Skrupeln oder Bedenken dieser Art beeinflussen lassen. Der Scoop Gerlichs wurde kürzlich von dem amerikanischen Journalisten und Historiker Ron Rosenbaum „wiederentdeckt". Rosenbaum hat Gerlich in seinem Werk Die *Hitler-Debatte*, Europa Verlag, München-Wien, 1999, neben einem Verweis in der Einleitung ein ganzes Kapitel gewidmet („Fritz Gerlich und der Prozess um Hitlers Nase", S. 173-207). Laut Rosenbaum (S. 187) stellt der Artikel Gerlichs „die vielleicht eindringlichste, einsichtsvollste Erklärung von Hitlers Rassenwahn in der Weimarer Zeit" dar. Was „Hitlers Nase" anbelangt, so hat Gerlich ihr tatsächlich viel Aufmerksamkeit geschenkt (Rosenbaum spricht nicht ohne eine gewisse Ironie von „vergleichender Nasenkunde" {S. 189}). Der Chefredakteur zeigt den Lesern verschiedene Porträts Hitlers im Vergleich zu den Profilen (die in den Büchern Günthers wiedergegeben werden) eines nordischen Ariers und eines Mischlings (Ost-Slawe, mit der mongolischen Rasse vermischt) und fordert sie auf, selbst zu urteilen, welchem der beiden Profile die Nase des Führers ähnle: Ob sie „einen schmalen Rücken und schmalen Ansatz" hat, wie „die Nase des nordisch-arischen Menschen", oder aber „breit angesetzt, mit flach verlau-

fendem Rücken versehen" ist und „an der Rückenlinie einen Knick hat, der das Nasenende etwas nach vorn und oben führt", welche „die Nase des ostischen und mongoloiden Typus" ist (S. 194). Es ist überflüssig zu präzisieren, dass für Gerlich die Nase Hitlers dem zweiten Typus entspricht; gleichzeitig ist aber zu erwähnen, dass einige Jahre später ein analoges Urteil von einem der Männer, die Hitler am nächsten standen, ausgesprochen wurde: von Albert Speer, dem „Hofarchitekten" des Regimes, seit 1942 Rüstungsminister. In einem interessanten Werk von R. Moorhouse (*Killing Hitler*, Marixverlag, Wiesbaden, 2007, S. 358) wird berichtet, dass Speer, enttäuscht von dem, der sein Idol gewesen war, sich fragte: „Mein Gott, wieso habe ich nie bemerkt, wie hässlich er ist? Diese breite Nase, dieses teigige Kinn. Wer ist dieser Mensch?".

8 I. Kershaw, ebd., S. 406

9 So lautet die von der „Münchner Post" veröffentlichte Zusammenfassung dieses umfangreichen Artikel Gerlichs, die in W. J. Bekh (ebd., S. 207) wiedergegeben wird. Eine eingehende und detaillierte Analyse der gesamten Angelegenheit (nicht ohne einige Ungenauigkeiten bezüglich der Person und der Tätigkeit Gerlichs) befindet sich in R. Rosenbaum, ebd., S. 174-207. Der amerikanische Autor unterstreicht, wie die Veröffentlichung des Artikels in „Der Gerade Weg" zu einer Zeit, in der das Vorrücken des Nazismus unaufhaltbar erschien, „ein Akt größten Mutes war, wie ihn nur ein verzweifelter, ein dem Untergang geweihter Prophet vollbringen konnte" (S. 176). Seiner Meinung nach könnte gerade diese offene Provokation, die dazu geeignet war, die Psyche Hitlers chirurgisch zu entblößen, „kaum sechs Monate vor Hitlers Machtergreifung [...] durchaus Gerlichs Tod in Dachau zur Folge gehabt haben" (S. 174).

10 J. Fest, *Das Gesicht des Dritten Reiches*, ebd., S. 421. Im Folgenden das „phrenologische" Porträt, das Professor Gruber von Hitler anfertigt: „Gesicht und Kopf schlechte Rasse, Mischling. Niedere, fliehende Stirn, unschöne Nase, breite Backenknochen, kleine Augen, dunkles Haar; Gesichtsausdruck nicht eines in voller Selbstbeherrschung Gebietenden, sondern eines wahnwitzig Erregten". (Ibidem, S. 53)

11 I. Kershaw, ebd., S. 431-432. Wagener stellte auch in Hitler etwas fest, das ihn an „einen asiatischen Vernichtungswillen" erinnerte.

12 Heinrich Hoffmann gehörte dem engsten Freundeskreis des Führers an. Laut A.M Sigmund (*Die Frauen der Nazis*, Wilhelm Heyne Verlag, München, 2005, S. 288), „liebte Hitler die im Hause Hoffmann herrschende ‚bohemehafte' Atmosphäre sowie das künstlerische Ambiente und schätzte den jovialen, essfreudigen und trinkfesten Fotografen als

‚köstlichen Witzbold', bei dem er ‚ein zweites Zuhause' gefunden hatte". Hitler schloss die Familie so sehr ins Herz, dass er sich persönlich um die Erziehung der Tochter Hoffmanns, Henriette, kümmerte, für die er später auch den Ehemann, Baldur von Schirach („Reichsjugendführer") auswählte. Hoffmann hat einen Memoiren-Band hinterlassen: *Hitler was my friend*, London, Burke, 1955.

13 Der Brief des farbigen Mannes und die antirassistische Erklärung Gerlichs (nicht enthalten in der Sammlung *Prophetien*) werden in Nummer 30 des „Geraden Wegs" vom 24. Juli 1932 veröffentlicht, in der gleiche Ausgabe, die auf Grund der Veröffentlichung einer harten Attacke gegen den Präsidenten von Hindenburg zum vorübergehenden Verbot der Wochenzeitung führen wird.

14 *Prophetien*, S. 447.

15 Ibidem, S. 437-438.

16 W. Shirer, ebd., S. 161.

17 Vgl. *Statistik des Deutschen Reiches*, Band 434, S. 8 ff., hrsg. von Statistisches Reichsamt 1935.

18 In Wirklichkeit geht die Ausgabe des „Geraden Weges" vom 7. September in den Verkauf, aber diese Nummer besteht aus nur einem einzigen Blatt, welches das Verbotsdekret enthält. In der Fußnote ist zu lesen: „Wir bitten alle unsere Leser, uns die Treue zu halten". Vgl. *Prophetien*, S. 458.

19 *Prophetien*, S. 427-436.

20 J. Fest, *Hitler*, ebd., S. 471-472.

21 Bezüglich Georg Bell ist die wichtigste Informationsquelle das dokumentierte Werk von H.-G. Richardi, K. Schumann, *Geheimakte Gerlich/Bell. Röhms Pläne für ein Reich ohne Hitler*, Ludwig, München, 1993.

22 Der Freund ist Paul Konrad aus Rosenheim, welcher später direkt in das Schicksal Bells verwickelt sein wird. Vgl. H.-G. Richardi, K. Schumann, ebd., S. 53.

23 H.-G. Richardi, K. Schumann, ebd., S. 75.

24 Ibidem, S. 55.

25 Ibidem, S. 55-56

26 Ploetz, ebd., S. 492. Vgl. auch J. Kershaw, ebd., S. 485.

27 W. Shirer, ebd., S. 162-164. Während eines Treffens mit Papen, einige Tage bevor er Hitler empfing, berichtet I. Kershaw (ebd., S. 465), „bei dieser Unterredung fiel Hindenburgs häufig zitierte verächtliche Bemerkung, es wäre schon eine großartige Sache, wenn er den ‚böhmischen Gefreiten' zum Reichskanzler ernennen würde".

Der „böhmische Gefreite“

1 W. Shirer, ebd., S. 165.
2 E. von Aretin, ebd. S. 106.
3 J. Fest, *Hitler*, ebd., S. 474-476.
4 *Prophetien*, S. 461-482.
5 E. von Aretin, ebd., S. 106.
6 Der Vorfall wird von W. J. Bekh, ebd., S. 206-207 berichtet. Der vollständige Text des Briefes von Kardinal Faulhaber ist auf Seite 348 der Monographie abgedruckt, die Kardinal Faulhaber zum 50. Todestag gewidmet wurde, *Kardinal Michael Faulhaber. 1869 bis 1952*, herausgegeben von Albrecht Liess, Generaldirektion der Staatlichen Archive Bayerns, München, 2002. Die Informationen über die Familie Ratzinger und die einschlägigen Zitate sind dem Werk von J. Ratzinger, *Salz der Erde*, Wilhelm Heyne Verlag, München, 2005, S. 54-55, entnommen.
7 *Prophetien*, S. 514.
8 Ibidem, S. 517-520. Es ist nicht eindeutig geklärt, welcher Quelle Gerlich den Stoff entnommen hat, den er als „arabisches Märchen“ präsentiert (eigentlich müsste dieses „Märchen“ wegen seiner didaktisch-moralistischen Intention eher dem Genre der „Fabel“ zugeordnet werden). Dieses „arabische Märchen“ kommt in der klassischen Sammlung der arabischen und orientalischen Fabeln (*Tausend und eine Nacht* und *Calila und Dimna*) nicht vor. Es handelt sich in jedem Fall um ein Motiv, welches in der antiken mediterranen Welt bekannt ist: Der Grieche Äsop widmet diesem Thema eine seiner Fabeln, die anschließend von dem Römer Phädrus und später in sehr freier Form von dem Franzosen La Fontaine (*Fables*, III, 13) übernommen wird.
9 „Wir gehen in den Reichstag hinein [...] wie der Wolf in die Schafherde einbricht“, hatte Goebbels einige Zeit zuvor in der nationalsozialistischen Zeitung von Berlin, dem „Angriff“, die er selbst leitete, geschrieben. (Vgl. I. Kershaw, ebd., S. 387.) An diese Drohung muss sich der Chefredakteur des „Geraden Wegs“ erinnert haben, als er dieses Märchen erzählte.
10 *Prophetien*, S. 523-525. Der Vergleich mit Friedrich II. ist nicht zufällig, denn es war allgemein bekannt, dass der große preußische König für Hitler der Inbegriff eines Helden und ein Vorbild politischer und militärischer Strategie war: das Porträt des Großen Friedrich war das einzige, welches das Arbeitszimmer des Führers im Braunen Haus zusammen mit einer Büste Mussolinis schmückte (Vgl. I. Kershaw, ebd., S. 434). Sogar im Bunker unter dem Garten des Kanzleramtes, in dem

er die letzten Kriegsmonate verbrachte, hatte Hitler ein Arbeitszimmer, welches „von einem Bildnis Friedrichs des Großen beherrscht wurde". (J. Fest, *Hitler*, ebd., S. 991) Bezüglich der Reisen mit dem Flugzeug berichtet J. Fest (*Das Gesicht des Dritten Reiches*, ebd., S. 59): „Auf seinem ersten Deutschlandflug besuchte Hitler einundzwanzig Städte in sieben Tagen, auf dem zweiten Flug in acht Tagen fünfundzwanzig Städte und auf den beiden letzten Flügen je fünfzig Städte in sechzehn bzw. vierundzwanzig Tagen".

11 W. Shirer, ebd., S. 170.

12 *Prophetien*, S. 529-532.

13 Ibidem, S. 532-537.

Vom Gefreiten zum Kanzler

1 W Shirer, ebd., S. 178-181.

2 *Prophetien*, S. 541-542. Gerlichs Verweis auf die Bibel ist kein Zitat im eigentlichen Sinne, sondern vielmehr eine Zusammenfassung verschiedener Passagen der Bibel (Genesis 11,7; Richter 3,7-8; Nehemia 9,26-30; Baruch 1,15-22), welche an die von Gott gesandten Plagen erinnern, mit denen er die Untreue des Volkes Israel bestrafte. Es sei an dieser Stelle darauf hingewiesen, dass die Nummer der Zeitschrift, in welcher dieser Artikel Gerlichs erscheint, vom 1. Februar ist, einem Mittwoch; seit Beginn des Jahres 1933 erscheint „Der Gerade Weg" zweimal in der Woche, sonntags und mittwochs.

3 Ibidem, S. 543-549. Hitlers Botschaft im Radio befindet sich in J. Fest, ebd. S. 535.

4 Ibidem, S. 549-552 und S. 553-558.

5 Dies ist die These, die H.-G. Richardi und K. Schumann im schon zitierten Werk vertreten. Die Angelegenheit ist ausführlicher in Kapitel 15 behandelt.

6 Für W. Shirer sind die Anhänger Hitlers mit an Sicherheit grenzender Wahrscheinlichkeit für den Reichstagsbrand verantwortlich (ebd., S. 188-190). Im Gegensatz dazu neigen J. Fest (*Hitler*, S. 545-546) und I. Kershaw (ebd., S. 579-581) eher dazu, der nationalsozialistischen Darstellung der Vorgänge Glauben zu schenken.

7 W. Shirer, ebd., S. 190. Vgl. J. Fest, *Hitler*, ebd., S. 548. Vgl. auch I. Kershaw, ebd., S. 582.

8 H.-G. Richardi, K. Schumann, ebd., S. 77-78.

9 Ibidem, S. 79. Vgl. auch J. Fest, *Hitler*, S. 548.

10 Ibidem, S. 76.

11 *Prophetien*, S. 565-568; vgl. auch H.-G. Richardi, K. Schumann, ebd., S. 80-82.

12 H.-G. Richardi, K. Schumann, ebd., S. 82-83. Dieser Karl Ernst ist eine interessante Persönlichkeit: aus einfachsten Verhältnissen stammend, ist er jetzt, dank Röhm, einer der einflussreichsten Führer der SA. Es existieren sichere Indizien dafür, dass er es war, der in der Nacht des 27. Februars 1933 das Kommando der Braunhemden anführte, die das Reichstagsgebäude in Brand steckten. Eine ins einzelne gehende Darstellung Karl Ernsts ist zu lesen in M. Gallo, *Der schwarze Freitag der SA*, Molden, Wien-München-Zürich, 1972, S. 51-52. Vgl. auch W. Shirer, ebd., S. 219.

13 *Prophetien*, S. 565-568.

14 Der Vers von Körner („Frisch auf, mein Volk, die Flammenzeichen rauchen!") wird auch das Motto sein, welches am Ende des letzten Flugblattes der „Weißen Rose" steht, das von Kurt Huber geschrieben und im Februar 1943 von Hans und Sophie Scholl verbreitet wurde; dieses Motto wurde auch von den Richtern in der Begründung des Todesurteils der Geschwister Scholl aufgegriffen. Vgl. Inge Scholl, *Die Weiße Rose*, Fischer, München, 1993, S. 95 und S. 107.

15 In der von den Autoren eingesehenen 29. Ausgabe von *Mein Kampf* wird das von Naab zitierte verächtliche Urteil Hitlers eher ungenau wiedergegeben: „Das Volk ist in seiner überwiegenden Mehrheit so feminin veranlagt [...]". Der Unterschied lässt sich ganz offensichtlich damit erklären, dass Naab sein Zitat einer der ersten Ausgaben von *Mein Kampf* entnimmt, die – wie schon gesagt – im Nachhinein revidiert und korrigiert wurden.

16 K. Ploetz, ebd., S. 492.

17 J. Fest, *Hitler*, ebd., S. 550-551.

18 E. von Aretin, ebd., S. 114.

19 H.-G. Richardi, K. Schumann, ebd., S. 85.

20 Ibidem, S. 86-88.

21 E. von Aretin, ebd., S. 116. General von Epp hatte große Erfahrung bezüglich bayerischer Angelegenheiten. Selbst Münchner, war er im Jahre 1919 Kommandant der Freikorps, der paramilitärischen rechten Formationen, welche die „Republik der Sowjets" in München niedergerissen hatten. Vgl. Anm. 4 des Kapitels „Die Lehrjahre".

22 H.-G. Richardi, K. Schumann, ebd., S. 99-110.

23 E. von Aretin, ebd., S. 116-118.

„Jetzt hammern g'fund'n"

1 Die Einzelheiten der Verhaftung Gerlichs und seiner Mitarbeiter werden von E. Aretin, ebd., S. 116-123 geschildert. Diese Schilderung Aretins ist die Hauptquelle der vorliegenden Rekonstruktion.
2 Dieses Detail wird von H.-G. Richardi, K. Schumann, ebd., S. 117 berichtet. Diesem Werk (S. 113-128) sind weitere zahlreiche interessante Elemente zu entnehmen, die den Bericht E. von Aretins ergänzen.
3 Max Amann ist auch persönlicher Freund Hitlers, der während des Ersten Weltkrieges einer seiner Untergebenen gewesen war: Amann war Unteroffizier des 16. bayerischen Regiments („List"), in dem der Gefreite Hitler diente. Vom Führer war er dann später zum Verwalter der Partei und zum Verantwortlichen der nationalsozialistischen Presse ernannt worden, die der Eher Verlag herausgab, dessen Leiter Amann selbst war. Vgl. E. Schaake, *Hitlers Frauen*, Ullstein, München, 2001, S. 41. Vgl. auch J. Dornberg, ebd., S. 364.
4 E. von Aretin, ebd., S. 122. Dieser und der vorausgehende Vorfall bezüglich Amann werden von Aretin an Hand eines Berichtes, der von J. Steiner abgefasst wurde, wiedergegeben.
5 Das Leben von Bell, bis hin zu seinem tragischen Ende, ist Gegenstand einer minutiösen Rekonstruktion von H.-G. Richardi, K. Schumann, ebd., S. 125-145.
6 Laut G. Knopp (ebd., S. 206 und S. 217), spielte Ilse Hess, geborene Pröhl, die im Jahre 1927 auf der Vermittlung Hitlers Rudolf Hess geheiratet hatte, eine aktive Rolle innerhalb der Partei.
7 H.-G. Richardi, K. Schumann, ebd., S. 139-144.

Ein geduldiger Häftling

1 H.-G. Richardi, K. Schumann, ebd., S. 150.
2 Ibidem, S. 149.
3 Ibidem, S. 151.
4 Esser gehörte zu den Anhängern Hitlers der ersten Stunde. Für W. Shirer ist er ein „berüchtigter Erpresser" (ebd., S. 48), aber auch ein brillanter Redner („der als Volksredner dem Führer wenig nachstand"). Er ist es, der Hitler „Deutschlands Mussolini" genannt hat. Vgl. I. Kershaw, ebd., S. 230. Ein farbiges Porträt Essers ist zu lesen in J. Fest, *Hitler*, ebd., S. 200.

5 H.-G. Richardi, K. Schumann, ebd., S. 152

6 „Ich habe die Gerechtigkeit geliebt und die Ungerechtigkeit gehasst; deshalb sterbe ich im Exil." In Wirklichkeit wurde der zweite Teil des Satzes, der sich auf das Exil bezieht, vorsichtshalber weggelassen. Vgl. H. Witetschek, ebd., S. 188-189.

7 H.-G. Richardi, K. Schumann, ebd., S. 152.

8 Die Methoden und Vorgehensweisen, die von den nationalsozialistischen Autoritäten angewandt wurden, um die Organe der unabhängigen Presse zu unterwerfen, werden genau analysiert von H.-G. Richardi, K. Schumann, ebd., S. 152-160. In diesem Zusammenhang spielte Max Amann, der Direktor der nationalsozialistischen Verlagsgruppe Eher Verlag, eine entscheidende Rolle. Über Amann schreibt W. Shirer (ebd., S. 240): „Als Reichpresseleiter und Präsident der Pressekammer hatte er gesetzlich das Recht, jeden ihm nicht passenden Verlag zu unterdrücken, und folglich die Macht, ihn für ein Butterbrot zu kaufen. Binnen kurzem wurde der Eher-Verlag ein gigantisches Verlagsimperium."

9 H.-G. Richardi, K. Schumann, ebd., S. 160.

10 Ibidem, S. 160.

11 Die Initiativen des Kardinals von Faulhaber sind beschrieben in *Kardinal Michael von Faulhaber. 1869 bis 1952*, ebd., S. 348.

12 Der Briefwechsel zwischen Rom und München, der hier verwendet wird, wird im Archiv des Erzbistums München-Freising unter der Signatur „Archivi della Nunziatura di Monaco, Fondo n. 423" verwahrt (Seiten nicht nummeriert).

13 H.-G. Richardi, K. Schumann, ebd., S. 168.

14 W. J. Bekh, ebd., S. 336-337.

15 E. von Aretin, ebd., S. 126.

16 H.-G. Richardi, K. Schumann, ebd., S. 160.

17 Die Präzisierung bezüglich der Anzahl der Schläge wird von G. Knopp (ebd., S. 276) bestätigt. Knopp führt die Zeugenaussage von Gefangenen an, die von der SA oder der SS „bestraft" wurden: Jede Bestrafung bedeutete „immer 25 Stockhiebe mit dem Gummiknüppel".

18 Stefan Lorant, der nach Kriegsende nach Deutschland zurückgekehrt ist, hat seine Memoiren mit einigen Ergänzungen auf deutsch neu veröffentlicht (*Ich war Hitlers Gefangener*, Paul List, München, 1985). Die hier berichtete Begebenheit entstammt den Seiten 100-102 der deutschen Ausgabe. Das Urteil der „New York Times" und zahlreicher anderer Blätter ist im Anhang der gleichen Ausgabe auf Seite 245 enthalten.

19 H.-G. Richardi, K. Schumann, ebd., S. 163.

Gefährliche Geheimnisse

1 E. von Aretin, ebd., S. 128.

2 Wie schon in Anm. 6 zu dem Kapitel „Vom Gefreiten zum Kanzler“ präzisiert wurde, sind sich die Historiker über die Urheber des Reichstagsbrandes immer noch uneins.

3 Von K. Heiden, Journalist, Münchner Korrespondent der „Frankfurter Zeitung“, ist die erste Biographie Hitlers, die in Zürich in zwei Bänden in den Jahren 1936-1937 veröffentlicht wurde. Die englische Fassung dieses Werkes wurde in erweiterter und aktualisierter Form anschließend in Amerika veröffentlicht (*Der Fuehrer*, Houghton Mifflin, Boston, 1944), wohin der Journalist, der ein entschiedener Gegner des Nationalsozialismus war, im Jahre 1940 geflüchtet war. Aufgrund der unmittelbaren Kenntnis der Tatsachen und wegen der intellektuellen Aufrichtigkeit seines Autors wird die Biographie von Heiden von den Historikern allgemein als eine der wichtigsten Quellen für die Rekonstruktion der Persönlichkeit Hitlers eingestuft. Der Vorfall mit dem Brief wird auf den Seiten 384-386 wiedergegeben. Die an sich unwichtige Tatsache, dass der Brief, der die „besonderen“ amourösen Geheimnisse Hitlers enthält, in die Hände von Pater Stempfle gelangt ist, wird hier hervorgehoben, weil, wie man sehen wird, es den Pater und Journalisten (der Hitler sogar dabei geholfen hatte, den Text von *Mein Kampf* zu verbessern) teuer zu stehen kommen wird, dass er das Geheimnis nicht für sich behielt. Vgl. auch W. Shirer, ebd., S. 127.

4 Geli Raubal und ihr Verhältnis zu Hitler sind Gegenstand einer ausführlichen Abhandlung von A. M. Sigmund, ebd., S. 195-233 und von E. Schaake, ebd., S. 131-157. Auch R. Rosenbaum, beschäftigt sich in der amerikanischen Originalausgabe (*Explaining Hitler*, Random House, New York, 1998) der schon zitierten Studie *Die Hitler-Debatte* eingehend mit dieser Angelegenheit und widmet ihr den ganzen dritten Teil des Bandes „Geli Raubal and Hitler's ‚Sexual Secret‘“, einen Teil, den er in der deutschen Ausgabe fast völlig weggelassen hat, weil er annahm – unserer Meinung nach zu Unrecht – dass mit diesem Thema „deutsche Leser viel vertrauter sind als jene in den USA“ (ebd., S. 13). Die Aufmerksamkeit des amerikanischen Historikers ist vor allem darauf gerichtet, durch eine Analyse der Beziehung zwischen Geli und Hitler die Stichhaltigkeit der von Konrad Heiden, Otto Strasser und Ernst Hanfstaengl ausgehenden Überlieferung zu definieren, nach der Hitler, nicht nur gegenüber seiner Nichte und Liebhaberin, sondern allgemein, von einem Sexualleben sadomasochistischer und

koprophiler Neigungen konditioniert war. Auch wenn Rosenbaum die fantastiereichen Rekonstruktionen etlicher Psychoanalytiker und „Psychohistoriker“ diesbezüglich zurückweist, scheint er dennoch geneigt zu sein, der „Abnormität“ des Führers zumindest teilweise Glauben zu schenken.

5 Vgl. J. Fest, ebd., S. 447-448; W. Shirer, ebd., S. 126-127; I. Kershaw, ebd., S. 433-447. Weniger sicher scheinen hingegen A. M. Sigmund und E. Schaake, die in den oben zitierten Studien von einem Artikel berichten, der in der sozialdemokratischen Zeitung „Münchner Post“ am 21. September 1931 (d. h. vier Tage nach dem Tod Gelis) erschien, in dem schwere und gut dokumentierte Zweifel an der nationalsozialistischen Version der Tatsachen vorgebracht werden. A. M. Sigmund unterstreicht auch das totale Desinteresse Hitlers für die sterblichen Reste Gelis, die bis 1946 in einem provisorischen Grab der Stadt Wien bestattet war (ebd., S. 146). Der Historiker R. Haymann, der dieser Angelegenheit einen ganzes Buch gewidmet hat (*Hitler and Geli*, Bloomsbury, London, 1997), ist absolut von der direkten Verantwortung Hitlers für die Ermordung Gelis überzeugt. Die Beweise, die er anführt, um seine These zu untermauern, werden von R. Rosenbaum als wenig überzeugend eingestuft (S. 192-196 der amerikanischen Ausgabe). Rosenbaum ist der Auffassung, dass es mit den zur Verfügung stehenden Daten schwierig ist, die Schuld Hitlers zu beweisen; sowie es andererseits „it's difficult to rule out the possibility that Hitler murdered Geli“ (schwierig ist, die Möglichkeit auszuschließen, dass Hitler Geli ermordet hat) (S. 197 der amerikanischen Ausgabe). Rosenbaum führt eine Erklärung an (ebd, S. 72 der deutschen Ausgabe), die ihm von Karl Otmar von Aretin, dem Sohn des Biographen Gerlichs, überlassen wurde, nach deren Wortlaut sein Vater tatsächlich im Büro Gerlichs eine Kopie der entsprechenden Dokumente bezüglich der Voruntersuchung gesehen hatte, die vom Münchner Staatsanwalt bezüglich des Falls Geli Raubal geführt wurde, Dokumente, die „beweisen, […] dass Geli auf Anordnung Hitlers ermordet worden war“. Diese Dokumente, die vorsichtshalber in einer Schweizer Sicherheitskassette aufbewahrt worden waren, sind spurlos verschwunden.

6 E. von Aretin, ebd., S. 130.

7 In den Memoiren von E. von Aretin, *Krone und Ketten. Erinnerungen eines bayerischen Edelmannes*, Süddeutscher Verlag, München, 1955, sind die Angaben bezüglich der Hintergründe des Todes Gelis auf den Seiten 342-343 enthalten.

8 E. von Aretin, *Fritz Michael Gerlich*, ebd., S. 126.

9 Ibidem, S. 132.
10 Ibidem, S. 127-128.
11 Auch dieser Briefwechsel ist dem Bestand Nr. 423 der Archive der Nuntiatur München entnommen, der schon in der Anm. 12 des Kapitels „Ein geduldiger Häftling" zitiert wurde. Der Nuntius Cesare Orsenigo und die Schwierigkeiten, denen er beim Ausüben seines Amtes unter dem nationalsozialistischen Regime begegnete, sind der Gegenstand einer genauen Untersuchung von M. M. Biffi, *Il cavalletto per la tortura*, Città Nuova, Roma, 2006.
12 H.-G. Richardi, K. Schumann, ebd., S. 164.
13 Ibidem, S. 164.
14 Ibidem, S. 169.
15 Ibidem, S. 169-170.
16 E. von Aretin, *Fritz Michael Gerlich*, ebd., S. 136.
17 Ibidem, S. 136.
18 Ibidem, S. 136-137.
19 Ibidem, S. 137.
20 Die Verhaftung Pater Beers wird sehr detailliert beschrieben von H.-G. Richardi, K. Schumann, ebd., S. 170. Die Beziehung zwischen Beer und Gerlich ist beschrieben in E. von Aretin, ebd., S. 137-138. Die „juristische" Grundlage für die Verhaftung des Priesters ist ein Beschluss vom 13. Juni 1933, in dem den Vereinen jegliche Form der Versammlung untersagt wurde, ausgenommen von diesem Verbot waren die nationalsozialistischen Vereine. Diese Anordnung wurde durch einen Erlass vom nachfolgenden 19. September für Bayern bestätigt und bezog sich in expliziter Form auch auf die katholischen Organisationen. Vor der Verhaftung Pater Beers waren in Bayern schon über tausend Vereinsvorstände verhaftet worden, darunter auch zahlreiche katholische Vertreter ersten Ranges; vgl. S. Falasca, *Un vescovo contro Hitler. Von Galen, Pio XII e la resistenza al nazismo*, San Paolo, Cinisello Balsamo (Milano), 2006, S. 100 und S. 238.
21 E. von Aretin, *Fritz Michael Gerlich*, ebd., S. 138-139.
22 H.-G. Richardi, K. Schumann, ebd., S. 174-175.

Röhm-Putsch oder Nacht der langen Messer?

1 Zur Persönlichkeit von Röhm sei vor allem hingewiesen auf das Werk von J. Fest, *Das Gesicht des Dritten Reiches*, ebd., S. 190-206. Insbe-

sondere beachte man das Kapitel „Ernst Röhm und die verlorene Generation“, in dem die Soziologie der paramilitärischen Gruppen Deutschlands in der chaotischen Zeit nach dem Ersten Weltkrieg genau analysiert wird. Bezüglich der Rekonstruktion der Gründe und Tatsachen, die zur Ermordung des Stabschefs der SA geführt haben, sei auf die schon zitierte Monographie von M. Gallo, *Der schwarze Freitag der SA*, verwiesen.

2 I. Kershaw (ebd., S. 631) zitiert die Beschreibung, die Rudolf Diels, Chef der preußischen Gestapo, von einem dieser Lager in der Nähe von Berlin gibt: „Als wir eintraten, lagen diese lebenden Skelette reihenweise mit eiternden Wunden auf dem faulenden Stroh. [...] Eingeschlagene Zähne und gebrochene Knochen legten von den Torturen Zeugnis ab“.

3 Mehrere Jahre war Röhm offiziell als politischer Berater im Stab von Franz von Epp tätig. Vgl. J. Fest, *Hitler*, S. 189-190.

4 W. Shirer, ebd., S. 211. Vgl. auch I. Kershaw, ebd, S. 631-632.

5 Die Schmähworte entstammen einem Gespräch Röhms mit Freunden, Anfang 1934, wiedergegeben von H. Rauschning in *Gespräche mit Hitler*, Europa, Zürich - Wien - New York, 1940, S. 147, zitiert von J. Fest, *Hitler*, ebd., S. 622. Die Glaubwürdigkeit Rauschnings wird von Kershaw als sehr fragwürdig eingestuft (ebd., S. 10).

6 W. Shirer, ebd., S. 202.

7 Ibidem, S. 204-205.

8 Ibidem, S. 202.

9 Fritz Thyssen (1873-1951), Sohn von August Thyssen, dem Gründer der wichtigsten deutschen Metallindustrie (Thyssen-Hütte A.G.), war anfangs Anhänger des Nationalsozialismus und wurde zum Gauleiter für Westfalen ernannt. Aber gegen Ende der Dreißiger Jahre wandte er sich von Hitler ab und verließ Deutschland. Er fand zuerst in der Schweiz, später in Frankreich und schließlich in Amerika Zuflucht. In New York veröffentlichte er 1941 das im Text zitierte Werk. Vgl. W. Shirer, ebd., S. 139-140.

10 W. Shirer, ebd., S. 203.

11 I. Kershaw, ebd., S. 633. Vgl. auch J. Fest, *Hitler*, ebd., S. 620.

12 W. Shirer, ebd., S. 212-213.

13 J. Fest, *Hitler*, ebd., S. 621.

14 H. Rauschning, ebd., S. 147, zitiert von J. Fest, *Hitler*, ebd., S. 622.

15 W. Shirer, ebd., S. 211

16 J. Fest, *Hitler*, ebd., S. 624.

17 J. Kershaw, ebd., S. 636.

18 J. Fest, *Hitler*, ebd., S. 625.

19 W. Shirer, ebd., S. 214.
20 Ibidem, S. 238. Vgl. auch M. Gallo, ebd., S. 99.
21 Dies ist die zentrale These, die im schon zitieren Werk *Geheimakte Gerlich/Bell* von H.-G. Richardi u. K. Schumann von sehr genauer Dokumentation und Argumentation gestützt wird. Eine indirekte Stütze für diese These ist im kürzlich veröffentlichten Buch von R. Moorhouse, ebd., S. 39 enthalten. Der Autor bezieht keine Stellung bezüglich der Verantwortung für die Ereignisse, berichtet aber, dass sich am 30. Juni 1934, als Hitler und sein Gefolge gerade dabei waren, Bad Wiessee zu verlassen, eine Stabswache Röhms in unmittelbarer Nähe aufstellte, eine Sperre mit Maschinenpistolen zu beiden Seiten der Straße bildete und darauf wartete, dass Hitler vorbeikäme. Das Warten war nutzlos, denn der Führer hatte eine andere Route gewählt.
22 W. Shirer, ebd., S. 216-217. Vgl. auch I. Kershaw, ebd., S. 643.
23 J. Fest, *Hitler*, ebd., S. 636.
24 „Röhm und andere SA-Führer", schreibt I. Kershaw, „schliefen noch ihren Rausch vom Vorabend aus". Ebd., S. 646.
25 J. Fest, *Hitler*, ebd., S. 636.
26 W. Shirer, ebd., S. 219.
27 Ibidem, S. 218-219.
28 Fest, *Hitler*, ebd., S. 638.
29 W. Shirer, ebd., S. 220.
30 M. Gallo, ebd., S. 241.
31 J. Fest, *Hitler*, ebd., S. 637. M. Gallo (ebd., S. 250-251 und 257) liefert eine etwas andere Version der Einzelheiten, die aber im Wesentlichen mit Fest übereinstimmt. Laut Gallo wurde der Verhaftungsbefehl von Göring erlassen, der im Jahr zuvor beim Reichstagsbrand auf K. Ernsts Hilfe zurückgegriffen hatte. Es handelte sich offensichtlich darum, einen gefährlichen Zeugen auszuschalten.
32 Über dieses Vorkommnis wird mit geringen Varianten von W. Shirer (ebd., S. 220) und M. Gallo (ebd., S. 238-239) berichtet. E. Schaake (ebd., S. 95) erzählt, dass Hitler, Gast in Bayreuth bei der Familie Wagner, sich daran erinnerte, als er vom Röhmputsch sprach, wie unter den „siebenundsiebzig Menschen", die hingerichtet worden waren, auch „ein gewisser Willi Schmidt aus München" war. „Bei ihm, räumte Hitler ein, habe es die SS ‚etwas eilig' gehabt, denn dieser Mann hatte mit der SA gar nichts zu tun. Aber es gebe so viele Willi Schmidts in München, da sei es eben ‚unvermeidlich', auch einmal den Falschen zu treffen. Er habe jedoch sofort veranlasst, dass die Witwe und ihre Kinder eine staatliche Pension erhielten."

33 Die Rede des Führers vom 13. Juli 1934 wird von M. Gallo, ebd., S. 298-310, wiedergegeben. Sie enthält auch die Aufzählung der 77 Opfer, eingeteilt in verschiedene Kategorien.
34 I. Kershaw, ebd., S. 650. W. Shirer (ebd., S. 220) zitiert jedoch Quellen, in denen die Zahl der Opfer zwischen 401 und 1.000 schwankt.
35 H.-G. Richardi, K. Schumann, ebd., S. 214-221.
36 Ibidem, S. 215.
37 Ibidem, S. 67-68.
38 Ibidem, S. 70.
39 Die Memoiren von Bell schließen mit dieser bedeutsamen Anmerkung: „Alle angeführten Daten kann ich auf Grund eines Auszuges aus den Tagebüchern genau mit Stunde und speziellen Namen bis ins kleinste belegen." (Vgl. H.-G. Richardi, K. Schumann, ebd. S. 221.)
40 H.-G. Richardi, K. Schumann, ebd., S. 72.
41 Ibidem, S. 72.
42 Ibidem, S. 74.

Tod in Dachau

1 H.-G. Richardi, K. Schumann, ebd., S. 177-178.
2 Der Bericht, der hier in groben Zügen wiedergegeben wird, entstammt E. Aretin, ebd., S. 141-142. „Schwester Pia", die so viel Ekel bei Lübben hervorgerufen hat, ist Eleonore Baur, die am 9. November 1923 als einzige Frau mit Hitler während des Bürgerbräu-Putsches marschiert ist. „Schwester Pia" ist die Benennung, die Baur angenommen hat, als ihr der Orden verliehen wurde, der vom Führer 1933 nach der Machtergreifung gestiftet worden war, um die Teilnehmer des Marsches von 1923 zu ehren. Er heißt „Blutorden" und spielt auf die „Blutfahne" an, die nationalsozialistische, mit Blut getränkte Fahne, die nach dem Massaker auf dem Odeonsplatz geborgen werden konnte und die anschließend zum Kultgegenstand für die Gefolgsleute Hitlers wurde. (Über die fanatische Begeisterung, welche von der Gedenkfeier, die jedes Jahr am 9. November in Anwesenheit Hitlers vor der Feldherrnhalle ausging, vgl. G. Knopp, *Hitlers Kinder*, Goldmann, München, 2001, S. 231-232). Unter dem Schutz der „Blutfahne" fühlten sich die Ordensträger wie Brüder und Schwestern (deshalb „Schwester Pia"). Eleonore Baur ist die einzige Frau, die diesen Orden erhalten hat. Sie wird auch die einzige Frau sein, die den Grad eines Sturmbannführers der SS erlangt.

Über Eleonore Baur erschien ein dokumentarischer Artikel des Journalisten Hans Holzhaider in der Nr. 10/1994 der Zeitschrift „Dachauer Hefte".

3 E. von Aretin, ebd., S. 145-146.

4 W. J. Bekh, ebd., S. 365. Sophie erhielt aber doch ein Erinnerungsstück ihres geliebten Fritzls und zwar von einem völlig unerwarteten Absender. R. Rosenbaum (ebd., S. 31) stützt sich auf die Erklärung von J. Steiner; wie er berichtet, „verfielen Hitlers Schergen noch auf eine besonders grausame Art, Gerlichs Frau zu verständigen". Vielleicht zum Zweck postumer Verspottung oder vielleicht, um sie einzuschüchtern, „ließen sie seiner Witwe Sophie seine blutverschmierte Brille zukommen".

Aufgrund seines unerschrockenen Kampfes gegen den Nationalsozialismus und des heroischen Bekenntnisses seines Glaubens wurde Fritz Michael Gerlich in das Verzeichnis der Martyrer des Nationalsozialismus aufgenommen: *Zeugen für Christus. Das deutsche Martyrologium des 20. Jahrhunderts*, 2 Bände, Paderborn u.a., 1999; 4. erweiterte und aktualisierte Auflage 2006. Dieses 700 Eintragungen umfassende, von Helmut Moll im Auftrag der Deutschen Bischofskonferenz herausgegebene Werk dokumentiert den wesentlichen Beitrag der Katholischen Kirche zum Widerstand gegen das Naziregime.

Literaturverzeichnis

Aretin, Erwein von: *Fritz Michael Gerlich. Lebensbild des Publizisten und christlichen Widerstandskämpfers*, Schnell & Steiner, München-Zürich, 1983.

Aretin, Erwein von: *Krone und Ketten. Erinnerungen eines bayerischen Edelmannes*, Süddeutscher Verlag, München, 1955.

Baratter, Lorenzo: *Le Dolomiti del Terzo Reich*, Mursia, Milano, 2005.

Bekh, Wolfgang Johannes: *Therese von Konnersreuth oder die Herausforderung Satans*, Ludwig, München, 1994.

Bender, Oskar: *Der gerade Weg und der Nationalsozialismus. Ein Beitrag zur katholischen Widerstandspresse vor 1933*, Dissertation, München, 1953.

Bendiscioli, Mario: *Germania religiosa nel Terzo Reich*, Morcelliana, Brescia, 1977.

Broszat, Martin u.a. (Hrsg): *Bayern in der NS-Zeit*, Oldenbourg, München-Wien, 1977-1983.

Bullock, Alan: *Hitler. Eine Studie über Tyrannei*, Düsseldorf, 1967.

Bullock, Alan: *Hitler und Stalin. Parallele Leben*, Berlin, 1991.

Corni, Gustavo: *Storia della Germania da Bismarck alla riunificazione*, Il Saggiatore, Milano, 1999.

Deuerlein, Ernst (Hrsg.): *Der Hitlerputsch. Bayerische Dokumente zum 8./9. November 1923*, Deutsche Verlag-Anstalt, Stuttgart, 1962.

Dornberg, John: *Der Hitlerputsch. 9. November 1923*, Langen Müller, München, 1998.

Falasca, Stefania: *Un vescovo contro Hitler. Von Galen, Pio XII e la resistenza al nazismo*, San Paolo, Cinisello Balsamo, 2006.

Fest, Joachim: *Hitler*, Ullstein, Frankfurt/M-Berlin, 1987.

Fest, Joachim: *Das Gesicht des Dritten Reiches*, R. Piper & Co. Verlag, München, 1963.

Framke, Gisela: *Im Kampf um Südtirol. Ettore Tolomei (1865-1952) und das „Archivio per l'Alto Adige"*, Niemeyer, Tübingen, 1987.

Gallo, Max: *Der Schwarze Freitag der SA*, Molden, Wien-München-Zürich, 1972.

Gerlich, Fritz: *Die stigmatisierte Therese Neumann von Konnersreuth*, Kösel & Pustet, München, 1929.

Heiden, Konrad: *Der Fuehrer*, Houghton Mifflin, Boston, 1944.

Herre, Franz: *Die Straße, welche die gerade heißt*, in „Neues Abendland“ 9/6, 1954, S. 339-346.
Hitler, Adolf: *Mein Kampf*, 29. Ausgabe, Verlag Franz Eher Nachfolger, München, 1933.
Hoffmann, Peter: *Widerstand gegen Hitler und das Attentat vom 20. Juli 1944*, R. Piper & Co. Verlag, München, 1984
Hübscher, Arthur: *Erlebt – Gedacht – Vollbracht. Erinnerungen an ein Jahrhundert*, Bouvier Verlag, Bonn, 1983
Kershaw, Ian: *Der Hitler-Mythos. Volksmeinung und Propaganda im Dritten Reich*, Deutsche Verlags-Anstalt, Stuttgart, 1980.
Kershaw, Ian: *Hitler, 1889-1936*, Deutsche Verlags-Anstalt, Stuttgart,1998.
Knopp, Guido: *Hitlers Helfer*, Bertelsmann, München, 1996.
Knopp, Guido: *Hitlers Kinder*, Goldmann, München 2001.
Liess, Albrecht (Hrsg.): *Kardinal Michael Faulhaber. 1869 bis 1952*, Generaldirektion der Staatlichen Archive Bayerns, München, 2002.
Löw, Konrad: *Die Schuld. Christen und Juden im Urteil der Nationalsozialisten und der Gegenwart*, Resch, Gräfelfing, 2002.
Moorhouse, Roger: *Killing Hitler*, Marixverlag, Wiesbaden, 2007.
Morsey, Rudolf: *Fritz Gerlich (1883-1934)*, in: Jürgen Aretz, Rudolf Morsey, Anton Rauscher (Hrsg.), *„Zeitgeschichte in Lebensbildern. Aus dem deutschen Katholizismus des 19. und 20. Jahrhunderts“*, Bd. VII, S. 21-38, Grünewald, Mainz, 1994.
Morsey, Rudolf: *Fritz Gerlich – der Publizist als Prophet*, in: Norbert Glatzel, Eugen Kleindienst (Hrsg.), *Die personale Struktur des gesellschaftlichen Lebens. Festschrift für Anton Rauscher*, Duncker & Humblot, Berlin, 1993, S. 529-548.
Prizkoleit, Kurt: *Die neuen Herren. Die Mächtigen in Staat und Wirtschaft*, Desch, Wien-München-Basel, 1955.
Ratzinger, Joseph: *Salz der Erde*, Wilhem Heyne Verlag, München, 2004.
Rauschning, Hermann: *Gespräche mit Hitler*, Europa, Zürich-Wien-New York, 1940.
Richardi, Hans-Günter / Schumann, Klaus: *Geheimakte Gerlich/Bell. Röhms Pläne für ein Reich ohne Hitler*, Ludwig, München, 1993.
Rosenbaum, Ron: *Die Hitler-Debatte*, Europa Verlag, München-Wien, 1999.
Schaake, Erich: *Hitlers Frauen*, Ullstein, München, 2001.
Scholl, Inge: *Die Weiße Rose*, Fischer, Frankfurt am Main, 1993.
Shirer William, L.: *Aufstieg und Fall des Dritten Reiches*, Kiepenheuer & Witsch, Köln-Berlin, 1961.

Sigmund, Anna Maria: *Die Frauen der Nazis*, Wilhelm Heyne Verlag, München, 2005.

Stern, Joseph Peter: *Hitler: the Führer and the people*, Fontana, London, 1975.

Thyssen, Fritz: *I paid Hitler*, Farrar & Rinehart, New York, 1941.

Toland, John: *Adolf Hitler*, Doubleday, New York, 1976.

Toscano, Mario: *Storia diplomatica della questione dell'Alto Adige*, Laterza, Bari, 1967.

Treue, Wilhelm: *Deutsche Geschichte*, Alfred Kröner Verlag, Stuttgart, 1971.

Vogel, Hubert: *Heil Unheil*, in: „Rhaeten-Herold. Blätter der Kath. Bayerischen Studenten-Verbindung Rhaetia München", n. 322/323, München, 1975.

Witetschek, Helmut: *Pater Ingbert Naab. Ein Prophet wider den Zeitgeist. 1885-1935*, Schnell & Steiner, München-Zürich, 1985.

Personenregister

Bildnachweis

http://www.gerlich.com: 229 - 237, Umschlag („Der gerade Weg", Titelseite vom 6. 3. 1932)

http://de.wikipedia.org (Stichwort: Röhm-Putsch): 238

Kiendl, Valerie: 223, 226 f

Süddeutscher Verlag: 224, Umschlag (Gerlich)

Walser, Georg: 225

ullstein bild: 228, Umschlag (Hitler)

Zur deutschsprachigen Ausgabe

Der Sankt Michaelsbund als ein katholisches Medienhaus mit Zeitungs, Radio-, Fernseh- und Online-Redaktionen will mit diesem Buch des 75. Todestages eines Journalisten gedenken, der für die Wahrheit und die christlichen Werte unerschrocken und streitbar eingetreten ist und dafür mit seinem Leben bezahlt hat.
Über Fritz Michael Gerlich gibt es zwar wissenschaftliche Veröffentlichungen, aber keine für breitere interessierte Leserkreise geeignete neuere Biografie in deutscher Sprache; wohl aber erschien kürzlich in Mailand ein Werk, das wir hiermit in einer Übersetzung aus dem Italienischen vorlegen, wobei die Zitate nach den deutschen Originaltexten eingefügt wurden. Ein ausführlicher Anmerkungsapparat und ein Literaturverzeichnis geben Informationen zu einer intensiveren Beschäftigung mit den historischen Vorgängen.
Ergänzend noch zwei Hinweise: Hilfreich zur detaillierten wissenschaftlichen Auseinandersetzung mit Person und Werk Gerlichs ist eine unveröffentlichte Dissertation von Michael Schäfer, *Fritz Gerlich (1883-1934). Publizistik als Auseinandersetzung mit den ‚politischen Religionen' des 20. Jahrhunderts*, München 1998 (Bayer. Staatsbibliothek). – Wer den „Geraden Weg" im Original nachlesen möchte, kann mittlerweile alle Ausgaben im Internet unter *http://www.gerlich.com* abrufen.

Der Verlag ist beiden Autoren zu großem Dank verpflichtet, die unter starkem Zeitdruck die Übersetzung durchgesehen und überarbeitet haben. Wertvolle Hinweise zur Thematik verdanken wir auch Dr. Paul Hoser, München.